PENSER ENTRE LES LANGUES

Du même auteur

En collaboration avec Mayotte et Jean Bollack :
La Lettre d'Épicure, Paris, Éd. de Minuit, 1971.

En collaboration avec Jean Bollack :
Héraclite ou la séparation, Paris, Éd. de Minuit, 1972.

Épicure. La pensée du plaisir. Lettre à Ménécée, Maximes fondamentales, Sentences vaticanes, Paris, Éd. de Minuit, Paris, 1975.

En collaboration avec Mayotte Bollack :
Philologie et herméneutique au XIXe *siècle*, Göttingen, Vandenhoeck et Ruprecht, 1983.

Éditeur de *Walter Benjamin à Paris*, Paris, Le Cerf, 1983.

En collaboration avec Pierre Judet de La Combe :
L'Avenir des langues : repenser les humanités, Paris, Le Cerf, 2004.

Traducteur de
Kant, *Critique de la raison pratique*, Paris, Gallimard, 1985 (en collaboration avec Luc Ferry).

Les Avatars du vide. Sur Démocrite, Paris, Hermann, 2010.

Heinz Wismann

PENSER ENTRE LES LANGUES

Albin Michel

Collection « Bibliothèque Albin Michel Idées »
dirigée par Hélène Monsacré

Pour Alya, Sophie et Emmanuel

Note de l'éditeur

Ce livre s'appuie sur des années de discussion et de conversation entre Pierre Judet de La Combe, Marc de Launay et Bernard Lauret, qui ont été à l'origine de ce projet. C'est l'amitié qui a fécondé tous ces moments de partage.

L'ouvrage retrace un parcours à la fois biographique, intellectuel et historique qui rend compte de la réception française de la pensée allemande au cours de ces cinquante dernières années. Cette réception n'a pas été passive; elle a innervé maints débats philosophiques, de même qu'elle a contribué à la renaissance d'une discipline oubliée: la philologie. Cette dernière est loin d'être une spécialité érudite: elle a toujours renouvelé ce qu'on entend par herméneutique, et plus généralement l'ensemble des questions de méthode que se posent les sciences humaines.

Il va de soi que ce parcours n'a pas visé à l'exhaustivité ni à l'exposé systématique; il s'attache plutôt à faire ressortir, de manière rhapsodique, certaines sources inaperçues et des résonances inattendues.

Prise entre deux langues, la pensée n'est pas réduite à un double servage; au contraire, elle tire de cette confrontation permanente un regain de liberté. Une liberté qui s'autorise donc, aussi, le choix des perspectives transversales que le livre adopte en respectant parfois le caractère oral des entretiens dont il procède.

Pauline Colonna d'Istria et Sylvie Taussig ont chacune contribué à la refonte de certains entretiens ; qu'elles soient remerciées de l'aide précieuse qu'elles ont apportée à la mise en forme de ce livre.

Heinz Wismann est un homme de la parole, une sorte d'aède moderne qui tisse et retisse inlassablement sa réflexion devant son auditoire. Dès lors, pour l'éditeur, la gageure était de traduire cette « performance » en un texte, de montrer qu'en captant les sources diverses d'une pensée toujours en mouvement il n'y avait pas trahison et qu'un livre pouvait, à sa manière, transmettre l'expérience singulière de la parole qui se donne.

H.M.

Envoi

Alors que les sports d'équipe, nés dans le sillage de la modernité industrieuse, mettent en scène l'effort collectif tendu vers le but à atteindre, et que les sports de glisse, résolument postmodernes, exaltent l'adresse individuelle affranchie de toute finalité commune, le tennis instaure une sorte de dialogue, métaphore à la fois physique et morale de l'intersubjectivité réflexive. En effet, chaque coup de raquette évoque une question qui appelle sa réponse, et à mesure que l'échange se poursuit, la série des répliques croisées forme comme un inventaire des solutions possibles du problème posé au départ. Essentiellement heuristique, la partie s'apparente ainsi à la recherche, sans cesse recommencée, du meilleur argument.

Ayant tâté, avec plus ou moins de succès, de ces trois types de compétition, je dois avouer ma préférence, quel que soit le terrain d'exercice, pour le face à face des interrogations ouvertes. C'est pourquoi je souhaite dédier les réflexions qui suivent à tous mes partenaires de jeu qui, sous l'œil vigilant de notre juge arbitre, véritable maître d'œuvre du présent volume, m'ont permis d'y voir un peu plus clair.

H.W.

1.
Vagabondages autobiographiques

Ce livre est né d'un certain nombre d'interpellations. Des amis, d'anciens élèves, des collègues m'ont posé, à de nombreuses reprises, des questions sur mon itinéraire, parce qu'ils étaient intrigués par les facettes que j'avais pu adopter au cours de mon existence, et peut-être fait apparaître. J'ai mis longtemps à me décider avant d'en faire un vrai livre.

Au départ, j'aurais aimé écrire une hétéro-biographie, c'est-à-dire ne parler que des autres, de ceux que j'avais croisés au cours de mon cheminement. Finalement, je me suis résolu à découper ce livre de manière plus intelligible en insistant sur le problème d'une pensée qui se déploie entre des langues, dans les champs de force que les langues créent entre elles, avec des problèmes qui naissent de leurs différences et parfois de leurs convergences – apparentes ou réelles, et c'est tout le problème. Les situations ici décrites correspondent chaque fois à une difficulté majeure que l'on rencontre lorsque l'on navigue entre deux langues – pour moi, c'est évidemment l'allemand et le français, avec simplement une particularité, en arrière-plan, une troisième langue, celle que l'on ne parle pas, le grec ancien. La conséquence de cette constellation est que, contrairement à ce qu'on fait généralement quand on parle de cette tension entre les langues, je ne me suis pas intéressé prioritairement au lexique. On fait normalement de très beaux dictionnaires dans lesquels on montre qu'esprit ne veut pas dire *Geist* et que *Geist* ne veut pas dire *Mind*, et qu'il y a là une richesse qui appartient aux langues de manière immémoriale. En effet, la transformation des langues n'est pas quelque chose qui appartient seulement à l'histoire – transformation par les auteurs, par ceux qui pensent dans les langues ; chaque langue, avec son caractère propre, est bien plutôt une révélation originelle dans laquelle on devait séjourner. Avec le grec, la langue muette en arrière-plan, je me suis beaucoup plus intéressé à la structure syntaxique, et je suis convaincu que ce qui se joue entre les langues a lieu au niveau de la syntaxe.

Je ne suis absolument pas original en disant cela : c'est Humboldt qui, le premier, s'en était aperçu en 1798, lorsque, à l'invitation de l'abbé Sieyès, il essaya d'expliquer la philosophie kantienne aux philosophes parisiens. Après avoir parlé à son auditoire pendant sept heures, il ne rencontra qu'une incompréhension totale : le français de Kant, dont les mots étaient corrects, détonnait par sa structure syntaxique, et, au bout du compte, ses auditeurs ne le comprenaient pas. Dans une lettre célèbre adressée à son ami Brinkmann[1], Humboldt rapportera l'épisode à peu près dans ces termes : « Le palais, au sens de la gastronomie linguistique, le palais des Parisiens est tellement délicat que ce que je peux leur proposer ne leur convient pas,

1. *Briefe an K.G. von Brinkmann*, Leipzig, Hiersemann, 1939.

et donc je vais cesser de faire ces efforts qui portent sur des idées. Je ne vais plus faire de la philosophie, je vais étudier les langues, et d'ailleurs je vais commencer par le basque. »

Cette remarque montre à quel point, en cette fin du siècle des Lumières, le français résistait à ce que Humboldt voulait lui faire dire, à partir de la pensée kantienne élaborée en allemand. C'est cette difficulté-là, qui réside dans les structures syntaxiques, que Humboldt qualifie au terme de sa carrière de « construction » (il parle de *Bau*, l'« édifice »), une construction qui détermine profondément la manière de parler. Traversant l'Allemagne, en 1807, pour faire la tournée de toutes les têtes pensantes, Germaine de Staël se plaignait, à son tour, du fait qu'il n'y avait pas de conversation possible avec les Allemands, parce que, chez Goethe par exemple, ceux qui prenaient la parole ne la lâchaient pas avant d'avoir terminé leur phrase. Pour elle, une conversation consistait précisément à emboîter le pas à celui qui parlait, quitte à l'interrompre, et à prolonger ce qu'il disait dans une sorte de connivence, parfois tout à fait amicale. Or c'est impossible en allemand, parce que le verbe, qui joue un rôle éminent, est placé en fin de phrase...

L'exemple le plus symptomatique est le suivant : quand les Français disent « l'homme est grand ; la femme est grande », cela paraît évident qu'il faille accorder l'attribut, parce que, en français, le verbe est un auxiliaire. En tant qu'auxiliaire il vaut une copule, et puisqu'il y a égalité, il faut que le féminin soit au féminin et le masculin au masculin. L'allemand dit : « l'homme est grand ; la femme est grand », et déjà un Français considère que c'est une anomalie. Or en allemand, dans le cas de la phrase : « l'homme est grand ; la femme est grand », « grand » est un adverbe puisqu'il existe un verbe « grand-être ». « Grand » remplit exactement la même fonction qu'une préposition séparable, rejetée en fin de phrase ; « grand » est adverbe, pas attribut. On comprend alors pourquoi Mme de Staël pouvait regretter « le gazouillis de son salon, où l'on parle tous en même temps et où tout le monde s'entend ». On pourrait aujourd'hui prendre l'exemple des « Matins de France Culture », qui sont strictement incompréhensibles pour quelqu'un qui ne baigne pas dans la syntaxe, c'est-à-dire dans cette manière de parler. La syntaxe française autorise et favorise même cette circulation : on peut fort bien continuer la phrase de celui qui parle, ce qui est impossible en allemand.

Si l'on porte attention au geste de l'écriture et à la syntaxe, on comprendra que, quand Georges Bataille publie en 1945 son texte *Sur Nietzsche*, la vraie grammaire à laquelle il rend hommage, c'est la grammaire nietzschéenne : il recrée du Nietzsche en français. Ce n'est pas une tradition, c'est une recréation, et c'est ce genre de choses qui m'intéresse ; on le verra plus loin. Je fais plusieurs tentatives dans ce livre pour rendre évidente la façon dont, entre l'allemand et le français, se produit cet effet étrange qui fait que ce qui se formule n'appartient plus ni à l'une ni à l'autre des deux langues. Les auteurs créent comme une troisième langue qui est le résultat de la confrontation des deux. Découvrir et étudier ces recréations, voilà à quoi j'ai consacré une bonne partie de mon travail.

C'est ainsi qu'avec Jean Bollack, juste après 68, nous nous sommes intéressés à Héraclite[1]. Or c'est un Héraclite qui détonne, car nous nous sommes, là encore, penchés sur la grammaire, c'est-à-dire sur la façon dont Héraclite trousse ses phrases. Pourquoi ? Parce que la grammaire, la syntaxe font

1. Jean BOLLACK et Heinz WISMANN, *Héraclite ou la séparation*, Paris, Minuit, coll. « Le Sens commun », 1972.

signe vers celui qui parle. Or la traduction voulait, et avec Heidegger elle a connu une sorte d'apogée, que ce ne soit pas un sujet qui parle mais l'être ; le « dict » de l'être qui formerait les apophtegmes d'Héraclite. Dans cette perspective, nous avons systématiquement pris le contre-pied de cette illusion d'un langage de révélation originel, dont le sujet qui en est le porteur importe peu. Pour nous, au contraire, c'est le sujet, celui qui veut dire quelque chose et peut-être contredire, qui est digne d'intérêt. Le seul moyen d'atteindre cette dimension du vouloir-dire du sujet qui a une intention de signifier, c'est de faire attention à la syntaxe, car la trace de celui qui s'exprime est repérable dans la façon dont il manie une langue, qui est une langue commune et à laquelle il arrache quelque chose. C'est vraiment le geste de l'écrivain au sens très large qui m'intéresse.

Voilà pourquoi l'herméneutique est à l'arrière-plan de tous mes travaux. Cette science « allemande » part de la question que se pose Luther, lorsqu'il veut être certain de comprendre ce que l'auteur des Écritures lui adresse comme message. Pour cela, il a besoin non pas d'une espèce de série de certitudes dogmatiques, qu'un magistère historique important, institutionnel mais extérieur au texte, lui permet d'appliquer au texte ; non, il veut savoir de quelle manière le texte, dans son déroulement, génère une perspective de sens qui renvoie à l'auteur de ce texte. En latin, c'est la phrase célèbre de Luther : *scriptura sui ipsius interpres*, l'écriture s'interprète elle-même. Là encore, il est impossible de se satisfaire uniquement des termes, c'est-à-dire de dresser une grille de termes par exemple opposés, comme on fait dans le structuralisme de base. Il est impossible de figer le texte, de l'arracher ainsi à son sujet. On peut toujours le faire, mais, dans ce cas, le texte n'appartient plus à celui qui parle mais à une culture déjà partagée, à quelque chose qui est commun. C'est le travail auquel je m'intéresse, et là le triangle allemand-français-grec aide énormément, puisque l'on doit chaque fois sortir d'une évidence spontanément admise pour se laisser perturber par une autre évidence qui vient de la structure syntaxique d'une autre langue. À partir de là, une circulation se met en place et, dans ce livre, j'ai essayé d'appliquer ce principe de la circulation entre différentes hypothèses de sens, chaque fois portées par une autre manière de parler. J'espère que j'ai réussi à élucider un certain nombre d'énigmes, qui se sont posées à moi tout au long de mon existence française.

J'ai toujours pensé qu'il fallait accepter que, dans un texte, quelque chose ne coïncide pas avec l'attente que l'on a spontanément. C'est plus évident encore lorsque l'on passe d'une langue à l'autre : les manières de dire sont toujours autres. Quand il s'agit d'un terme, on peut très rapidement organiser un système dans lequel de terme à terme on a une sorte de structure intelligible. Comme le pensait Saussure, il y a dans chaque langue des cases vides ; on peut donc s'imaginer, dans ces taxinomies, que ce que possède l'allemand, le français ne l'aurait pas, et qu'en revanche ce que le français a, l'allemand ne le possédera peut-être pas. On crée une sorte d'univers linguistique qui n'est pas du tout diversifié, puisqu'il contient la diversité dans la structure de son déploiement, alors que ce qui est intéressant c'est de voir comment quelqu'un qui parle s'empare des possibilités que la langue lui offre et met en œuvre ce qu'on appelle son vouloir-dire, c'est-à-dire quelque chose qui ne peut trouver son expression que grâce à cet outil extraordinaire, mais très souvent invisible, qu'est la grammaire. Ainsi s'agit-il, dans des situations de communication compliquées – Mme de Staël en évoque une, je vais en présenter de nombreuses dans les pages qui suivent –, de trouver chaque fois ce qui est en jeu et la manière dont on peut rendre compte non pas de l'effet de désarroi que cela engendre, mais de l'effet de découverte et parfois d'émerveillement. Ce n'est pas *lost in translation*, c'est le contraire.

À cet égard, l'œuvre de Walter Benjamin est irremplaçable. Je me suis beaucoup employé pour que Benjamin soit lu et étudié en France[1]. Il m'intéressait pour une raison très particulière, car ses premières préoccupations portaient sur le langage : son essai de 1916 sur le langage humain[2], et tout son travail sur le drame baroque, sur la critique romantique. Il a surtout écrit un petit texte pendant la guerre dans lequel il reprend le projet kantien sur le programme de la philosophie à venir[3]. On y découvre un Kant qui n'aurait pas su écrire ce qui découlait de ses véritables intentions, qui se serait autocensuré en faisant de la géométrie, c'est-à-dire une science non langagière, le modèle de ce qu'il s'agit de réaliser dans ces démonstrations. La thèse de Benjamin, c'est qu'il faut absolument réintroduire du vrai langage dans la philosophie de Kant ; du coup, surgit une dimension extraordinaire qui n'a plus rien à voir avec la systématicité kantienne, mais qui devient, chemin faisant, un style de pensée. Chez Benjamin, je me suis attaché à repérer la façon dont il a fait de l'allemand une autre langue que l'allemand de son époque. Et ça l'intéressait beaucoup plus que les idées. Il n'a absolument pas voulu transmettre un certain nombre de concepts ou d'articulations de concepts

1. Colloque Walter Benjamin, Paris, Le Cerf, 1983.

2. « Sur le langage en général et sur le langage humain », in *Œuvres*, I, Paris, Gallimard, coll. « Folio Essais », 2000.

3. « Sur le programme de la philosophie qui vient », in *ibid.*

qu'on peut avoir en dehors de telle langue ; il a voulu nous entraîner, nous embarquer dans un mouvement d'écriture qui fait de la langue le véritable objet de son entreprise. Et dans ce cheminement qui est le sien, on le rencontre réellement comme un auteur allemand qui a fait subir à l'allemand une transformation, qui n'est pas une transformation de termes, bien qu'il ait inventé des terminologies, mais une transformation de la manière dont est conduite la phrase.

Avant l'intérêt pour les langues mortes, qui étaient pour moi une sorte de défi bizarre, j'ai fait très jeune la découverte que, dans l'allemand même, il y avait deux langues quand j'ai dû me familiariser avec le dialecte de la région où nous nous sommes retrouvés comme réfugiés à la fin de la guerre. Déjà volait en éclats l'idée qu'il puisse y avoir une seule langue dans laquelle on articule ce que l'on veut dire. L'italien est venu juste après quand j'ai fréquenté les prisonniers italiens qui m'ont enseigné les rudiments de leur langue. Adolescent, je suis allé souvent en Italie, les premières fois sur mon vélo, et ce fut un moment important de mon existence. J'avais l'intention de m'y installer, mais le destin a joué autrement. Ensuite est venu le français. Ce que le titre de ce livre exprime lorsqu'il dit « entre les langues », c'est encore une langue. C'est une langue à trouver et qui n'est ni l'une ni l'autre, et c'est ce que, je le montre plus loin, Rilke et Tsetaeva appellent dans leur correspondance « la langue maternelle du poète ».

De Berlin à Paris

Entre les langues, entre deux mondes, entre les religions : réfléchissant aux différentes facettes qu'a pu prendre mon travail, il me faut faire un détour par mon histoire personnelle qui, bien entendu, explique pour une part ce cheminement.

J'avais onze ans quand mon père est mort à Workuta, un de ces grands camps russes près du Cercle polaire. Je l'ai évidemment peu connu, puisque, dès 1940, il n'était pratiquement jamais près de nous. La particularité de la relation que j'ai avec mon père, c'est d'abord le fait que nous portons le même nom, ce qui pour un enfant n'est jamais sans signifier quelque chose, sans qu'on sache exactement quoi. Pour tirer au clair ce qui, dans ce rapprochement, se joue, il est peut-être intéressant de dire ce que je *sais* de mon père, ce que j'ai su de lui, une fois que j'ai été suffisamment grand pour me poser des questions.

Il faisait partie de cette génération de lycéens qui, avant le baccalauréat, fleur au fusil, était allée se battre dans les tranchées. À seize ans, il a très vite été blessé et a donc vécu la fin de la Première Guerre mondiale d'abord dans un hôpital et ensuite dans des centres de réhabilitation. À la fin de la guerre, il a été choisi, parmi tous ces lycéens blessés qui n'avaient pas le bac, comme un élément suffisamment prometteur pour pouvoir entamer directement des études universitaires.

Francophile absolu, il s'intéressait, en historien d'art, aux cathédrales et a donc fait une thèse que j'ai découverte à la bibliothèque de la Sorbonne quand je suis arrivé à Paris. Sa thèse portait sur la question assez bizarre de savoir dans quelle cathédrale Charlemagne avait été enterré, et tous les arguments qu'il a pu réunir prouvaient, selon lui, que Charlemagne reposait dans la cathédrale d'Aix-la-Chapelle.

Se dessine déjà ce qui caractérise cette génération, parce que cette question, qui n'a rien à voir avec son amour des cathédrales en tant que cathédrales françaises, est une question inspirée par l'affect nationaliste. Parmi d'autres, cette thèse est une réaction au traité de Versailles, avec une arrière-pensée qui ne l'a pas quitté, tout au long de sa vie, à savoir que l'Allemagne et la France ont un destin lié. Et Aix-la-Chapelle est à cheval entre les deux pays, ce qui, à ses yeux, revêtait une importance symbolique majeure. Il s'agissait de récupérer la dignité perdue après la Grande Guerre, comme une sorte de réparation à l'envers. Mais c'était d'emblée compliqué, car cette demande de réparation n'était pas une réparation hostile, c'était une demande amoureuse, une quête de reconnaissance. Toute une génération d'Allemands, désespérément, voulait être aimée des Français, et mon père en faisait partie.

Quand, à mon tour, j'ai fréquenté la Sorbonne, au début des années 1970, j'ai retrouvé comme un écho lointain à l'histoire de mon père qu'il me fallait gérer autrement. Après la Seconde Guerre mondiale, il n'était plus question d'afficher l'attitude revendicative d'un amoureux déçu. Au fond, mon père était, par rapport à la France et à sa culture, dans la position d'un amoureux éconduit. Dans l'imaginaire allemand, la France a toujours été pensée sous les traits d'un être féminin, d'une femme. Et ces hommes allemands, épris de la France sur le plan culturel et intellectuel, exigent d'elle, sur le plan politique, qu'elle revienne sur cette espèce de fin de non-recevoir absolument violente qu'elle a opposée aux Allemands à la fin de la guerre de 1914.

Comme des centaines de milliers de jeunes gens de cette génération, mon père a, évidemment, été associé à tous les mouvements nationalistes, dont le mouvement nazi. Aux yeux de beaucoup de jeunes Allemands, le national-socialisme était, à ses débuts, une sorte d'incarnation de la revendication. Et, chose absolument effarante, la guerre menée contre la France était une cour violente.

Dès que l'armistice a été conclu, mon père, qui ne faisait pas partie des troupes combattantes, a demandé à rejoindre les troupes d'occupation, dans le cadre de l'association nazie des écrivains, la *Reichsschrifttumskammer,* rattachée au ministère de la Propagande de Goebbels. En poste à Reims, il a joué un rôle assez important dans l'édition, et particulièrement dans la politique de traduction d'œuvres allemandes en français et françaises en allemand. Il est clair que c'était ce rêve insensé de rétablir une vraie connivence culturelle entre la France et l'Allemagne qui l'animait, un rêve qui tirait son origine de l'idée d'un rétablissement de la grande tradition gréco-romaine, où les Allemands étaient les Grecs, et les Romains les Français. On ne soulignera jamais assez l'aveuglement de cette génération qui n'a rien voulu savoir des horreurs nazies. Le refoulement était si vigoureux que, pendant longtemps, il a pu se contenter de répéter à sa mère, violemment hostile au national-socialisme, que, une fois le côté brutal du conflit terminé, naîtrait un monde infiniment plus pacifique, plus heureux et plus riche de toutes ces cultures réunies. La même idée se trouve chez Ernst Jünger, quand il raconte, dans son journal, ses années d'occupation à Paris... Les yeux de mon père se sont ouverts quand il a proposé de traduire Hofmannsthal en français et qu'on lui en a refusé le droit, sous prétexte qu'Hofmannsthal était demi-juif. C'est pour moi ahurissant de me dire qu'il a fallu un événement, disons quasi littéraire ou quasi culturel, pour que soudain il prenne conscience de ce qui se passait depuis tant d'années déjà. Une fois qu'il a eu compris l'étendue du désastre, il s'est soumis à la décision prise à son encontre de l'envoyer sur le front de l'Est.

Dans cette perspective – celle d'une génération nationaliste réclamant un amour qui lui était refusé, quand ce rêve apparaît soudain impossible à cause des horreurs du nazisme –, pour ne pas entièrement se dédire, que lui restait-il sinon l'autre idée, complètement folle, de défendre la civilisation allemande *et française* contre les barbares de l'Est ? Et il ne fut évidemment pas seul à accomplir ce chemin. Pour lui, la civilisation, c'était la France *et* l'Allemagne. On retrouve là le vieux schéma d'Hérodote, c'est-à-dire la liberté contre le despotisme, avec cette tragique ironie que le régime hitlérien était despotique… Mais pour lui, selon l'éducation humaniste qu'il avait reçue, le vrai despotisme ne pouvait qu'être asiatique. On lui avait seriné, comme à tant d'autres, que depuis toujours l'Allemagne était héritière de la Grèce et qu'il fallait – l'Empire romain en étant d'une certaine manière la préfiguration – reconstituer l'Empire franco-allemand. D'où Charlemagne ! Tout est parfaitement cohérent dans cette espèce de mythologie nationaliste.

J'ai conservé une photographie qui le montre, en 1944, dans son uniforme d'*Hauptmann* (de capitaine), à la tête de sa compagnie, partant se battre contre la menace asiatique. Il a gardé un minimum de cohérence dans sa vie en choisissant de rejoindre le front, au lieu de rester planqué comme réserviste. Son engagement premier, une embrassade folle dont la France était la victime, il le prolonge en partant lutter contre cet envahisseur monstrueux qui était aux frontières dans les marches de l'Est, et donc défendre femmes et enfants contre les violeurs bestiaux qui allaient déferler…

Cette menace, j'en ferai moi-même l'expérience, enfant, quand nous fuirons les chars russes qui entraient dans Berlin en 1945. Depuis l'intensification des bombardements sur

Berlin, nous étions, comme on disait à l'époque, évacués à quelques dizaines de kilomètres au nord, dans un village qui était à l'abri des bombardements. Mais je voyais pratiquement tous les jours les avions comme des petits poissons argentés, avec un bruit absolument effrayant, passer par-dessus nos têtes. Dans ce village, j'étais radicalement seul, je n'avais aucun ami ; complètement isolés dans une ferme, nous étions, ma mère, ma jeune sœur et moi, étrangers dans le village. Je ne possédais rien d'autre que des livres, et passais toutes mes journées à lire, couché dans l'herbe, en regardant les avions alliés voler au-dessus de moi.

Dans cette espèce d'isolement, j'ai vécu dans un univers entièrement façonné par mes lectures. Ma préférée était celle des mythes grecs et des récits homériques, résumés par Schwab, un très bon auteur romantique, véritable classique de l'éducation humaniste des jeunes Allemands. M'apparaît que j'avais déjà une aversion étrangement épidermique, si l'on peut dire, pour la mythologie nordique. Ce qui me ramène à mon père, qui, comme d'autres nationalistes de sa génération, ne partageait absolument pas la mythologie mise en place par Himmler et y était même totalement réfractaire.

Quand les chars russes sont arrivés à Berlin, nous nous sommes assis tous les trois sur un char allemand qui refluait. Avec le feu à l'horizon, nous avons sillonné, pendant six semaines, les quelques centaines de kilomètres qui séparent Berlin de Hambourg. Il y eut des moments vraiment épouvantables ; je me souviens notamment d'une nuit où des troupes SS ont fait irruption dans la ferme où nous nous trouvions réfugiés, nombreux, à la recherche de déserteurs – un de ces pauvres types, qui dormait dans le lit à côté du nôtre, fut abattu sous nos yeux. Jusqu'au dernier moment, il y eut des fanatiques pour traquer et abattre les fuyards.

Beaucoup de familles étaient venues de Prusse orientale avec leur charrette. À un certain moment de nos pérégrinations, comme il n'y avait plus d'essence, nous avons voyagé dans des voitures tirées par un cheval ; c'était comme l'exode de 1940 en France. Bien évidemment, nous avons été mitraillés par les avions de chasse anglais, et régulièrement nous nous jetions dans les fossés. Je me souviendrai toute ma vie des mots de ma mère se couchant sur ma sœur et sur moi : « N'ayez pas peur, les enfants, je suis là. » Cette protection a été quelque chose de déterminant pour moi. Une mère, finalement, c'était ça.

Après de longues semaines d'errance, nous avons fini par rejoindre les lignes du front qui venaient de se stabiliser. On était déjà à la fin de la guerre, mais pour nous il y avait encore tous ces soldats qui couraient, moitié en uniforme moitié en civil ; ce n'était ni la guerre ni la fin de la guerre, c'était « entre », un monde à part. Nous fûmes finalement accueillis par les Anglais et placés dans un camp de prisonniers où il y avait trente ou quarante mille soldats allemands désarmés qui vivaient dans des conditions indescriptibles : un seul point d'eau pour des milliers de gens, une eau contaminée et les soldats anglais, tirant en l'air, qui empêchaient les hommes assoiffés d'aller à la source. Nous avons vécu cela, en nous demandant si nous pourrions boire, si nous pourrions manger…

Ma mère, très jeune à cette époque, appartenait à la bourgeoisie cossue de Berlin : elle avait donc appris le piano, un peu de français et l'anglais. Un jour que, dans le camp, elle écoutait aux portes, elle entendit les officiers anglais dire qu'ils allaient évacuer une zone entre la ligne de front stabilisée et un canal qui relie l'Elbe à la rivière Trave ; cette zone serait abandonnée aux Russes en échange de Berlin-ouest. Sans plus attendre, elle nous a pris par la main et, à travers champs, nous a fait courir jusqu'à une route. Sur la route passait un camion, un gazogène que je vois encore, rempli de grosses bouteilles de lait destinées à l'hôpital militaire qui était installé à Hambourg. Avec aplomb, ma mère a demandé au chauffeur de nous cacher parmi les bidons et s'est assise à côté de lui. La fermeture de cette nouvelle frontière devait avoir lieu le jour même à dix-huit heures. Près du pont qui franchissait ce canal, de nombreuses voitures, des gens avec des chevaux tentaient de passer les contrôles. Les Russes, en effet, avaient exigé que la population ne soit pas avertie pour qu'elle ne fuie pas, mais l'information s'était malgré tout ébruitée, et nombreux étaient ceux qui convergeaient vers ce goulot d'étranglement. Comme elle savait l'anglais, ma mère, avec autorité, disait au poste de contrôle anglais : « Transport d'urgence pour l'hôpital militaire de Hambourg. Lait pour les malades, etc. » Nous sommes passés *in extremis*, à dix-huit heures ; j'entends encore les Anglais tirer dans les pneus de tous ceux qui roulaient derrière nous… On a été les derniers à passer, mais notre gazogène est tombé en panne au milieu du pont ! Nous voilà donc ma mère, le chauffeur, ma sœur toute petite et moi en train de pousser le véhicule pour qu'il entame la descente. Et de l'autre côté, au bord de la route, il y avait des gens avec des branches de bouleau qui nous faisaient des signes amicaux pour nous dire « Bienvenue chez nous, vous l'avez échappé belle ».

Dans cette débâcle, j'avais deux choses avec moi : deux manteaux enfilés l'un sur l'autre sur mes culottes courtes et un cartable contenant une livre de petits pois séchés et ma mythologie grecque. Une fois passés du côté occupé par les Anglais, ce fut plus facile, même si une bonne partie de notre exode s'est fait en charrette. Sur une de ces charrettes, nous avons voyagé avec une famille originaire de Prusse orientale qui avait emmené avec elle un prisonnier français employé chez eux. Ma mère baragouinait le français avec lui. Ce qui me frappe, avec le recul, c'est l'atmosphère très particulière de fraternité dans l'adversité, sans aucune forme d'hostilité, qui régnait entre nous tous. Quand nous fûmes arrivés à l'endroit où le Français devait nous quitter, il dit : « Je voudrais emporter quelque chose qui témoigne de mon séjour en Allemagne... » Que pouvait-il emporter d'autre que ma mythologie grecque ? J'étais en pleurs parce que, ce livre, c'était toute ma vie, et lui était en pleurs parce qu'il partait et quittait comme sa famille...

Il nous fallait aller toujours à l'ouest pour rejoindre la sœur de mon père, qui habitait à Münster en Westphalie. Mes grands-parents maternels, ainsi que leur autre fille, étaient restés à Berlin. Mon grand-père, emprisonné dans un cachot par les Russes, est mort dans ce trou en 1945, et ma tante a connu les violences que beaucoup de Berlinoises ont endurées de la part des soldats russes.

Pour notre part, nous rejoignons enfin Münster, qui est absolument dévastée. Nous nous sommes installés dans une cave, où nous resterons de longues années, car la reconstruction du pays a été longue. Ce n'est qu'en 1952 que nous emménagerons dans un appartement collectif où les différentes familles étaient séparées par des rideaux...

En revenant sur ces épisodes de ma vie, c'est la puissance de vitalité des enfants qui me frappe, car, en dehors de la tristesse que j'ai ressentie en perdant mon livre, je ne crois pas avoir souffert pendant toute cette période cahotique. Je dois sans doute à la force de ma mère de ne pas avoir gardé de mauvais souvenirs de mon enfance, malgré les circonstances. Elle était très belle, et toute jeune avait épousé mon père, de quinze ans son aîné, subjuguée semble-t-il par sa forte personnalité et son charisme d'intellectuel. Elle m'a même raconté que, jeunes mariés, ils se promenaient sur le *Philosophenweg* à Heidelberg et que c'est là que j'aurais été conçu... Quand j'y pense, je trouve qu'il y a là un signe.

Chez ma tante, nous n'étions absolument pas les bienvenus. Les temps étaient très durs, et elle avait déjà quatre enfants à nourrir ; en outre, cette famille était ultra-catholique et jugeait que, éloignés du catholicisme comme nous l'étions, nous n'étions pas assimilables. Mon père, qui ne croyait qu'à la culture, était ce que les nazis appelaient un *Gottgläubiger*, un « croyant », concept inventé par eux pour ceux qui n'étaient ni catholiques ni protestants. Le nazisme a toujours roulé sur un recyclage de la religion, et la « foi » *(Glaube)* est revendiquée par le Führer qui se référait régulièrement à la Providence, censée l'avoir choisi. La « religiosité vagabonde » d'une partie de la société allemande a été admirablement exploitée par les nazis. Quand, pénétrant pour la première fois dans l'école primaire de Münster à l'automne 1945, j'ai dit naïvement que j'étais *gottgläubig*, tout le monde s'est acharné sur moi à coups de briques. Ces écoliers archi-catholiques pensaient que je me moquais d'eux. Comme tout était en ruine, il y avait des briques qui traînaient partout ; c'est ainsi qu'ils m'ont éclaté le cuir chevelu. J'en garde encore les cicatrices.

Münster était la ville du cardinal von Galen, un des rares dignitaires ecclésiastiques à avoir protesté contre l'euthanasie, la stérilisation et les exactions nazies. Bien que tout aussi nationaliste que mon père – certains de ses discours montrent qu'il était entièrement d'accord avec la guerre et le rétablissement de la dignité nationale –, il fut béatifié en 2005 par Benoît XVI. Il est devenu l'un des héros de cette résistance allemande au national-socialisme ; une résistance ambiguë, parce que, comme les Stauffenberg, il était nationaliste et fier des victoires militaires.

À Münster, en 1945, les protestants avaient la vie dure. *Gottgläubig* et plus instruit que les élèves de ma classe, moi aussi j'avais la vie dure. Aussi ma mère a-t-elle décidé de me retirer de cette école catholique. Je l'entends me dire : « Tu vas passer le concours d'entrée au Gymnase et tu feras la même chose que ton père, tu feras grec-latin. » Pour elle, c'était la tâche que mon père lui avait léguée. Faire de moi un « humaniste ». C'est la seule chose qu'elle avait, dans cette débâcle, voulu maintenir de toutes ses forces. Il fallait que le petit Heinz Wismann fasse comme le grand Heinz Wismann : grec et latin. Alors que je n'étais pas scolarisé du tout, j'ai reproduit le parcours de mon père qui, sans avoir le baccalauréat, a été admis à l'Université grâce à l'excellence. Et moi j'ai été admis en 6e au lycée des humanités, sans être jamais allé à l'école, sur la base de la culture que je m'étais faite dans les livres dont j'avais pu disposer. D'une certaine manière, ma mère était l'agent de la continuité. Un peu plus tard, elle a même ajouté : « Bon, maintenant, tu es sur tes rails, je ne veux pas entendre parler de tes notes. Si jamais tu redoubles, tu auras trahi, et tu seras maçon. » Pendant mon adolescence, j'ai donc évité de montrer mes notes à ma mère, et je signais mes bulletins moi-même… Je jouissais ainsi d'une énorme liberté.

Terrés dans une cave, nous vivions dans une situation d'extrême dénuement, et l'hiver 1945-1946 fut atroce. On n'avait rien à manger, donc on chapardait. Toujours conduite par cet instinct de protection – couver ses petits –, ma mère n'a fait ni une ni deux : elle s'est acoquinée avec un sergent anglais, qui lui obtenait quelques provisions, et elle lui a même volé son pistolet. Pendant des mois, tous les soirs, elle nous disait d'une voix que j'entends toujours résonner : « Dormez, les enfants. Maman a un pistolet. » Pour nous, c'était une protection indestructible. Dans un monde dangereux au-delà de ce qu'on peut s'imaginer.

Ma mère ne s'est pas arrêtée là. C'était une bourgeoise qui n'allait pas avoir une liaison avec un sergent ; il lui fallait un colonel. Ce brave père de famille avait une voiture de fonction, ce qui nous valut, de temps en temps, des pique-niques dans la campagne, au cours desquels on mangeait une partie des provisions des Anglais – des oranges, du chocolat... Cet Anglais lui avait procuré un poste dans le magasin où les familles des soldats faisaient leurs courses. Une sorte de petit supermarché où ma mère était devenue l'interface entre les filles allemandes qui travaillaient et les autorités anglaises. Elle chapardait de la nourriture pour nous en usant d'un stratagème de ménagère. Dans la pelote de son tricot qu'elle emportait avec elle, elle fourrait du beurre, du jambon, ce qu'elle trouvait. Quand elle passait le contrôle, elle soulevait l'ouvrage avec la pelote qui pesait un demi-kilo pour que les soldats puissent regarder le fond de son sac... Elle échangeait le surplus contre des cigarettes, qui étaient la seule forme de monnaie ayant réellement de la valeur. Et, chose que je trouve tellement touchante, un jour qu'elle était à la tête d'un vrai magot de cigarettes, elle a pu acquérir – alors qu'on vivait dans une cave – un lustre en bronze qui lui rappelait la splendeur perdue. Elle a acheté un lustre qui ne servait à rien ! Mais pour moi, c'était le signe qu'on allait remonter la pente. Pour elle aussi, c'était un symbole. Je dois à ma mère cette protection absolue, d'un côté, et cette liberté absolue, de l'autre ; je la revois encore aujourd'hui, avec beaucoup de tendresse, pratiquer pour elle-même la liberté absolue. Elle était d'une vitalité, d'une force inouïes, rien ne pouvait l'abattre. Elle considérait que c'était son devoir, de mère et de personne, que de regagner ce qu'elle avait perdu.

De mon côté, j'avais vite compris qu'être un *Gottgläubiger* n'était pas une bonne chose, aussi ai-je cherché à me rapprocher du curé à qui j'ai fait croire que j'étais catholique. Il m'a enrôlé parmi les enfants de chœur et, comme j'avais commencé à faire du latin, j'étais très à l'aise pour les *respons*. Pendant des années, à l'école, j'étais premier en instruction religieuse catholique, ce qui a conduit le curé à me bombarder chef de la section paroissiale des scouts catholiques. À ce titre, j'ai enseigné le catéchisme, en échange de quoi, j'ai obtenu, lors d'une grande fête, ma médaille diocésaine délivrée par l'archevêque.

Pendant la période où j'étais enfant de chœur et ensuite scout catholique, j'avais la clé de la crypte de l'église où se trouvait une table de ping-pong ; c'est comme ça que je suis devenu un champion régional. Cette petite revanche sportive a été très importante pour moi, puisque, au fond, ma socialisation s'est faite grâce aux scouts catholiques et à la table de ping-pong. Après la guerre, quand on était adolescent et pauvre, que faire d'autre que du sport ? C'est ainsi que j'ai pratiqué le foot, le handball, l'athlétisme... Avec mes copains nous avions commencé à jouer au foot avec les boîtes de conserve compactées des Américains. J'avais certaines dispositions pour ce sport et fus repéré comme élément prometteur d'un club de foot de première division. J'ai même connu brièvement une vraie petite carrière de footeux, qui a tourné court à cause d'un ménisque déchiré. À peine entamée, ma carrière de footballeur s'est brutalement interrompue.

L'autre activité extrascolaire qui m'a durablement marqué est le chant. Dès la fin de ma mue, j'étais dans les chœurs de l'opéra de Münster et, baryton léger, j'ai chanté, avec l'orchestre symphonique, absolument tout le grand répertoire : les messes, les passions, *Carmina Burana* de Carl Orff, etc. Le chef était Robert Wagner, qui plus tard fut le patron du Mozarteum de Salzbourg. Grâce à cette activité qui a duré plusieurs années, j'ai eu l'occasion de tenir de petits rôles en soliste ; c'est ainsi que j'ai eu la chance d'approcher tous les grands de l'époque, les Wilhelm Backhaus, Christa Ludwig, Elisabeth Schwartzkopf, Lisa della Casa...

Mon goût pour la musique, je le tiens de ma mère. Elle était très bonne pianiste et plaçait le couffin, dans lequel elle me transportait quand j'étais bébé, sous son piano. J'étais littéralement arrosé de musique avant même d'en avoir conscience. Dominant parfaitement la technique, elle improvisait la plus grande partie du temps. Par flemmardise, et plutôt que de s'astreindre à jouer du Chopin, elle improvisait, et c'était magnifique. Elle a joué avec la même facilité jusqu'à l'âge de quatre-vingts ans.

Entré dans le giron de l'Église catholique, je me trouvais du coup bien habillé et relativement bien nourri, car le curé me plaçait dans des familles qui avaient encore une maison. Ce qui valut aussi à ma sœur d'être enrôlée le dimanche matin, pendant la grand-messe de onze heures, pour tenir le rôle d'un « angelot », tout de blanc vêtue. Personne ne posait de question, tant les gens étaient convaincus qu'on ne pouvait être que catholiques. Je faisais d'ailleurs toutes les prières avec énormément d'aplomb, tout en sachant intérieurement que j'étais autre, à la manière d'un marrane. Et c'était un élément de fierté. J'avais à la fois un regard ironique et une distance intérieure; au fond, c'est l'amorce de ce que j'appelle un rapport réflexif au réel. C'est-à-dire ne pas être tout simplement envahi par les choses qui se présentent, même avec une allure de valeur incontournable. Demeure toujours le petit doute, la question : « Est-ce que c'est vraiment ça ? »

Ma carrière de catholique marrane s'est arrêtée quand, arrivé en seconde, j'ai fait mon *outing* en me proclamant protestant. Il faut dire que peu à peu, grâce à l'afflux des réfugiés venus de l'Est, la communauté protestante s'était étoffée. Par ailleurs, ascension sociale oblige, ma mère s'était mis en tête d'épouser le médecin chef de l'hôpital protestant. Finalement, elle épousera un peu plus tard un juriste, protestant lui aussi.

C'est ainsi que je suis passé de l'instruction religieuse catholique à l'instruction religieuse protestante. Et alors qu'en catéchisme catholique j'avais toujours « très bien », chez les protestants, je n'avais que « bien ». Cela m'agaçait profondément.

Après avoir été *gottgläubig*, c'est-à-dire rien du tout, j'ai été catholique par nécessité, par calcul, et suis devenu protestant dans un geste qui s'est superposé dans ma conscience à la petite réserve mentale que j'avais entretenue quand je servais la messe et que je disais à table les prières pour les catholiques, alors que je savais n'être pas catholique, n'étant pas baptisé.

Cette distance qui n'était pas vraiment définissable était maintenant assimilée à la distance du protestantisme par rapport au catholicisme.

Les années de formation

Mon baccalauréat en poche, ma mère remariée, je suis parti à Berlin pour commencer mes études. Il fallait reprendre le fil de cette histoire familiale, d'autant que ma grand-mère, qui était la garante de ce passé effondré, voulait que je revienne à Berlin vivre chez elle. Inscrit en filière philologique (grec, latin, philosophie), je fréquentai donc l'université libre financée par les Américains après la guerre pour accueillir les professeurs de l'université Humboldt, située dans le secteur soviétique, qui ne voulaient pas adhérer à l'évangile communiste. C'était une université libérale dans son esprit, et qui, grâce aux subsides américains, bénéficiait de bibliothèques et de fonds documentaires exceptionnels. Il y avait absolument tout, je pouvais travailler comme je l'entendais. Malheureusement, les professeurs n'étaient pas à la hauteur de mes espérances ; ils étaient loin de ce que je m'attendais à trouver dans la civilisation grecque, ils n'avaient pas d'envergure… C'était un enseignement compassé et passablement réactionnaire.

Pour rompre avec cette monotonie, j'allais dans les milieux où il y avait des filles un peu plus attractives que chez les hellénistes, à l'Académie des Beaux-Arts notamment. Ma passion pour le théâtre était déjà affirmée, puisque, dès l'année du baccalauréat, j'avais monté une troupe avec laquelle nous avons fait plusieurs tournées. Comme Wilhelm Meister, je voulais mener plusieurs vies à la fois ; ma vie d'adolescent ne me suffisait pas et je trouvais dans le théâtre le moyen de m'ouvrir à d'autres mondes. Parallèlement à mes études classiques, j'ai même été tenté par le concours du conservatoire Max Reinhardt à Berlin qui était *le* lieu de formation théâtrale. Un comédien fonctionnaire du Schiller Théâtre à Berlin, où je faisais le figurant, a vu clair en moi... Une nuit, il m'a parlé longuement pour m'expliquer que, quand on fait du théâtre, il faut être génial, sinon ce n'est pas la peine de poursuivre. Le doute m'a envahi, j'étais vraisemblablement trop réfléchi pour ce métier, alors j'ai laissé tomber ma carrière de comédien.

Par chance, à la même époque, j'ai rencontré Jean Bollack, et pour moi les choses sérieuses ont alors commencé. Le déclic s'est fait très simplement, parce que j'étais réellement fasciné par lui, il ne ressemblait à aucun de mes professeurs moyens que je n'aimais pas. Il était magnifique, *unkonventionell*, hors des conventions. Dès notre première rencontre, nous avons discuté et ferraillé jusqu'au petit matin. Très vite, il m'a demandé de travailler sur un vers d'Empédocle ; je savais qu'il m'attendait au tournant dans son séminaire. Alors, pour la première fois de ma vie, j'ai travaillé d'arrache-pied pour un truc scolaire, ce que je n'avais fait ni au lycée ni pendant les premiers semestres d'université. C'est lui qui a obtenu ça de moi... Comme un défi, il m'a dit : « Sois à la hauteur de ce que j'attends de toi. » Je raconterai plus loin à quel point cela m'a aidé à trouver ma voie.

En 1958, j'ai obtenu la bourse faramineuse de la Fondation d'études du peuple allemand, la *Deutsche Studienschtiftung*, qui m'a permis de suivre Bollack à l'université de Lille où il venait d'être nommé. J'y retrouvais un milieu fermé qui me semblait être la répétition des catholiques que j'avais rencontrés à Münster. Bollack me paraissait être l'équivalent de moi arrivant à Münster : tout aussi pièce rapportée, protestant, pas assimilé. Je peux dire que ma mythologie grecque, je l'ai retrouvée avec lui, et pas chez les autres professeurs qui, d'un ton mortel, débitaient des platitudes sur l'*Iliade*. Avec Bollack, je me suis littéralement jeté sur les philosophes grecs : pendant un an et demi, je venais le week-end à Paris travailler chez lui et j'ai fini par prendre une chambre de bonne à Paris. Nous travaillions quatorze heures par jour minimum. Un jour où j'étais allongé par terre, épuisé, réclamant une pomme, il m'a froidement répondu : « Heinz, vous êtes une petite nature. » C'est à peu près la vision qu'il a eue de moi pendant très longtemps.

C'est dans ce contexte du début des années 1960 qu'en suivant les soutenances de thèse en Sorbonne, je m'initiais au petit monde parisien de la philosophie et que je cherchais, parallèlement à mon travail de thèse, à obtenir un poste d'assistant de langue allemande dans un lycée français. Après bien des tracasseries, j'ai fini par atterrir au lycée de Savigny-sur-Orge où j'ai enseigné l'allemand. Le printemps venu, est arrivé le moment où se déroulait le traditionnel match de foot, élèves contre professeurs. Jouant avec les professeurs, j'ai mis à profit mes aptitudes et j'ai fait gagner mon équipe. Voilà comment je suis devenu la coqueluche du lycée : pour le foot, pas pour mes cours d'allemand.

De cette époque date aussi ma rencontre avec les pontes de la Sorbonne, Vladimir Jankélévitch, Pierre-Maxime Schuhl et Maurice de Gandillac. Un peu intrigués par la présence d'un jeune philosophe allemand dans leurs murs, ils ont proposé au « Teuton atypique » que j'étais, ce sont leurs propres termes, de prononcer une conférence sur l'état des études philosophiques allemandes. Salle Cavaillès, sous le portrait du grand résistant, balbutiant, ému aux larmes, transpirant au point que les gouttes qui tombaient de mon front noyaient l'encre de mon papier, j'ai fait exactement ce qu'ils attendaient de moi : j'ai expié. J'étais troublé. Ce fut le début d'une longue aventure qui a duré jusqu'en 1975, d'abord à la Sorbonne puis à Paris IV, où j'initiais les jeunes philosophes français à la philosophie allemande, et où ensuite, chemin faisant, j'ai été l'assistant de Ferdinand Alquié et de Pierre Aubenque. Pour les philosophes de Paris I, j'étais un social-traître, car, dans le champ des études classiques, tous les réactionnaires se trouvaient à Paris IV qui, dans ces années, penchait sérieusement pour l'extrême-droite, surtout en philosophie.

C'est d'ailleurs Raymond Polin, l'homme fort des études philosophiques de la Sorbonne, qui m'a éjecté de Paris IV quand il en est devenu président ; une de ses premières actions a été de faire circuler devant le conseil d'université une photographie, prise en 68, sur laquelle on me voyait participer à une assemblée générale... Comme les antisémites sont aussi germanophobes (c'est très intéressant d'ailleurs comme association maurrassienne), il a commencé par m'éjecter et a fait élire ensuite Pierre Boutang. Aux yeux des sorbonnards, « je n'avais pas d'avenir en France », ce qui me fut dit dans ces termes. Grâce à Jacques Le Goff et à François Furet, j'ai été officiellement coopté à l'École des hautes études en sciences sociales en 1978.

Le milieu de la réflexivité

La publication en français des ouvrages de Benjamin, de Jonas, de Blumenberg, entre autres auteurs que j'ai publiés dans la collection « Passages » que j'ai dirigée aux Éditions du Cerf[1], a marqué le début d'une aventure passionnante : le

1. Voir plus loin, p. 83-88.

débat intellectuel s'en est trouvé enrichi et approfondi. Et moi, j'étais toujours « entre ». C'est une position assez séduisante, car on a l'impression d'être comme doublement « confirmé ». Si l'on est dans un seul horizon culturel ou linguistique sur lequel on prend appui, la relation qu'on entretient avec les autres mondes – dont on perçoit parfois l'intérêt, la richesse, l'attrait – est évidemment d'une nature très différente : c'est simplement une altérité qui est confrontée à quelque chose qui est le soi ou le même. Tandis qu'à partir du moment où on s'installe « entre », on a affaire à deux altérités, puisque l'origine devient autre elle aussi. On porte un tout autre regard sur ce qui est finalement d'abord perçu comme une identité qui va de soi. Souvent la question m'a été posée de savoir à quoi je m'identifiais. Par une sorte d'orgueil modeste, je répondrais qu'on ne peut s'identifier qu'à soi ; à soi en train d'être dés-identifié. Du coup, on est dans une position qui n'est pas substantiellement puissante, car on ne dispose pas de la force de frappe intégrale de l'une ou de l'autre des options, mais on est d'une certaine manière dans une position forte, en raison, précisément, de son ouverture plutôt que de son caractère compact. Voilà pourquoi j'évoque une forme d'orgueil, parce qu'on est confirmé dans ses intuitions par des choses qui s'excluent mutuellement.

Dans cette position d'intermédiaire, de passeur, il ne s'agit pas tellement des contenus qui sont transportés d'un côté de la frontière à l'autre comme des marchandises qu'on échange. La chose intéressante, c'est que le milieu compris comme ce qu'il y a « entre » est le milieu de la réflexivité, pas de l'identification. Et la réflexivité est quelque chose qui, au fond, n'a d'existence que dans son effectuation. Elle n'est pas séparable du geste de la réflexion. D'où la difficulté de faire de la réflexion un objet d'identification. C'est très difficile parce que c'est éminemment mobile, constamment ouvert sur des sollicitations qui sont parfois incompatibles et qui coexistent néanmoins dans un geste symétrique de reconnaissance : puisqu'au niveau de la réflexion, on comprend la pertinence de ce qui s'exclut mutuellement, mais chaque fois dans son contexte propre. Et, en ce sens, si on fait œuvre de réflexion, c'est un milieu particulier qui se trouve au milieu ; on s'aperçoit alors que la réflexion entretient un rapport très particulier au temps. Comme c'est une forme de mobilité, elle se refuse à des formes de fixation, elle appartient à une sphère qui est celle de l'art théâtral.

Le théâtre, dans lequel une parole résonne, exige du comédien de sculpter littéralement cette matière étrange qu'est le temps. La voix joue un rôle important, mais aussi le rythme, le phrasé. Par tout un ensemble de capacités artistiques, la réalité prend la forme la moins compacte, la moins saisissable à travers cette espèce d'inscription dans une succession de densités, de raréfactions… Ce que j'appelle « le milieu de la réflexivité », c'est tout simplement cet ordre du temps qui s'écoule et qui est pétri par la façon dont on inscrit des sortes de courbes. J'ai toujours en tête cette image qu'on sculpte le temps ; que tout ce qui arrive dans ce milieu est, au fond, une incitation à poursuivre, comme un prétexte – ce n'est jamais pour soi, pour être dans son identité propre, arrêtée et archivée – à prolonger la vie de la chose. C'est une forme d'appropriation de ce qui est inerte et qui correspond à son actualisation. C'est en ce sens que cette perspective a partie liée avec l'herméneutique, qui elle – à la différence, par exemple, d'une réduction au contenu – ne peut pas se passer de la nécessité de parcourir tous les éléments de la complexité intégrée qu'est une œuvre. De ce point de vue, l'herméneutique et la réflexivité, c'est la même chose.

Face à un poème, je peux faire deux choses : ou bien j'énonce des faits concernant le poème (la date de sa composition, sa place dans l'œuvre de l'auteur, de quoi il est question ; et je peux même, grâce à un discours plus raffiné, conceptualiser l'esthétique et dire la quintessence de l'effet poétique, etc.), mais tout cela ne fait pas comprendre le poème. Ça le réduit à quelque chose qu'il n'est pas. Ou alors, pour le faire comprendre, il faut s'immerger dans le poème et ainsi une succession temporelle de petites opérations fait passer d'une chose à l'autre. Cette mise en succession – réglée par les lois qu'il faudra faire apparaître – des éléments qui composent le tout correspond exactement à cette activité purement temporelle qu'est le déploiement de la réflexion.

En discutant avec des personnes qui sont plus péremptoires que moi, on m'a souvent fait comprendre qu'on attendait de moi de dire un dernier mot, de prendre position, d'arrêter un choix. Or tout se relance indéfiniment, mais dans un travail qui n'est pas arbitraire. Je ne peux pas le décrire autrement que dans un entre-deux que j'appelle un « milieu », ce pompage des ondes qui sont des ondes temporelles de réflexion. Et cette réflexion se nourrit de ce qu'elle n'est pas substantiellement puisqu'elle n'est rien que ce qu'elle met en forme par sa loi propre et qui lui vient d'ailleurs. Elle est d'autant moins tentée de se réduire à la positivité substantielle dont elle se nourrit qu'elle se maintient au milieu entre deux positivités, en évitant de basculer d'un côté, de s'effondrer. La réflexion est comme attirée, c'est comme une gravitation qui risque de la faire tomber sur le sol ferme des certitudes. En même temps, ce n'est pas un relativisme, ce n'est pas sceptique, ce n'est pas un refus de juger, c'est proprement critique, c'est-à-dire que s'opère en permanence le tri entre ce qu'est une chose et ce qu'elle n'est pas. Et dans ce tri s'échafaudent progressivement des ensembles qu'on comprend dans le mouvement même au cours duquel on fait ce tri. L'essence des performances est d'être herméneutiques et critiques. C'est pourquoi je peux parler des philosophes allemands, comme je peux aussi parler d'un poème de Rilke ou interpréter la *Théogonie* d'Hésiode...

Mes tout premiers travaux portaient déjà sur la différence entre un poème de Théocrite et un poème de Virgile. J'avais senti que le genre bucolique ne permet pas de dire en quoi les deux manières de faire de la poésie bucolique sont différentes. Alors, comment parvenir à distinguer la poésie bucolique grecque de la poésie bucolique latine ? En fait, la différence, pour quelqu'un qui a grandi dans la tradition allemande, est exactement la même que la différence entre Goethe et Schiller, c'est-à-dire entre ce que les deux compères appelaient le « naïf » et le « sentimental », entre l'immédiat et le médiatisé. Ce qui signifie que, pour goûter la poésie bucolique de Virgile, il faut savoir qu'il connaissait la poésie bucolique grecque. En conséquence, il en rajoute une couche, si l'on peut dire ; et le charme de cette poésie est qu'elle contient des éléments qu'on peut faire apparaître, mais dans une circulation qui nécessite de tenir compte de quelque chose qui est à distance. On pourrait en dire autant de l'*Énéide*, qui ne peut être lue sans faire retour à Homère. Et grâce à cette mise en relation, on parvient aussi à une meilleure vision de la chose grecque, on en voit mieux son pathos particulier.

Un autre exemple pris dans mes premiers travaux : dans son traité *Sur les lois*, Cicéron et ses interlocuteurs discutent dans un jardin ; c'est un jardin à la romaine, entièrement artificiel, avec un ruisseau et des rochers factices, du genre de ceux que l'on voit au parc Montsouris. Comme il fait chaud, l'un des convives dit qu'il serait agréable de descendre dans le ruisseau… Il se contente de le dire, mais aucun ne descend réellement ; ça, c'est Rome. Le Grec (on pense au *Phèdre* de Platon), lui, descend tremper ses pieds dans l'eau. Le rapport romain à la nature est caractérisé par un éloignement, c'est un rapport second. Les routes romaines ne respectent, tant que c'est possible, aucune particularité du relief. C'est le réseau de la SNCF, idéalement. Tandis que les Grecs sont dans une espèce de rapport d'adéquation immédiate avec la nature, d'où la pluralité des cités grecques et l'unicité de Rome.

En réalité, lorsque quelqu'un déploie une véritable acuité intellectuelle, cela s'accompagne toujours d'un exil. Et cet exil peut être entièrement psychologique, ça peut être d'une langue à l'autre, ça peut être d'un domaine de la connaissance à l'autre, c'est l'« inter ». Or cette acuité intellectuelle, comme toute acuité avec son tranchant, c'est la critique ; elle met en crise toutes les convictions tout simplement garanties par une tradition, une autorité, etc. Et quand je dis « acuité intellectuelle », j'entends par là une forme de fonctionnement de l'esprit qui n'a pas pour finalité de reconduire une forme de sédentarisation. Ça reste en suspens et ça n'existe que dans le temps dans lequel s'inscrit ce mouvement critique ou herméneutique qui fait que les choses ne sont pas simplement ce qu'elles semblent être, en vertu de ce qu'on s'est mis d'accord pour penser qu'elles soient. Parce que le *consensus virorum doctorum*, parmi d'autres consensus, est ce qu'il y a de plus suspect du point de vue de l'acuité intellectuelle. Or l'acuité intellectuelle, qui est le propre de l'exilé, suscite invariablement la méfiance des sédentaires, qui refusent de se dessaisir de leurs certitudes immédiates. Ils sont des « enracinés » qui se contentent, comme une plante, de l'immobilité absolue dans laquelle ils trouvent leur satisfaction ; libre à eux. On appelle ça les préjugés.

Il y a un plaisir tout à fait particulier, très difficile à décrire, à se transformer en une sorte d'intelligence angélique ou sans corps, c'est-à-dire sans corps lourd. Comme une aile volante qui plane en fonction des courants qu'elle rencontre, qui se nourrit de ce qui vient. Telle est ma posture : ne pas se contenter de l'immobilité assurée, par exemple, par une tradition de compréhension ou une conviction partagée, une adhésion immédiate. Autrefois, je disais que je n'étais pas dans la situation d'un supporter d'un club de football qui adhère viscéralement à l'identité de sa tribune, mais que j'étais pour le « beau jeu ». Et le beau jeu, c'est la métaphore de cet « entre » mobile... et, d'un instant à l'autre, je peux être plutôt d'un côté que de l'autre, ça dépend. C'est pour cette raison que j'aime tant le tennis, parce que l'essentiel du tennis se passe entre les deux joueurs qui sont à la fois le même et un autre. Le bon joueur est celui qui épouse le schéma corporel de l'autre, sinon il ne peut pas anticiper. On s'étonne parfois qu'à mon âge je puisse encore jouer au tennis. C'est tout simplement parce que *je lis* très bien : je suis déjà là quand la balle arrive. En « lisant » les coups de mon adversaire, je l'empêche de me déborder, même s'il est en meilleure condition physique que moi. Beaucoup de joueurs amateurs sont seulement eux-mêmes, tout entiers tendus dans la volonté d'écraser l'adversaire. Cela ne suffit pas, parce qu'il faut avoir suffisamment d'intérêt pour l'autre pour être un peu lui. Et du coup on peut jouer.

Au fond, la constante de ma vie, professionnelle comme privée, c'est la circulation, le déplacement. Les pages qui suivent, avec leur caractère ondoyant, portent d'ailleurs la marque de ce vagabondage intellectuel. Tel un *Luftmensch*, un « piéton de l'air, un être léger, sans racines », terme yiddish magnifique et difficile à traduire. Les vraies expériences de mon existence, c'est la musique sous le piano, les mythes grecs pendant l'école primaire, le chant pendant le lycée, le théâtre, et le lien, c'est le sport qui court sous plusieurs formes. L'intérêt que j'avais toujours eu pour la musique, je l'ai retrouvé en étudiant le *Timée* de Platon ; c'était une entrée dans la musique par une porte théorique tout à fait inattendue. Garder le sens du déroulement des mouvements, c'est ce que je me suis efforcé de faire dans mon travail de chercheur ; et, pour y parvenir, il faut avoir des yeux derrière la tête. Les yeux derrière la tête, c'est la conscience cosmique, c'est-à-dire ce que j'appelle la confiance. On n'est pas entièrement orienté en direction de la volonté s'effectuant en vue d'un but. On est en même temps dans une perception globale, un peu comme Argos qui ne dormait jamais que d'un côté, puisque de l'autre côté ses yeux continuaient à scruter.

La réflexivité, c'est l'endroit où le mouvement s'accomplit. Mais d'où parler des choses de façon à ce que cela devienne clair ? Si je colle aux choses, je ne vois rien. Je suis à une certaine distance, comme le *Luftmensch* quelque part suspendu en l'air et qui, surtout, n'a pas peur de tomber. C'est ce que j'appelle la confiance. Être à la fois moderne et ancien, être à la fois chez soi et pas chez soi, être à la fois rassuré et ne l'être pas… J'ai essayé de l'exprimer, mais les mots sont difficiles à trouver. C'est un entre-deux qui n'est pas du tout de l'indécision ; c'est simplement le refus de s'assimiler à une posture ou de se laisser capter intégralement par elle.

2.
Entre les langues

On ne s'arrache pas si facilement, ni sans douleur, à une communauté constituée ou à un univers linguistique parfaitement délimité. L'appartenance à une communauté est si profondément liée à un besoin de solidarité, non seulement matérielle mais symbolique, qu'en refusant de s'enraciner, on renonce à cette ressource précieuse de la solidarité automatique qui donne toujours le sentiment d'être chez soi, et entre soi, quelque part. Le concept d'« intelligence flottante » *(freischwebende Intelligenz)*, développé par Alfred Weber[1], désignait la chose cosmopolite par excellence, qu'il fallait dénoncer. Parallèlement à cette intelligence, on parlait également dans les années 1920, en Allemagne, de « religiosité vagabonde » *(vagabundierende Religiosität)* pour qualifier la religiosité privée du confort de l'évidence partagée. Il est évidemment possible de s'insurger de

1. Alfred WEBER, *Kulturgeschichte als Kultursoziologie*, Leyde, A.W. Sijthoff, 1935 ; la notion sera reprise par Mannheim pour désigner l'intelligentsia sans attache immédiate dans l'univers économique.

l'intérieur contre ces évidences, mais on ne fait alors que renverser les choses qui devront bientôt être rebâties : seule l'individualité géniale échapperait à la nécessité du *ré*-enracinement.

Dans la logique de l'enracinement, tout ce qui lui est contraire apparaît comme une abstraction. La question du déracinement n'est pas simplement formelle, mais recouvre un genre particulier d'incarnation qui pose de difficiles problèmes théoriques : comment donner corps à ce qui s'arrache à des corps véritablement constitués ? À quelle corporéité avons-nous affaire dans la mesure où il ne s'agit pas seulement d'une idée abstraite, mais d'une façon tout à fait dynamique et mouvante de s'inscrire, au moyen d'un style, dans un mode d'être reconnaissable ?

Schleiermacher, qui est le véritable fondateur de l'herméneutique moderne[1], donne à penser que les cultures, comme les langues, sont des grammaires ; dans chaque grammaire se trouve une perfection spécifique. Mais la posture non identitaire, c'est-à-dire le fait de se situer entre deux grammaires exclusives l'une de l'autre, permet de mobiliser chacune de ces grammaires dans une relation critique à l'égard de l'autre. Quitter la posture d'identification facilite en ce sens l'attitude réflexive en établissant entre deux « identités » un va-et-vient producteur de style. La grammaire, en effet, se conçoit aussi comme un stock culturel intégrant les différentes sédimentations d'un flux d'œuvres et de conduites. Aussi, lorsqu'on utilise les ressources d'une grammaire pour produire des effets autres que ceux qu'elle profile et dont elle anticipe l'apparition en raison de sa tendance fondamentale, lorsqu'on lui fait dire

1. Voir plus loin, p. 66 et suiv.

autre chose que ce vers quoi elle tend, on crée du style, c'est-à-dire l'apparition de l'individu au sein d'une grammaire.

S'extraire d'une grammaire commune donnée en faisant jouer une autre grammaire commune fait apparaître une individualité spéciale. Quand on est entièrement plongé dans une seule grammaire, il faut réaliser de manière tout à fait différente la sorte d'insurrection qui est nécessaire pour accéder à l'individualité ; il s'agit alors plutôt d'une transgression de type pubertaire, sauf, encore une fois, dans le cas d'individualités géniales dont les ruptures accomplies enrichiront ensuite la grammaire commune où, à leur tour, elles viendront se sédimenter. Quoique, sur le versant subjectif, on puisse pointer une forme d'orgueil dans ce refus de se laisser prescrire telle ou telle identité native, il n'y a, au fond, rien d'élitiste dans la formation que j'évoque et qui est au contraire profondément démocratique. Car je ne parle pas ici de génie, mais d'éducation. L'éducation offre une chance extraordinaire à ceux qui sont des « personnes déplacées » : celle de de tirer profit de la distance qui s'instaure à l'intérieur d'eux-mêmes. Il ne s'agit plus de ressembler à soi sur un mode patrimonial, comme si l'on était effectivement ce que l'on est censé être, mais sur un mode dynamique : tenant d'une grammaire, on cesse d'être l'ennemi d'une autre, et la quête de l'altérité devient une ressource « stylistique ». Pour le dire dans des termes philosophiques, la structure de la conscience finie est antinomique ; la résolution de l'antinomie n'est possible qu'au niveau réflexif. La vie de la culture est un réseau d'antinomies qu'il est illusoire de vouloir résoudre en les abolissant. Ainsi le but de l'enseignement, au sens large, est-il d'apprendre aux autres à résoudre de cette manière ces antinomies qui, par ailleurs, perdurent comme telles. Il est vain par, conséquent, de vouloir l'éradication à tout prix du conflit ; rien, au contraire, n'est plus vivifiant au regard de cette identité monolithique qui, n'en finissant pas de se redoubler, est la véritable prison de l'esprit comme de l'affect. Si ce jeu est bien le terrain privilégié de la réflexivité, c'est que les grammaires culturelles ne dialoguent pas, et qu'il faut chaque fois des individus pour les utiliser, les mettre en œuvre au sens propre.

Lorsque j'évoque la liberté réflexive en distinguant un enracinement illusoire et un déracinement relatif, j'oppose un monde structuré par la figure du père, qui dicte l'identité et a vocation à l'incarner exemplairement, à un univers de frères. La liberté, au sens étymologique, participe en français de la relation du *pater familias* à ses fils ; on n'est libre que dans la mesure où le père nous protège. Le terme allemand *Freiheit* provient du lien d'amitié noué entre les frères qui, en cas de guerre, s'enchaînaient et se ruaient ainsi sur les légions romaines. Chacun était le garant de l'autre, mais tous signifiaient aussi par cet enchaînement leur refus de l'esclavage auquel les aurait voués inévitablement leur défaite. L'univers paternel, vertical, est sécurisant au prix d'une dépossession, sauf à admettre la réussite de l'insurrection débouchant sur un renversement de l'image paternelle. L'univers des frères renvoie quant à lui à la notion grecque d'*éleuthéria* (qui contient la racine allemande du mot *Leute*, les « gens ») ; il est donc plutôt démocratique, horizontal. Le mode de constitution de la confrérie qui n'est pas native implique la possibilité d'une autre voie que celles offertes par l'alternative suivante : soit être père soi-même (investi de l'autorité), soit rester enfant (soumis à l'autorité). Au sein de cette confrérie, la reconnaissance est fonction de la perception d'une analogie de liberté ; le ciment de cette communauté n'est pas fourni par l'évidence d'une origine partagée, mais par l'analogie du geste. Et c'est cela qui, pour moi, constitue l'objectif même de l'enseignement. Sa finalité est la *Freiheit*; il ne s'agit pas de former des disciples appelés à remplacer la figure paternelle de l'enseignant ou à rester disciples, mais des frères qui agiront dans d'autres domaines, travailleront d'autres matériaux, mais se reconnaîtront dans cette analogie du geste.

C'est dans cette perspective que je retournais en Allemagne. Non point pour replonger dans mon identité native, mais pour essayer de faire partager à d'autres le goût d'un certain geste existentiel; tentative qu'il faut comprendre comme une incitation, et non comme une injonction, à traverser les grammaires antagonistes. Mon refus d'entrer dans l'antagonisme des perfections exclusives se retrouve à différents niveaux entre différents lieux: lieux de savoir, espaces linguistiques et confessionnels, etc. Pour mieux cerner la nature de ce lieu occupé en dehors des lieux, il me faut à présent décrire ces différents espaces.

Entre philosophie et philologie

L'exploration de l'espace noué entre deux champs disciplinaires peut paraître surprenant à l'intérieur d'une réflexion qui pose comme nœud problématique celui d'une pensée entre les langues. Mais la philosophie et la philologie entretiennent précisément des rapports différents au langage. Et il me semble que c'est dans la confrontation de leurs logiques respectives que j'ai véritablement cherché le mien.

Il faut savoir que je n'avais aucune idée de ce qu'étaient les lettres classiques en m'y engageant. J'étais bien davantage attiré par le théâtre, à tel point que le proviseur de mon lycée avait qualifié mon inscription aux études anciennes de tentative pour échapper à mon destin : celui de devenir directeur d'un cirque ambulant. Peut-être ai-je décidé de quitter le Conservatoire en réaction à cette remarque dont la violence me disait le risque de devenir une espèce d'être flottant sans aucune possibilité d'ancrage. C'est une logique étrange, quelque peu dialectique, qui fait que l'on tâtonne et que l'on devient capable par la suite de transformer une invective en fil conducteur. Je m'inscrivis donc à la Faculté, en latin et du même coup en grec, avec le sentiment toutefois de ne pas être véritablement à ma place. Pour tout dire, je trouvais les philologues assez grotesques. En entrant dans la salle du séminaire de philologie classique, je voyais des derrières sur des chaises, comme vissés, et je ne pouvais m'empêcher de me dire : « Tu n'auras jamais ce derrière-là. » Plus tard, Bollack m'a confié la maxime que son maître, Peter von der Mühll, lui répétait à Bâle : « Intelligents, nous le sommes tous, mais il faut avoir des fesses solides ! » C'était la maxime de la philologie classique, que je récusais absolument, et qui s'incarnait parfaitement dans les derrières assez impressionnants de ses praticiens, qui restaient assis pendant des heures, ce qui m'était impossible. Plus sérieusement, je me trouvais dans les mêmes dispositions que lorsque j'étais arrivé à Münster : il me fallait au plus vite maîtriser le code selon lequel ces gens-là se comportaient, et ne pas les imiter. J'ai commencé mes études avec l'idée que ma survie dépendait d'une meilleure manipulation de leurs outils et de leur pratique. Évidemment, les gens que je rencontrais étaient infiniment plus informés que moi ; ils avaient ouvert plus de livres. C'est en cherchant le moyen de prendre de l'avance que je me suis inscrit en philosophie. *A posteriori*, je comprends à quel point je cherchais, à partir de disponibilités ludiques, un lieu où je pouvais être chez moi. La philosophie non plus n'était pas ce lieu. Ce qu'elle prenait en charge, c'était l'écart que j'entretenais avec ma conscience par rapport à l'état de la science philologique telle qu'elle était pratiquée. La rencontre avec Jean Bollack fut, à cet égard, décisive.

Lorsque nous nous sommes rencontrés en 1956, lors de son premier séminaire à Berlin, il y eut d'emblée, en dépit de tout ce qui pouvait nous distinguer (que ce soit l'âge, la maturité scientifique ou les horizons personnels de travail), la même perception d'un écart par rapport à l'ensemble de ce qui semblait établi dans le domaine scientifique qui était le nôtre. J'ai, pour ma part, été immédiatement sensible à une atmosphère particulière. L'effort fait par Bollack pour présenter son travail selon les canons scientifiques – donner une bibliographie, faire état des outils qu'il allait mobiliser – me semblait en décalage par rapport à sa gestuelle au point que, sans parvenir à le formuler clairement à l'époque, je pressentais qu'il ne coïncidait nullement, en réalité, avec l'*habitus* scientifique auquel il s'efforçait d'obéir. Bollack ne ressemblait à aucun des professeurs dont j'avais suivi l'enseignement, qui tous étaient les autochtones de leur profession et de la légitimité qu'ils se donnaient spontanément. Lui, apparaissait dans des chemises flottantes, avec un air d'oiseau improbable ; il interrogeait les étudiants comme le hibou fonce sur le mulot. Pourtant, fort de la meilleure formation qui existait à l'époque dans la discipline philologique, celle reçue à Bâle, Bollack semblait autoriser une sorte de soupçon à l'égard de cet *establishment* savant.

Il m'a fait comprendre, non pas explicitement, mais par sa manière de travailler, le sens de l'attitude d'extériorité ou d'écart qui était jusque-là la mienne ; il me montrait qu'il était possible de lutter contre la science institutionnalisée avec les moyens de la science. Il ne s'agissait pas d'opposer à la science l'intuition, le geste esthétique voire une croyance, mais de retourner la science contre elle-même pour en attaquer les parties sclérosées. Les institutions peuvent être utilisées pour combattre la trahison de leur mission, trahison qu'elles ne manquent pas de perpétrer puisqu'elle est en quelque sorte inscrite dans leurs gènes ; toute institution se légitime par une promesse qu'elle trahit fatalement dans son fonctionnement. De ce point de vue, la science est, elle aussi, une institution qui trahit sa promesse ; mais dans la mesure où elle contient cette promesse, il est toujours possible de la faire de nouveau valoir. Ce refus de l'alternative explique que nous nous soyons heurtés tant aux partisans de la science institutionnalisée, jaloux de ce qu'ils considéraient comme des acquis définitifs, prisonniers d'une vision cumulative du progrès de son savoir, qu'aux adversaires de cette science, à ceux qui faisaient valoir l'inspiration, la désinvolture douée, et qui dénonçaient, mais toujours du dehors, la discipline scientifique.

Bollack et moi sommes très vite tombés d'accord sur ce double refus : les « sédentaires » et les « mobiles » n'étaient que les faces opposées d'une même aspiration à une position de pouvoir. Nous souhaitions, au contraire, travailler à l'intérieur de la science en mobilisant l'ensemble de ses instruments, pour la convaincre qu'elle avait abandonné l'esprit de sa promesse. C'est à partir de la soutenance de thèse de Bollack sur Empédocle, en 1964, et surtout à partir de 1969 que nous nous sommes retrouvés sous le feu croisé de la science établie et des contestataires du savoir philologique[1].

1. C'est à cette occasion que j'ai écrit mon article sur le métier de philologue (« Le métier de philologue », *Critique*, n° 276, 1970), pour essayer de modérer ces attaques et redresser la perception qu'on pouvait avoir du travail

Face à l'hostilité de la corporation, nous avons décidé de former nous-mêmes des étudiants ; de manière d'abord très restreinte dans l'appartement de Bollack, puis finalement à Lille où nous avons jeté les bases non pas d'une école, mais d'une formation permanente. Ce fut la naissance du Centre de recherche philologique.

Le hasard a voulu qu'au tout début des années 1960 j'aie commencé à enseigner la philosophie à la Sorbonne, ce qui m'a conduit à mener une vie parallèle aux recherches que je poursuivais avec Bollack[1]. Le travail philosophique m'a tout de suite imposé la lecture systématique de Kant, en même temps que je m'intéressais à l'herméneutique par le biais de l'interprétation de Nietzsche, Heidegger et Gadamer. Le fait de m'interroger sur les conditions de possibilité ou de légitimité de notre travail philologique a peu à peu nourri une théorisation de cette pratique scientifique dans son opposition à la pratique philosophique. C'est précisément ce que je retrouvais chez Nietzsche, dans un double geste par lequel philosophie et philologie se mettent en place comme un couple nécessaire provoquant en même temps un déchirement permanent.

Philosophie et philologie s'opposent, dans l'existence de Nietzsche, à la manière du dialogue tragique. Unies pour êtres désunies, elles forment comme la masse critique d'une machine infernale réglée sur l'horlogerie du retour. Il ne saurait être question d'évolution harmonieuse, d'épanouissement, chez celui qui disait de lui-même dans *Ecce Homo* : « Je suis de la dynamite. » Tour à tour, le philosophe attaque

de Bollack, ainsi que pour dénoncer la connivence entre l'*establishment* et sa contestation stérile.

1. Sur Empédocle et, plus généralement, sur les présocratiques.

le philologue et le philologue s'en prend au philosophe, avec d'autant plus de violence que l'un et l'autre habitent la même personne. La vigueur et la fréquence des appels de Nietzsche à la philosophie comme, par ailleurs, la sévérité des jugements portés sur la philosophie contemporaine n'ont pas manqué d'impressionner les biographes. Plusieurs indices – le projet de l'étudiant de présenter un doctorat de philosophie, le désir de l'enseignant de changer de chaire, la décision de l'auteur d'abandonner ses charges universitaires – venaient accréditer l'hypothèse d'une crise de vocation. Or, parler de crise dans ces conditions n'a de sens que si l'on ajoute qu'elle est permanente. Aussi les notions de vocation, de choix perdent-elles leur signification quand les revirements se succèdent sans arrêt et que le conflit, invariablement, débouche sur lui-même. La thèse selon laquelle: « la philologie est à bout ou en déclin parce que l'enthousiasme esthétique pour l'Antiquité a cédé le pas à une saisie historienne[1]... » appelle l'antithèse: « On croit que c'en est fini de la philologie – je crois qu'elle n'a pas encore commencé[2]. » Il est donc vain de vouloir résoudre la contradiction, en assimilant, comme le fait Jaspers[3], la philosophie et la philologie au sein d'une herméneutique générale. L'identité de leur objet, loin de rapprocher la philosophie et la philologie, les sépare radicalement. Et cette séparation est mise en lumière par le geste même de Nietzsche qui, *à la fois* philologue et philosophe, revient toujours sur lui-même en se décalant par rapport à sa propre pensée: le philologue décen-

1. Notes pour *Homère et la Philologie classique*, in *Nietzsche. Werke und Briefe*, vol. 5 (C. Koch et K. Schlechta éd.), Munich, Beck, 1940, p. 268.

2. Fr. NIETZSCHE, *Considérations inactuelles*, III et IV (fragment 3 [70] mars 1875), Paris, Gallimard, 1988, p. 276.

3. *Nietzsche*, Paris, Gallimard, 1950, p. 251.

trant constamment le philosophe. C'est un déchirement qui, dans sa répétition en spirale, engendre un type d'écart proche de l'écartèlement. C'est la raison pour laquelle j'ai pu appeler ce procédé « le supplice de la roue[1] ». Ce dispositif se retrouve de façon saisissante dans certaines poésies de Nietzsche qui soufflent à la fois le *chaud* et le *froid* :

Ta soif va bientôt s'apaiser
Cœur brûlé !
L'air est plein de promesses
des bouches inconnues me le soufflent
– Voici venir la très grande fraîcheur...
Mon soleil ardent au zénith de midi :
Je vous salue et votre venue
vents soudains,
esprits frais de l'après-midi[2].

L'alternance du chaud et du froid correspond précisément, me semble-t-il, à celle du philosophe et du philologue. Le premier, plein d'inspiration enflammée, l'autre, froid, qui assène sa critique. Et c'est chaque fois le deuxième mouvement, le « vent frais », qui introduit le décalage. À l'alternance du chaud et du froid vient s'ajouter une opposition entre deux temporalités. Si la pensée originale surprend et fascine par sa rapidité (« Qu'est-ce donc, qui porte si rapidement au but la pensée philosophique ? » Réponse : « L'imagination » ; car « l'imagination est puissante quand il s'agit de saisir en un éclair et

1. Cf. Heinz WISMANN, « Nietzsche et la philologie », in *Nietzsche aujourd'hui ?*, tome II, Colloque de Cerisy-la-Salle, juillet 1972, Paris, p. 335.
2. Fr. NIETZSCHE, *Dithyrambe de Dionysos*, « Le soleil décline », Paris, Gallimard, 1974, p. 50.

de mettre en lumière les analogies»[1]), la philologie, définie comme *art de lire*, se caractérise par la lenteur.

> La philologie, en effet, est cet art vénérable qui exige de celui qui le vénère avant toute chose qu'il se mette à l'écart, prenne son temps, se calme, ralentisse – qu'il soit orfèvre en matière de mots et expert en cette orfèvrerie, qui doit accomplir prudemment son travail tout en finesse et n'arrive à rien si elle n'y arrive *lento*[2].

Quand le philosophe s'impatiente de trouver l'expression fidèle de ses idées, le philologue s'attarde aux vocables, les interroge, les scrute, comme s'ils avaient une existence autonome. Ce n'est pas qu'il soit indifférent au sens; car la phrase qui l'attire en forme le sillage. Mais en le suivant à la trace, il le détache de lui-même et projette sa réplique dans chaque détour de son tracé. Bien qu'il vienne toujours après, il va plus loin que l'intention du sens, puisqu'il assume ce que la pensée dit sans y penser.

> Le philologue lit encore les mots, nous modernes ne lisons plus que les pensées. Le langage est ce qu'il y a de plus quotidien; il doit être philosophe, celui qui s'en occupe[3].

Le philologue-philosophe reconnaît dans les mots asservis par la pensée le paradigme de la réalité qui se refuse au concept. Il mobilise les ressources du langage pour mettre à l'épreuve le pouvoir unifiant du sens. Poussé à fond, le cercle

1. *La Philosophie à l'époque tragique des Grecs*, § 3, in *Écrits posthumes 1870-1873*, Paris, Gallimard, 1975, p. 221.
2. Avant-propos à *Aurore*, § 5.
3. *Nietzsche. Werke und Briefe*, vol. 5, *op. cit.*, p. 268.

herméneutique libère la diversité initiale, en multipliant les passages à vide. Quand la philosophie revendique, au nom de l'idéal, l'unité et l'identité, la philologie, au nom de la réalité, défait l'un et dissocie l'identique. Les termes de l'antinomie, l'intériorité absolue (le sens) et l'extériorité radicale (la phrase), sont également légitimes. Leur opposition recouvre alors un autre antagonisme, celui de l'art et de la science :

> La vie vaut la peine d'être vécue, dit l'art, la séduction la plus belle ; la vie vaut la peine d'être connue, dit la science. De ce face-à-face naît la contradiction intime, aux manifestations souvent si déchirantes, dans le *concept* et, partant, dans la pratique de la philologie classique, que détermine ce concept[1].

À chaque pas, l'écriture nietzschéenne est traversée par la lecture, l'élan philosophique brisé et détourné du but par le soupçon philologique, l'art menacé par la science. Le risque toutefois est voulu, le danger recherché. Les mortifications de la connaissance que la vie s'inflige à elle-même provoquent une exaspération des forces vitales qui, de réplique en réplique, précipite la dispersion de l'identité. Et lorsque Nietzsche enjoint à ses étudiants de lire Platon et Kant, afin qu'ils se débarrassent de leur conception erronée de la réalité, il leur demande, en fait, de se hisser à la hauteur du conflit qui les attend : produire l'unité pour alimenter la dispersion.

Je me suis souvent demandé si l'on pouvait exécuter le geste nietzschéen, mais il me semble qu'il s'agit d'un geste impossible, sauf à s'écarteler à son tour. Il existe, entre l'injonction du « tu dois » et celle du « je veux » une voie médiane

1. *Nietzsches Werke, Kritische Gesamtausgabe*, vol 4, 1, Berlin, De Gruyter, 1982, p. 251 *sq.*

qui n'est pas la sortie par l'héroïsme esthétique où l'on passe de la *négation* (d'une idée, d'un sens ou d'un dieu) à l'*affirmation* du « je suis »[1]. Une voie médiane doit en effet être trouvée, à l'aide de philosophèmes d'une autre nature, grâce à la réflexivité. Ce mouvement s'effectuerait entre la totalisation et la dispersion. Ainsi, au lieu de devenir l'arbre qui écartèle, philologie et philosophie pourront entretenir un rapport de réflexivité réciproque.

Sans l'aspiration à l'unité et à la communauté de tous les éléments de la philosophie, la philologie n'a pas de but puisqu'il s'agit seulement des *membra disjecta* des œuvres. Mais sans l'attention prêtée à la résistance de tout ce qui dans les textes des œuvres résiste au geste qui les unifie, cette unité n'a pas de véritable valeur. Il faut donc constamment se contredire au

1. Un fragment (26 [47] de l'été-automne 1884, pendant la rédaction du *Zarathoustra*) donne une bonne indication sur ce que sont ces trois phases :

« *Le chemin de la sagesse.* Indication pour dépasser la morale.

La première démarche : Vénérer (obéir et apprendre) mieux que quiconque. Rassembler en soi toutes choses qui méritent cette vénération et les laisser lutter entre elles. Porter ce qui est lourd. Ascétisme de l'esprit – Vaillance, le temps de la vie en commun –

La deuxième démarche : Briser ce cœur qui vénère (au moment où les liens sont les plus forts). L'esprit libre. Indépendance. Le temps du désert. Critique de tout ce qu'on vénérait (idéalisation de ce qu'on n'a pas vénéré), essai d'évaluations inverses.

La troisième démarche : Grande décision si l'on est ou non capable d'une attitude positive, d'affirmation Ni dieu ni homme au-dessus de moi ! L'instinct du créateur qui sait où il porte la main. La grande responsabilité et l'innocence (pour se réjouir de quoi que ce soit, il faut tout approuver). Se donner le droit d'agir. »

Mais Nietzsche ajoute, au fragment suivant : « Pour un petit nombre seulement : la plupart seront anéantis dès la deuxième étape… » (Fr. NIETZSCHE, *Fragments posthumes, Printemps-automne 1884*, vol. X, Paris, Gallimard, 1982, p. 183 *sq.*).

nom de la lettre du texte ; et lorsque l'on dispose d'une hypothèse de sens, il faut que la lettre du texte, disparate, rebelle, oblige à élaborer un horizon de sens plus vaste.

Pour le dire très rapidement[1], c'est à l'articulation de la philologie et de la philosophie que s'est formé le Collège de philosophie qui, au début des années soixante-dix, constituait un espace de travail entièrement voué à la lecture philologiquement attentive des textes philosophiques, ainsi qu'à leur traduction, voire, souvent, à leur retraduction[2]. L'intérêt pour le langage n'obéissait pas à la mode de l'époque marquée par le *linguistic turn*, car il s'agissait, non pas de le prendre comme objet exclusif d'étude, mais de le considérer comme le biais par lequel il est possible de pénétrer dans une pensée. Bien souvent, les philosophes qui trahissent la promesse philosophique pensent que philosopher consiste à se mouvoir dans des philosophèmes ; à l'opposé, on rencontre des esprits qui pensent par eux-mêmes en s'imaginant affranchis de toute tradition. Je me tiens à égale distance de ces deux positions, car le langage me semble être la condition permettant à la pensée de s'effectuer, sans la prédéterminer.

La stratégie de résolution de l'antinomie entre philosophie et philologie par correction réciproque plutôt que par dépassement m'a donc davantage conduit à une herméneutique des institutions langagières telle qu'elle est développée par Humboldt et Schleiermacher qui, dans la perspective d'une

1. La conception et le travail du Collège de philosophie seront exposés plus avant dans les prochains chapitres, p. 132 et suiv.

2. C'est ce Collège qui a traduit l'ouvrage *L'Idée de l'université*, chez Payot ; ce qui témoigne du fait que sa finalité n'était pas anti-universitaire, à l'époque où l'opinion générale était profondément anti-universitaire, comme le fut plus tard le Collège international de philosophie.

théorie de l'individuation, permet de revenir sur la façon dont le langage conditionne le sens.

La langue comme formation de la conscience subjective

Il existe, si l'on se place dans la perspective de la philosophie occidentale, deux possibilités de se rapporter au langage, selon que l'on envisage la langue comme révélation ou comme opération. La civilisation occidentale se caractérise d'abord par la sortie, au moyen de la philosophie, hors de l'univers dans lequel la langue – c'est-à-dire la performance langagière – est immédiatement magique et où les mots produisent toujours des effets, pouvant aller jusqu'à la guérison. Avec la mise en place de quelque chose comme une *métaphysique* – c'est-à-dire une pensée portant sur ce qu'il y aurait derrière les phénomènes et devant être conçue de telle sorte que les phénomènes trouvent une explication dans leur déroutante diversité et dans leurs changements incessants – s'opère un renversement majeur. La langue n'est plus le lieu où se produit directement un effet de connaissance, de pouvoir, ou quelque effet que ce soit, mais elle apparaît comme étant au service de ce qu'il s'agit d'évoquer et qui n'est pas accessible par les moyens de la langue. Soudain s'affirme l'existence de quelque chose que personne ne peut voir, même si cette chose est l'être, comme on le dira plus tard, et qui n'est pas accessible par les moyens du langage. Il s'agit alors désormais de penser au-delà de ce que les mots seuls évoquent. C'est ce que Nietzsche appelle, dans *La Naissance de la tragédie*, le « credo métaphysique », et cela inaugure une véritable révolution.

Autrement dit, on sort d'une longue tradition où le langage est essentiellement en rapport avec le langage, pour entrer dans un univers où la référence ou le référent prime. C'est dans le *Cratyle* de Platon que cette logique se déclare le plus ouvertement, puisque l'enquête sur le langage qui chercherait dans le langage ce qui est l'ultime principe, l'origine de toute réalité connaissable, avorte. Le langage ne dit rien du réel, car on a toujours déjà affaire à des partis pris d'interprétation du réel. Et si l'on commence à considérer, avec Aristote, que le langage a sa part dans l'entreprise philosophique, il demeure, en tant que tel, incapable de révéler le réel. Il est simplement un moyen de parvenir à une précision, laquelle prend la forme d'une définition qui, seule, saurait être considérée comme vraie.

Si l'on veut que l'expression de cette intuition pré- ou extra-langagière soit vraie, il faut faire une proposition, notamment une proposition d'attribution : un sujet et un attribut. Rien en dehors de cette proposition ne mérite le qualificatif de vrai. Seul est vrai un énoncé qui prend la forme d'une proposition d'attribution. Aussi le travail sur le langage n'est-il absolument pas un travail qui solliciterait le langage au service d'une révélation qui se serait déposée dans le langage. Le langage est utilisé, trituré, pour produire essentiellement des affirmations et des négations. Et malgré toutes les transformations que connaît la philosophie, cela chemine ainsi jusqu'à Hegel pour lequel l'entreprise philosophique porte également sur un x, comme il le dit[1], peu importe qu'on l'appelle Dieu, être, monde ou force : les noms ne révèlent rien de cette réalité qui est un x. En cela tout à fait aristotélicien, Hegel pose que la

1. HEGEL, *Différence entre le système fichtéen et le système schellingien de la philosophie*, in *Werke*, vol. 2, Francfort/Main, Suhrkamp, 1979, p. 64.

philosophie consiste à exhiber de manière problématique, si possible en les enchaînant de façon rationnelle, les attributs possibles de cet x. C'est seulement lorsque l'on a parcouru la chaîne intégrale de ces attributs possibles de l'x, qu'est l'être ou le réel, que l'on peut avoir la certitude de ne pas s'être trompé. Il faut que ces attributs de l'x – il les appelle concepts, mais ce sont des catégories[1] – puissent s'articuler de manière à former un système. Et là encore, bien que le langage serve à préciser un sens vrai ou faux dans une affirmation portant sur quelque chose qui n'est pas présent dans le langage, et bien qu'Hegel ne cesse de puiser dans les ressources de la langue allemande pour la faire parler philosophiquement, se servant de néologismes pour dire ce qui n'avait jamais été dit auparavant, à aucun moment il ne concéderait que c'est la langue, en tant que langue, qui révèle la réalité de ce qu'il s'agit de penser. C'est dans cette distance installée par les premiers philosophes grecs, entérinée ensuite par Platon dans le *Cratyle*, et finalement maintenue par Aristote, que se meut finalement la métaphysique occidentale[2].

1. Il ne s'agit pas à proprement parler de concepts qui, précisément, renverraient à une réalité objective donnée par l'intuition, mais de catégories, c'est-à-dire de modalités de la pensée sans référent externe.

2. Il existe naturellement de notables exceptions au cours de cette histoire. Vico, qui mobilise contre Descartes le pouvoir poétique des mots, dans, par exemple, ce passage de la *Science nouvelle* : « Les sentences philosophiques [...] s'approchent d'autant plus du vrai qu'elles s'élèvent davantage vers les universaux, et [les sentences philologiques] sont d'autant plus certaines qu'elles s'adaptent davantage au particulier. » (*Science nouvelle*, Paris, Fayard, 2001 [éd. A. Pons], p. 105.) L'opposition entre « vrai » et « certain » répond à l'impossibilité pour la raison de réduire l'un à l'autre les deux domaines de la réflexion, la logique et l'histoire *lato sensu* : « La philosophie contemple la raison, d'où vient la science du vrai ; la philologie observe l'autorité de l'arbitre humain, d'où vient la conscience du certain » (*ibid.*, p. 88). Ce qui n'interdit aucu-

Une fois de plus, c'est avec Kant que s'ouvre la possibilité de dépasser l'alternative entre deux postures : la langue révélation et la langue opération. C'est dans la troisième *Critique*, qui ne porte pas directement sur le langage, que ce dispositif de résolution du problème s'esquisse. La question posée ici par Kant est de savoir comment le noumène et le phénomène

---

nement la « collaboration » de ces deux démarches, bien au contraire ; mais révoque leur subsomption réciproque lorsqu'elle prétend s'effectuer dans le registre des « contenus », car un concept n'est pas de surcroît « matériel » parce qu'il est « exprimé » dans une langue par des mots (ce qui serait son versant « externe ») ; le mot qu'il est de toute façon est un profilage de ce qu'il entend désigner, ne serait-ce qu'en raison de la manière dont la langue préfigure son mode de rapport à telle ou telle « réalité », fût-elle « abstraite ». Il n'y a là aucune complaisance au relativisme ou à l'historicisme si l'on n'oublie pas que ce profilage inévitable de tout concept est non seulement sujet lui-même à évoluer, précisément en fonction des usages qui en seront faits, mais aussi et surtout que les écrivains – qu'ils soient poètes, philosophes, historiens, peu importe – prennent à son égard la distance réflexive et ainsi *formelle* qui révèle que leur pensée n'a jamais été uniquement prisonnière du concept et de l'« idée », qu'elle a toujours su penser autrement que ce qu'il induit, qu'elle a sans cesse pris ses distances à l'égard de la langue, à l'égard de sa tendance expressive aussi, comme à l'égard du phénomène même de l'expression au profit d'une production, d'une création. Une œuvre n'est pas non plus la réalisation d'un projet qui lui préexiste et s'y accomplirait simplement ; le projet de l'œuvre n'a pas le même rapport au temps historique que l'œuvre elle-même, car elle « aspire à se soumettre la durée du temps. Surgissant de l'instant qui la porte à maturité, elle cherche à en préserver la singularité ». Tandis que le projet, lui, se meut dans un courant de pensée et de sensibilité qui peut être identifié et reconstruit comme un moment historique, dans la continuité ou la rupture enregistrée par l'histoire des idées. La philologie, elle, cherche à reconstituer, et à faire percevoir, comment « la projection instantanée engendre l'unité d'une structure originale » dont la « singularité n'atteint pas moins le degré de généralité le plus élevé » (H. Wismann, « Le métier de philologue », *loc. cit.*, p. 781). Il y a toujours eu des contestations. Il est tout à fait intéressant de voir quelles sont les formes que prennent ces contre-attaques au nom du langage.

peuvent être réconciliés, comment ce qui ne relève pas de l'enchaînement des causes peut néanmoins être reconnu en un sens qui s'attacherait à un certain enchaînement causal et, sans s'y épuiser, s'y surimprime et se laisse en quelque sorte lire. Cette troisième *Critique* a été le livre de chevet de Humboldt, surtout pendant deux périodes de sa vie[1], et il me semble qu'il a tiré de cette lecture l'essentiel de ses convictions théoriques. Cela explique en effet son souci de mieux saisir le rapport entre l'immatériel et le matériel dans la langue, entre le nouménal et le phénoménal, l'intention et l'effectivité. Et, si cette hypothèse est juste, alors il faut admettre qu'il existe une façon de penser le langage qui ne conduit pas à un basculement vers le « tout langage ». On assiste au premier véritable *linguistic turn*, qui ne correspond pas au premier dans la mesure où l'on ne retrouve pas le pouvoir magique, initial, du langage. Ce tournant ouvre une situation plus complexe coïncidant au fond avec la stratégie de résolution des antinomies. Dans chacun des deux camps – celui du « tout langage » et celui du « pas de langage » – se trouve une légitimité relative qu'il s'agit d'articuler.

Humboldt et Schleiermacher – dans des perspectives différentes – sont les auteurs de ce projet de faire du langage l'interface entre deux positions extrêmes dont le langage lui-même porte la trace. Le langage devient à la fois quelque chose permettant de découvrir ce qui n'a pas été pensé et l'instrument dans lequel se dépose et se vérifie ce que l'on pense. Lorsqu'on affirme qu'il n'y a pas de pensée sans langage – et donc que

1. D'abord durant son séjour parisien où, à la demande de Sieyès, il a tenté d'enseigner aux Idéologues la pensée de Kant, puis dans les années 1820, où il travaille à deux textes sur la philosophie de l'histoire (cf. W. VON HUMBOLT, *La Tâche de l'historien*, Lille, PUL, 1985).

le langage est la pensée –, on dit quelque chose de tout à fait essentiel, mais j'ajouterais qu'il n'y a pas de langage sans pensée. Et le rapport entre ces deux thèses est des plus délicats à définir. On trouve notamment chez Schleiermacher une telle volonté de placer l'enjeu du langage entre ces deux traditions extrêmes.

Schleiermacher n'est pas kantien. Il n'est pas conscient de ce que le kantisme a pu introduire comme révolution. Toutefois, il est suffisamment influencé par Kant pour déclarer que l'individu, qui n'est pas le sujet universel que l'on trouve chez Descartes, ne saurait être une substance éternelle, mais qu'il est toujours un phénomène, par conséquent, historique. C'est cela qu'il a tiré de la *Critique de la raison pure*, parce qu'il n'a pas, me semble-t-il, vraiment lu les deux autres critiques. De la première critique donc, il a déduit que l'individu ne peut être qu'un phénomène. Avec cette thèse, il se trouve dans l'obligation de décrire le devenir individu de tout locuteur : comment se signale-t-on comme individu ? Et par-delà l'être générique, comment faire pour ne pas être confondu avec n'importe quel autre sujet ? Schleiermacher pose qu'il existe différents niveaux de langage autorisant différents niveaux d'individualisation.

La visée du dire – ce qu'il appelle le « discours » (et non pas la langue) – doit pouvoir être déterminée en fonction du degré d'individuation qui se trouve visé. On part du niveau le plus bas, qui est la pure répétition de ce qui a déjà été dit, jusqu'à la manifestation du besoin de dire une chose que personne n'a encore jamais dite[1]. Le problème que se pose Schleiermacher

1. On retrouve, dans l'exposé de ces deux extrêmes, la distinction qu'Aristote fait dans la *Poétique* entre le discours plat et le discours énigmatique. Aristote affirme que pour que le discours ait une certaine pertinence, il faut qu'il ne soit ni entièrement plat, ni entièrement énigmatique. S'il est entièrement plat, il n'a en quelque sorte nul besoin d'avoir lieu, et s'il est entièrement

est de déterminer, selon les différents niveaux, la façon dont le langage fonctionne lorsqu'un sujet qu'il définit comme purement négatif s'inscrit historiquement dans le langage pour devenir un individu. Car le sujet n'est pas le sujet plein des lumières naturelles, doté d'une connaissance du réel qu'il lui suffirait ensuite d'analyser et d'extérioriser. C'est un sujet vide, à l'instar du sujet fini kantien ; c'est le sujet de la dépendance absolue qui n'a plus aucune possibilité de s'approprier le fondement de sa propre existence – ce que Schleiermacher appelle le fondement du sentiment religieux. Dans cette perspective, le langage est sollicité comme quelque chose qui préexiste au discours – qui fournit au discours un certain nombre de schèmes pré-élaborés (des mots, des liaisons, des figures rhétoriques) –, et à l'intervention du sujet ; mais le sujet qui se cherche pour découvrir ce qu'il est à l'origine, se cherche *dans son devenir* pour s'inscrire comme individu. L'individu va puiser dans le fonds qui constitue la langue les éléments d'une trajectoire qu'il dessine et qui ensuite peut être lue comme étant la sienne propre. Cela signifie que la langue est toujours convention d'un côté et invention de l'autre et que ces deux éléments sont indissociablement liés. Où l'on voit que les deux positions extrêmes évoquées précédemment sont ici déconstruites et rabattues sur des positions intermédiaires, puisque la langue qui parle est devenue la « grammaire », mais qu'elle ne parle pas en détenant les possibilités accumulées du dire, et que le sujet n'est pas non plus le sujet qui pense sans langues : c'est un sujet qui se cherche dans la langue. On pourrait dire que les deux positions dogmatiques se trouvent déconstruites et

énigmatique, tout se passe comme s'il n'avait pas eu lieu, puisqu'il devient purement idiosyncrasique.

réintroduites sur le mode mineur : le sujet est un sujet qui se cherche comme individu et qui ne peut se trouver qu'en se laissant porter par la langue, qui elle-même ne parlerait pas sans ce sujet qui se cherche.

Ce qui pourrait apparaître comme un assujettissement absolu, du fait qu'il s'agit d'un assujettissement à une instance qu'il n'est pas possible de s'approprier ou de se représenter sur le mode de la conscience, devient levier de liberté, dans la mesure où Schleiermacher introduit de l'indétermination absolue par rapport à toutes les déterminations du langage qui seraient déposées et formées comme lexique, grammaire, etc. Si je peux subvertir le langage, le métaphoriser, lui faire dire des choses qu'il ne peut pas dire de lui-même, c'est bien parce que j'ai en moi cette indétermination radicale, qui est pour moi un besoin existentiel, non d'affirmer l'indétermination et de m'y complaire, mais de m'inscrire, grâce à des déterminations successives, dans un univers peut-être intégralement déterminé mais par rapport auquel je reste relativement libre. La conséquence en est, avec Schleiermacher – et c'est de là que partira Humboldt –, que la proposition d'individuation qui est faite dans le discours est toujours en même temps adressée à autrui et ne se stabilise que par le jeu de la reconnaissance. Cette proposition ne peut se stabiliser en soi car le discours s'adresse toujours à quelqu'un, même si ce quelqu'un est imaginaire. L'opération que Schleiermacher essaie de décrypter part donc de cette négativité radicale du sujet qui se plonge dans le langage pour y façonner un discours, qui, lui, est la trace de ce mouvement d'individuation appelant une appréciation de la part d'un autre. C'est ainsi que l'on entre progressivement dans la dialectique, après l'herméneutique qui est simplement la reconstruction de cette individualité telle qu'elle s'est formée dans le langage. Une critique devient possible, mais une critique historique, portant sur l'histoire de ce devenir individu. Il s'agit d'une critique externe et non d'une critique purement immanente qui porterait uniquement sur l'authenticité de la reconstruction. Une fois que l'individu est constitué, il peut devenir l'objet d'une interrogation, portant non sur sa capacité de signifier, mais sur la vérité, ce qui est radicalement différent. Être un poème qui se tient, qui est puissant, individualisable dans la reconstruction, est en effet bien autre chose qu'être une contribution à la connaissance partagée. Si la critique s'insinue déjà dans la reconstruction sous forme de critique externe, on risque à tout moment de manquer la puissance et la cohérence de ce que l'on est en train de lire. Si on a déjà des préjugés en pensant que quelqu'un est de tel siècle et qu'il n'a pas pu parler de ceci ou de cela – par exemple : Hésiode est un poète archaïque, donc il ne peut pas introduire le point de vue du sujet parce que ce serait anachronique, mais rien n'interdit de penser qu'Hésiode peut esquisser dans sa démarche quelque chose qui correspond à ce qui sera plus tard le point de vue du sujet –, s'il y a donc une critique purement externe pendant qu'on reconstruit, on risque de rater au fond la chose dans ce qu'elle a de réussi et de puissant. Seulement, cette réussite ne vaut pas vérité.

Ce que Schleiermacher met en place dans la *Dialectique* n'est rien moins qu'une technique de discussion permettant de dégager les conditions d'après lesquelles une discussion mérite le nom de discussion. L'enjeu est d'être capable de faire droit à une affirmation en termes de signification réussie. Entre le fait de dire et sa réussite, se trouve un *projet* et, si l'auteur a réussi à honorer en quelque sorte le contrat, apparaît, entre le constat de la réussite et la question de savoir si ce projet n'est pas en conflit avec un autre projet, un monde. Or Schleiermacher soutient que l'histoire n'est pas close, puisque celle-ci n'est faite que des moments où la négativité pure d'un sujet s'individualise ; cela se fait dans le langage de manière exemplaire, mais aussi évidemment, dans les actions.

Humboldt se distingue bien ici de Schleiermacher qui développe uniquement le rapport au langage. En effet, les autres manières de signifier ne sont pas thématisées même si, en droit, elles devraient l'être, car si c'est un individu négatif qui s'adresse à autrui en s'individuant cela peut aussi passer par la gestuelle. Humboldt donne l'impression d'élargir la problématique dans la mesure où il s'intéresse à toutes les institutions et fait du langage une institution particulièrement intéressante à analyser tout en l'inscrivant sur le même plan que le droit par exemple, ou encore l'administration d'un État. Si l'analyse de Schleiermacher se déploie encore à l'intérieur d'un univers de théologiens où le salut vient par le langage – c'est encore la parole qui sauve –, la réflexion de Humboldt se situe davantage dans une perspective pragmatique avouée ou revendiquée.

Chez Humboldt, qui a lu la troisième *Critique*, les institutions se définissent chaque fois comme un compromis entre le nouménal et le phénoménal. Dans toute institution se trouvent un élément matériel servant de support et quelque chose relevant de la pensée, de la signification. Comme pour Schleiermacher, le langage est le lieu de cette individuation, mais il représente, pour Humboldt, une institution parmi d'autres ; peut-être celle qui l'intéresse le plus, mais pas la seule. Dans cette perspective, Humboldt est conduit à se poser des questions que Schleiermacher ne s'est jamais posées.

Il a pu se demander par exemple si le langage en tant qu'individu ne pouvait pas lui-même avoir une histoire qui n'est pas l'histoire de l'individuation, puisqu'il est déjà un individu. En effet, dans la mesure où il attribue de l'individualité à la langue comme institution humaine, il peut parler de la langue comme si elle signifiait par elle-même. La langue signifie sans que quelqu'un la parle, chez Humboldt, mais elle ne signifie pas au sens où elle serait révélation du réel ; elle constitue une individualité collective et non simplement l'individualité d'un locuteur. En d'autres termes, là où Schleiermacher, dans une interprétation grammaticale, envisage la langue comme ce qui, en tant que général ou universel relatif, s'oppose à l'intervention de la négativité du sujet qui veut s'individualiser, Humboldt conçoit la langue comme le résultat de toutes les individuations qui se sont effectuées en elle comme un individuel collectif. Par conséquent, il peut poser une question qui est tout à fait autre que celles auxquelles conduit la dialectique de Schleiermacher : il peut se demander s'il n'existe pas une histoire commune à toutes les langues qui se caractériserait par un essor et un déclin. Et en demandant s'il n'y a pas des performances rendues plus faciles ou plus difficiles par certaines langues à certains moments de leur évolution, Humboldt introduit une perspective tout à fait singulière : la méthode comparative.

On sait que Humboldt distingue trois grandes étapes dans l'histoire des langues. Les langues sont d'abord du babil agglutinant, puis elles deviennent des langues à flexion, pour redevenir enfin agglutinantes. Dans la première phase, ce sont des syllabes, des sons qui s'agglutinent, tandis que dans la seconde, ce sont des concepts déjà formés (il pense ici aux idéogrammes chinois). Cette évolution est décrite comme une courbe montante puis descendante dont on pourrait considérer qu'elle continue à monter puisque lorsqu'on passe d'une langue agglutinante, comme dans la plupart des langues archaïques, à une langue à flexion où devient possible l'autoréférence du locuteur, ce que ne permet pas une langue agglutinante sauf par des artifices qui ne sont pas vraiment thématisés. Dans une langue à flexion, avec les personnes pronominales, la manière dont le verbe porte la trace du pronom exprimant le sujet de l'action, on peut avoir un moment de grâce, lequel correspond à un moment de parfait équilibre entre l'extériorité et l'intériorité de la langue, entre le caractère tourné vers le *dehors* pour exprimer la chose et le caractère tourné vers le *dedans* et se désignant elle-même[1]. Lorsqu'une langue parvient au stade de la flexion, Humboldt explique qu'elle est habitée par une tension entre le dedans et le dehors qui la rend capable de devenir spéculative. Selon lui, il y aurait eu en Grèce un moment de bonheur absolu lisible dans la statuaire. Cela correspondrait au moment où les *kouroï* – qui sont des statues dont les bras sont collés, agglutinés – se libèrent : leurs bras tournent et apparaissent alors des corps en rotation amorcée. Winkelmann[2] décrit ce passage comme étant constitutif de l'étape de la flexion ; il s'agit d'une autoréférence dans la référence. À l'intérieur s'élaborent des conceptualités qui deviennent ensuite des entités capables de s'agglutiner à leur tour. On peut lire dans un très beau texte de Hegel[3]

1. Par où l'on retrouve la triade de Peirce dans le signe.

2. J.-J. Winckelmann, *Recueil de pièces sur l'art*, Genève, Minkoff, 1973, p. 30 *sq.*, sur le « Laokoon », qui caractérise le passage achevé du haut style au beau style.

3. Hegel, *Science de la logique, Werke*, vol. 5, *op. cit.*, p. 20 ; cf. *Leçons sur la philosophie de l'histoire*, 1re section : La Chine.

qu'il est toutefois nécessaire de saluer les langues agglutinantes postérieures aux langues à flexion pour ce qu'elles auraient davantage intériorisé la référence au réel. Dans ces langues, on trouve d'une certaine manière une pure intériorité – les concepts devenant de plus en plus autoréférentiels à l'instar des idéogrammes – à la différence des discours qui s'appuient sur la tension entre l'autoréférence et la référence à la chose. C'est cette autoréférence qui constitue, selon Hegel, la supériorité infinie de cette culture décadente qu'est la culture chinoise : là ne peut plus se penser aucune chose qui ne soit référence à ce qui est déjà déposé dans leur langage.

À l'intérieur de cette théorie générale des institutions humaines, Humboldt donne à penser une nation comme un individu ; l'individu étant toujours un phénomène historique. En effet, l'individu se conçoit comme une « identité dynamique », c'est-à-dire dynamisée historiquement. Il faut bien voir qu'il ne s'agit pas d'une « identité » au sens où l'identité serait immuable : elle est ce qu'elle est. Au contraire, l'individu absorbe des éléments qui ne semblent d'abord pas faire partie de lui ; il fonctionne ainsi comme les systèmes dynamiques ouverts dont l'autoconservation dépend de l'inclusion d'éléments qui ne leur appartiennent pas de prime abord. Ainsi peut-il phagocyter son environnement, se maintenir dans un système d'échanges avec ce qui l'entoure comme ces systèmes dynamiques ouverts que sont les êtres vivants. On a donc affaire à quelque chose qui apparaît d'abord sous la forme d'une auto-affirmation, et celle-ci – c'est là une thèse majeure – a besoin, pour ne pas devenir cancéreuse et proliférer à l'infini, d'être délimitée par un regard qui lui fait face. L'intersubjectivité de la discussion est alors inscrite dans la façon même dont l'individu maintient son dynamisme. Prenons le cas d'une nation ou d'une tribu qui s'affirmerait en cherchant constamment à étendre son emprise sur ses voisins. On voit très bien que cette expansion finira par ôter à cette nation ou à cette tribu son caractère d'individu. Autrement dit, l'auto-affirmation infinie de l'individu équivaut à un éclatement de l'individualité. D'où la pertinence d'un face-à-face.

Humboldt n'a jamais étudié la science linguistique pour elle-même; l'analyse de son fonctionnement s'explique uniquement par l'intérêt qu'il portait aux conséquences de cette individualité linguistique.

Entre l'allemand et le français

Si la pensée des langues est toujours en même temps une pensée des communautés linguistiques, penser entre les langues exige de traverser des grammaires parfois antagonistes. Aussi vivre entre l'Allemagne et la France m'a-t-il conduit à *penser* entre l'allemand et le français.

Lorsque je parle de «l'allemand», je désigne la langue allemande, non pas dans sa diversité dialectale, mais en tant que langue codifiée, soustraite en quelque sorte à la communication immédiate. J'évoque en réalité ce que l'on appelle le «*Hochdeutsch*», cette langue qui, pour être parlée, suppose que les locuteurs soient libérés de la contingence des affects. S'il est évidemment toujours possible de recréer dans cette langue les conditions de l'expression affective, cela passe uniquement par la littérature, si bien que l'allemand se présente sous une forme très stratifiée. On a tout d'abord affaire à un idiome, très souvent régional, qui sert à la vie quotidienne, directe, à la communication de *desiderata* ou d'évaluations non élaborées. Ces idiomes régionaux échappent très largement à ce qui, pour le *Hochdeutsch*, est constitutif, à savoir la syntaxe. Au-delà de cette sphère presque désincarnée, tant elle est peu faite pour exprimer des enjeux humains immédiats, se trouve la littérature.

Il importe de saisir en premier lieu comment fonctionne ce *Hochdeutsch* dont l'élaboration résulte d'un processus assez long, inséparable de la traduction de la Bible par Luther, des réaménagements de cette traduction, de la pratique des sermons, ainsi que des pratiques littéraires issues de l'ensemble de ces travaux. La langue épurée est si difficile que l'on évite de la pratiquer dans la situation de communication immédiate : les présentateurs de radio par exemple ou à la télévision sont obligés de lire leur texte, car il est impossible d'improviser correctement en *Hochdeutsch*. Cette langue se caractérise par le fait qu'elle est totalement soustraite aux idiomatismes, et entièrement soumise au principe générateur de la syntaxe. La syntaxe anglaise ou française n'est pas si contraignante et la présence des idiomatismes est plus grande, de sorte qu'il y est bien davantage possible d'avoir recours à des expressions toutes faites, à des manières de dire. L'allemand pur, syntaxisé, implique au contraire d'être produit en fonction du principe générateur de la syntaxe, ce qui a pour conséquence que la manière de parler est soit extrêmement individualisée – le discours ne peut pas être emprunté en puisant dans le stock idiomatique –, soit elle est un calque sans personnalisation possible, sans que l'on puisse jouer sur la convention, en « citant ».

La contrainte syntaxique ne s'est dégagée qu'à partir du moment où, pour l'identifier, on s'est extrait du modèle de la grammaire latine où l'on présuppose que les propositions reposent essentiellement sur le substantif, le nom qui est sujet et son attribut ou prédicat. La structure de la phrase latine est comparable à une équation dans la mesure où, dans la forme la plus simple du jugement d'attribution, le sujet et son prédicat sont censés être mis dans une relation d'équivalence par la copule (le verbe être). Le prédicat (l'attribut), en français, s'accorde avec son sujet en genre et en nombre, en fonction de l'accord présupposé, la copule ne jouant qu'un rôle subalterne : c'est d'ailleurs un verbe qu'on appelle « auxiliaire ». Le propre de l'allemand, en revanche, est de conférer aux verbes un rôle bien plus important[1]. Les verbes que les grammaires traditionnelles et descriptives – calquées sur le latin – appellent auxiliaires sont dans la langue allemande les verbes les plus « puissants ». En effet, la syntaxe s'appuie toujours sur le verbe qu'il s'agit de spécifier (quand l'attribut français est un adverbe). Autrement dit, la réalité c'est l'action verbale, et l'allemand désigne la réalité du nom de *Wirklichkeit*, terme indiquant qu'il s'agit bien d'une action (le verbe *wirken* signifie « agir » au sens très général, et donne également le substantif *Werk* : œuvre, ouvrage). Ce n'est donc pas la *res* latine, laquelle

1. Une blague illustre la prégnance du verbe : deux hommes se rencontrent aux toilettes lors d'un congrès ; le premier se présente en donnant son nom suivi de la raison sociale de son entreprise « Müller, IGFarben » ; l'autre, bavarois, répond, « i'geh'scheißen » (je vais chier), confondant les initiales IG (prononcé i-gué) avec le verbe dialectalement prononcé de la même manière. La confusion fait apparaître la tendance rectrice qui commande la préférence inconsciente accordée au verbe sur le substantif. (Le mot français de Boni de Castellane sortant de chez Maxim avec une demi-mondaine célèbre et répondant au titi qui s'exclamait : « Celle-là, je me la baiserais bien ! » par : « Vous voulez dire "volontiers" ! », devrait se traduire en allemand de manière inverse : « Mit der da möcht'ich *gern* vögeln », « Ja, *gut* ist nur schwerlich denkbar », en explicitant le sous-entendu alors même que le comique porte précisément sur la spécification du verbe.)

se découpe dans un espace idéal de représentation. La langue exprime la manière dont on se représente l'action sur la réalité ; en allemand, la syntaxe est construite à partir de l'élément de la langue qui exprime cette action, c'est-à-dire le verbe. Tout le reste de la proposition doit être compris comme spécification de cette action.

Lorsqu'on a affaire à une subordonnée, c'est-à-dire à une affirmation qui n'est ni vraie ni fausse, on peut y observer la structure syntaxique essentielle, avant tout effet d'affirmation effective ou d'interrogation. Le verbe est placé en dernière position, révélant ainsi que tous les foncteurs qui le précèdent n'en sont que les spécifications, en fonction d'un autre principe syntaxique tout à fait contraignant qui veut que le déterminant précède toujours le déterminé (c'est aussi le principe qui règle la forme des mots composés, si bien qu'il n'est pas étonnant de voir proliférer à la fin d'une phrase plusieurs formes verbales, sous diverses formes). Cela implique qu'il faut penser ce que l'on veut dire avant de l'exprimer, sauf à quitter la structure contraignante de cette syntaxe, ce qui est d'ailleurs le cas de l'allemand courant. Dans la communication courante en effet, on observe en permanence des ruptures syntaxiques, car il n'est pas possible de se tenir constamment au niveau de cette anticipation intellectuelle de ce qui doit être dit sans pouvoir, en quelque sorte, se rattraper après coup en ajoutant d'autres spécifications qui viendraient après le verbe. Ainsi l'idéal de la phrase allemande est-il une phrase dans laquelle toutes les spécifications possibles de l'action verbale la plus générale (être) sont réunies : c'est le système hégélien ! Toutes les spécifications possibles de l'action verbale « être » y sont convoquées et agencées en vue de cette spécification. L'esprit de système qui est ici à l'œuvre n'est pas ce que les Français désignent par là et qui recouvre, en réalité, une rationalité taxinomique bien plus confortable que le systématique allemand, lequel est aussi bien plus violent puisqu'il force la totalité du réel à s'agencer de manière déterminante dans une dynamique régie par le verbe où toutes les catégories sont engendrées les unes par les autres. Dans la taxinomie, en revanche, les catégories sont déjà là ; elles ne sont pas déduites. Le système allemand exige, idéalement, la production des catégories, des spécifications selon une dynamique génétique et logiquement ordonnée. On comprend mieux pourquoi Heidegger fustigeait les langues latines pour leur oubli caractérisé de l'être, et tout particulièrement le français auquel il déniait la possibilité d'être une langue philosophique fiable.

On peut ici évoquer des opérateurs culturels, au sens où Quine définit des « synthétiseurs culturels » : ce sont des schèmes qui font que des univers de sens coagulent autour des mots. Et ces univers de sens, au niveau du français, sont caractérisés par une abolition de la différence ontologique qui conduit à une sorte de compacité. L'absence d'éléments de différenciation suppose une connivence de départ, car ces mots-là sont toujours échangés pour ainsi dire « à bon entendeur salut ». Dès lors, il est impossible de tester, d'éprouver leur signification ; à prendre ou à laisser, ces mots ne sont pas utilisés dans un effort de clarification philosophique, mais dans une circulation où la connivence permet de dévier le mot de son sens le plus courant et de jouer phonétiquement sur les écarts. C'est ce qu'on appelle l'homophonie, l'homonymie, chose qui n'existe précisément pas dans la langue allemande. Les homonymes, en effet, supposent que l'on sache par avance de quoi l'on parle avant d'avoir parlé, mais surtout avant que la situation ne soit rendue claire. J'ai parlé plus haut de « compacité », car la langue française a été, au cours de son histoire, véritablement compactée. Cette opération de réduction renvoie à donc à un processus historique lié à la monarchie absolue.

Le français du XVIIe siècle était infiniment plus riche qu'aujourd'hui. Il est très « paysan » au sens où il disait les choses avec précision, avait un mot pour chaque nuance, faisait en sorte que l'on sache exactement ce que l'on veut signifier. À la Cour, l'élitisme des courtisans consistait à donner à penser qu'ils comprenaient à demi-mot. Rien n'était jamais dit. Ainsi, peu à peu, la langue française s'est-elle rétrécie. Néanmoins et pour cette raison même, elle est devenue incomparable pour un autre exercice littéraire. Le fait que cette langue peut à tout moment être chargée de tant de sous-entendus lui confère une richesse implicite infinie qui n'existe pas en allemand. Ce processus de réduction et d'augmentation dans la langue s'éclaire si on le compare à une opération culinaire, comme lorsque l'on fait réduire du bœuf pendant de nombreuses heures dans une sauce. La cuisine française résulte exactement du même parti pris pour n'avoir plus à la fin une seule espèce de saveurs, mais plusieurs saveurs ensemble.

Tous les mots du français ont, me semble-t-il, un caractère de mets cuisiné. Un certain goût s'est attaché à ces mots par l'usage qui en a été fait, et ces mots n'ont plus la fonction qu'ils peuvent avoir dans les langues primitives. L'allemand, en ce sens, est une langue plus primitive que le français, car il désigne sans équivoque la chose. On trouve infiniment plus de verbes pour qualifier les bruits en allemand, infiniment plus d'adjectifs pour introduire des nuances, d'autant que la syntaxe, on l'a vu, est très différente. La syntaxe française est réduite à pas grand-chose, alors que la syntaxe allemande est d'une rigueur absolue. En réalité, dans la mesure où les mots du lexique sont des mots cuits, cuisinés, c'est entre connaisseurs qu'on les échange. Cela n'est pas destiné à la même opération. Comme langue, l'allemand est destiné à autre chose. C'est la raison pour laquelle on peut dire que l'allemand est une langue brutale : elle est simplement explicite. Le français est une langue allusive ; on dit « plus ou moins ». Racine utilise mille cinq cents mots au maximum, et le mot « ardeur », par exemple, recouvre une multiplicité de significations différentes. Un Allemand cultivé utilise à mon avis entre trois et cinq fois plus de mots que ceux utilisés par le français, mais il n'est pas bon d'être allemand pour un diplomate[1] !

Je dirais que le français est une langue de connivence, quand l'allemand, par sa structure syntaxique même, et notamment le rôle éminent du verbe, confisque la possibilité de la conversation. L'épreuve de cette impossibilité se retrouve, d'une manière particulièrement amusante, dans les plaintes de Madame de Staël. Celle-ci se plaignait en effet régulièrement, lors de ses séjours en Allemagne, de ce qu'il n'y avait pas de conversation possible parce que, chez Goethe par exemple, ceux qui prenaient la parole ne la lâchaient pas avant d'avoir terminé leur phrase : « Ah que je regrette le gazouillis de mon salon, écrit-elle. On y parle tous en même temps et tout le monde s'entend. » Où l'on voit bien que, pour elle, une conversation consiste précisément à emboîter le pas à celui qui parle, à prolonger ce qu'il dit dans une sorte de connivence,

1. Genscher avait développé un art de l'imprécision. Quand il a écrit ses *Mémoires*, son éditeur lui a demandé, pour avoir plus de relief, ce qu'il pensait de Kossyguine et il a répondu : « *Eigentlich, ein netter Kerl!* » (À vrai dire, c'est un brave type !).

souvent tout à fait amicale, mais qui ne peut exister dans la langue allemande.

Dans la forme syntaxique allemande, dérivée de l'interrogation, le verbe précède toujours le sujet, et, dans la réponse à cette interrogation, lorsqu'elle est modalisée par un foncteur interrogatif (quand, pourquoi, etc.), c'est le foncteur qui précède le verbe, tandis que le sujet occupe une autre place : à la phrase « quand peux-tu venir ? », on répond par « demain peux je venir ». L'ordre sujet-verbe-complément de la phrase affirmative n'est en rien l'ordre de base, car c'est toujours la spécification verbale qui est prioritairement déterminante. Toute la rhétorique allemande joue sur le phénomène d'une interrogation implicite : l'affirmative où l'on constate la présence d'une « inversion » sujet-verbe est en fait la réponse à une question qui n'a pas été exprimée. Les effets rhétoriques suggèrent qu'il s'agit de réponses à des questions. Quand Lohengrin dit *« Nie sollst du mich fragen »* (jamais tu ne devras m'interroger [sur mon nom]), « jamais » est placé en tête de phrase comme si cette affirmative répondait à une question implicite (« quand aurai-je le droit de te demander ton nom ? », par exemple) ; si bien que l'interlocuteur se trouve impliqué dans l'affirmation. Il y a d'innombrables affirmatives qui, par leur structure, sont des réponses à des questions qu'il est impossible de formuler : on ne peut apprécier ces affirmatives que si l'on cherche à reconstruire le type de questions auxquelles elles répondent. La complexité qui préside à l'élaboration de ces phrases affirmatives spéciales force à formuler des questions qu'on ne se serait pas posées autrement. Le récepteur se trouve alors entraîné dans une démarche intellectuelle qui est à égale distance de la certitude dogmatique et de la perplexité : dans un entre-deux que la langue elle-même aménage et qui est l'espace de la réflexivité. La plupart des grands textes mettent en œuvre ce dispositif rhétorique. Le style hymnique – celui de Hölderlin, par exemple – recourt à des interjections dont le rôle est de suggérer qu'on répond à une question implicite.

C'est ce dispositif-là qui est proprement le lieu créateur de la langue allemande, le moteur de l'innovation. La contrainte est par ailleurs si forte que la phrase idéalement achevée tend essentiellement au silence : après le verbe, il n'y a plus rien à ajouter.

Plus généralement, l'esprit qu'encourage cette langue est le principe d'action, tandis que c'est celui de spatialité qui prédomine en France. On pourrait poursuivre les conséquences de cette différence dans l'art pictural où l'opposition entre impressionnisme et expressionnisme est flagrante, ou en musique où la musique française est plus proche de la littérature, plus illustrative, alors que la musique allemande est purement formelle, purement structurée par le souci de la dynamique.

Le niveau supérieur est celui de la littérature où le génie consiste à créer, au-delà de tout l'espace contraint, une sorte de retour de l'immédiateté communicationnelle, mais sans rompre avec la syntaxe ; à produire, donc, une sorte d'immédiateté seconde, mais perdue.

« Passages »

À côté de mon travail de chercheur et d'enseignant, j'ai aussi exercé mon activité de passeur en dirigeant, pendant vingt ans, aux Éditions du Cerf, une collection dédiée à la réflexion critique sur les formes de savoir et sur les traditions intellectuelles qui, dans leurs différences et leurs contradictions, constituent la culture philosophique et scientifique contemporaine. L'idée de cette collection m'est venue après que j'ai organisé en 1983 un colloque international sur « Walter Benjamin et Paris » ; cette rencontre fut un grand succès, et je cherchais, au départ, à publier les actes de ces journées. J'ai eu l'idée de donner à la collection le titre de « Passages », en référence, précisément, à Benjamin.

La présence à ce colloque des plus grands spécialistes internationaux a véritablement déclenché les études françaises sur Benjamin. Il y avait même Pierre Missac, l'ami de Benjamin, qui lui apportait des croissants le matin pour le nourrir ; après avoir été trotskyste, il a fait fortune, mais il est toujours resté aussi proche de lui par l'affection. C'était extrêmement touchant d'avoir quelqu'un qui avait connu Benjamin d'aussi près. Pourquoi ai-je organisé ce colloque ? Pour tout un faisceau de raisons. La raison la plus banale est que je trouvais que Benjamin n'était pas vraiment perçu en France et que son œuvre méritait qu'on s'y intéressât. D'autre part, à un niveau plus personnel lié à mes propres recherches, je découvrais que, selon Benjamin, la finalité des langues consistait peut-être à balayer la totalité de ce qu'il est possible d'exprimer. Dans ce cas, le véritable intérêt d'une langue est qu'elle ne coïncide pas avec une autre et qu'elle oblige à naviguer entre les deux pour éprouver cette tension entre deux manières de se rapporter à la réalité, non pas sur le mode du reflet, où la langue reproduirait simplement, mais sur le mode de la création de la réalité comme ce à quoi on est invité à se référer grâce à l'exploit linguistique. Ce qui m'intéressait au départ, c'est bien cette problématique de la course des langues qui se séparent les unes des autres, que j'avais repérée dans Benjamin.

L'ensemble des contributions a finalement fait un gros volume qui a paru aux Éditions du Cerf, à l'invitation d'un grand personnage de l'ordre des dominicains, Bernard Dupuy. Il avait assisté au colloque *incognito* et vint me proposer, alors que nous ne nous connaissions pas : « Vous ne voulez pas publier les contributions à ce colloque exceptionnel dans la maison d'édition où j'ai quelque influence ? » C'était un homme d'une compétence immense et d'une grande modestie. Grâce à lui, j'ai entrepris de réunir les contributions ; et, comme il y en avait des dizaines et des dizaines, cela a pris très longtemps, d'autant qu'il a fallu en traduire un certain nombre. Le volume n'a été prêt que deux ans après, fin 1985.

Quand je l'ai apporté au Cerf, la direction venait d'être renouvelée et souhaitait ouvrir la maison d'édition à d'autres secteurs que la théologie. Et, du coup, ce triumvirat, avec Bernard Dupuy en soutien à l'arrière-plan, m'a proposé de faire, à partir de la publication de ce volume, un projet de collection de sciences humaines dans laquelle la théologie ne serait pas le centre d'intérêt dominant, sans en être exclue bien évidemment. La collection est née dans ces circonstances, à partir de 1986. Et je m'en suis occupé jusqu'en 2006, pendant vingt ans exactement. Au total, j'y aurai publié cent cinquante-deux volumes. Je tiens à préciser que, pour l'ensemble de ces publications qui, évidemment, ne s'adressaient pas toutes à un grand public, j'avais – grâce à un réseau qui s'est lentement constitué – pratiquement toujours assuré la viabilité financière grâce à des subventions venant de sources tout à fait différentes.

Dans cette recherche de financement, je me souviens d'un épisode vraiment cocasse. Quand il s'est agi de publier la traduction de *Paris, capitale du XIX*e *siècle* de Benjamin – un gros livre illustré, extrêmement cher à fabriquer –, je suis allé voir le maire de Paris, Jacques Chirac. Je le persuadai de subventionner ce livre en achetant quelques centaines d'exemplaires, sous une présentation spéciale, pour en faire un cadeau du maire de Paris aux maires du monde qui lui rendaient visite. Passionné par le projet, Chirac m'a dit : « À une condition, évidemment, c'est que je fasse la préface. Et, s'il vous plaît, elle doit être reproduite en fac-similé. » Il voulait qu'il y ait une trace de lui dans le livre. J'ai dit que je pensais que c'était faisable techniquement. Il a aussitôt sorti un stylo de sa veste : « Bon, allez ! rédigez-moi ça. » J'ai donc écrit la préface, devant lui, et lui, ensuite, devant moi, l'a recopiée. Son écriture faisait penser à celle d'une fille, tout en ourlets et en boucles, alors que sa signature était très verticale, pointue. Le caractère double de cet homme était écrit sur cette feuille : grand sentimental, d'un côté, grand prédateur, de l'autre. À côté de son image de caporal-chef se dégageait de sa personne une dimension infiniment plus arrondie, plus touchante. La ville de Paris s'est donc engagée à acheter plusieurs centaines d'exemplaires, ce qui nous a permis de faire le livre. Certains de mes collègues de gauche m'ont amèrement reproché d'avoir « vendu » Benjamin à Chirac, ce qui est d'une sottise abyssale.

J'ai pu publier plus de cent cinquante volumes dans cette collection, une vraie bibliothèque, dont certains ont même été des best-sellers, comme *Genèse de la modernité* de Maurice de Gandillac, *Morale et communication* de Jürgen Habermas, ou *Le Principe responsabilité* de Hans Jonas... Comme dans toutes les affaires humaines, la direction de cette maison d'édition a évolué, notamment quand l'homme avec lequel j'avais pu mener à bien toute cette affaire, Bernard Lauret, s'est retrouvé tout près de la retraite. On m'a fait comprendre que « Passages » était un lourd fardeau et qu'il fallait réduire la voilure et abandonner les grands projets. Je pense que deux raisons ont vraiment pesé dans la décision d'arrêter cette ligne de publication : d'abord, une certaine jalousie à l'intérieur de la maison – avec les « Sources chrétiennes », « Passages » était l'autre partie prestigieuse du catalogue –, et ensuite l'orientation même de la collection, c'est-à-dire cette ouverture voulue par Bernard Dupuy qui disait, en guise de plaisanterie : « Nous voulons faire de cette maison la première maison d'édition protestante de France ! » Au fil du temps s'est précisé un désir idéologique de recentrer la collection sur des enjeux théologiques provenant d'une tradition philosophique de l'Église, où le thomisme joue un rôle important et où des alliances nouvelles pouvaient se nourrir entre les deux versants de la philosophie qui n'entrent pas en conflit direct avec le thomisme : la phénoménologie et la philosophie analytique. Il faut bien comprendre que le néo-thomisme peut coexister avec un certain type de phénoménologie mâtiné de philosophie analytique, d'un peu de philosophie continentale et d'un peu de philosophie anglo-saxonne.

J'avais voulu, au contraire, montrer par le choix des titres que le tournant kantien de la philosophie était le point de départ de la presque totalité des ouvrages consacrés aux différents domaines des sciences de l'homme, parce que c'est à partir du moment où une ontologie générale n'est plus possible que les différentes sciences commencent à s'autonomiser. Les sciences de la nature, les différentes sciences humaines comme la linguistique comparée, l'histoire, la sociologie, toutes ces disciplines sortent du giron de la philosophie à la faveur de la révolution copernicienne initiée par Kant, dans la mesure où la suppression de l'objet général de la philosophie qu'est l'être laisse le champ libre à des constructions de domaines spécifiques. Or, dans le thomisme, il y a toujours un objet primordial.

La nouvelle direction de la collection a eu clairement la volonté de capitaliser sur l'héritage et en même temps de tourner le dos à la logique qui a présidé à cet ensemble, logique que j'exprimais nettement dans mon petit texte programmatique :

> Il n'y a de philosophie que là où quelque chose est reçu. Que cela soit au point de contact d'une tradition philosophique et d'une autre, d'aires culturelles et de langues différentes, ou de la philosophie et de ce qu'elle définit, de façon variable, comme son propre dehors — que cela soit celui du monde ou des autres disciplines. Ainsi la collection a-t-elle vocation à favoriser ces passages en tout genre dont se nourrit la réflexion philosophique. Son but est d'accueillir des œuvres philosophiques originales, qui sortent de la routine académique et du jeu des positions prédéterminées. Il est aussi et d'abord de favoriser la possibilité d'une telle production, en assurant les passages nécessaires à son émergence. Par des programmes systématiques de traduction, qui donnent accès à des corpus ignorés et au paysage philosophique contemporain dans sa variété. Mais aussi par le privilège accordé aux projets théoriques qui savent surmonter l'illusion scolastique en philosophie et mettre celle-ci au contact de ces discours et pratiques par rapport auxquels elle se trouve toujours en position de commentaire : qu'il s'agisse de ceux des sciences, humaines ou non, de la littérature, des arts ou de l'ordinaire. Dans ces passages divers on trouvera autant d'occasions de cette altération d'où seule résulte l'intelligibilité.

Je remarque qu'en maintenant ce texte en tête de chaque volume Le Cerf veut entretenir la fiction d'une continuité, mais c'est une autre histoire.

La langue maternelle du poète

Adolescent, la poésie m'est apparue, pour la première fois, sous la forme des *Hymnes* hölderliniens, que j'ai lus – je devais avoir douze ou treize ans – sans y comprendre un traître mot ; j'étais complètement subjugué pour une raison que je n'arrivais pas à m'expliquer. Ce qui, beaucoup plus tard, m'a fait réfléchir à ce qui est le propre de la poésie : elle agit sans que ce à quoi elle se réfère comme réalité soit le principe d'action, l'*agens.* Le principe d'action est quelque chose qui se trouve dans la langue et qui relève de son génie. Ce qui fait qu'il n'y a de poésie que dans la mesure où on a affaire à une langue que l'on qualifie, d'ordinaire, de maternelle.

Plus tard, j'ai appris que Rilke et Tsetaeva avaient entretenu une correspondance. Dans ses lettres, Tsetaeva insiste beaucoup sur le fait que la langue maternelle du poète est à recréer ; et qu'elle peut se recréer à partir de plusieurs langues. La langue de la poésie est celle qui accepte le fait que l'on est dans l'« entre » des langues, et c'est littéralement la situation du poète. Pour revenir à Hölderlin, j'ai compris plus tard que ce qui m'a touché, en dehors de ce dont il parlait, c'était la manière dont le grec ancien – tel qu'il l'avait perçu – transformait sa langue maternelle (qui, dans son emploi ordinaire, était au fond un dialecte plus ou moins souabe) en une langue d'art dans laquelle ce que Tsetaeva appelle la « langue maternelle du poète » est le résultat d'un travail sur la langue. Et ce travail ne peut se faire que si la langue est confrontée à quelque chose qui la déstabilise, qui l'écarte d'elle-même et qui creuse cette espèce de distance qu'il s'agit de vaincre dans la création. Hölderlin m'avait touché en dehors de tout contenu...

Je percevais cette troisième langue dans l'écart qui se creusait dans la langue de départ face à la provocation exercée par une autre langue. Et dans le cas de Hölderlin, comme le montrent ses travaux de traducteur de Sophocle et de Pindare, c'était le grec ancien.

Lorsqu'il traduit *Antigone*, Hölderlin est beaucoup plus soucieux de restituer le rythme qui, dans le grec de Sophocle, lui paraît être l'essence de cette prosodie, que l'exactitude de la référence. Pour employer une formulation plus contemporaine, on pourrait dire que Hölderlin travaille sur le signifiant et ses effets multiples, sur quelque chose qui, à la limite, ne résiste pas à un examen scientifique, lequel fige toujours la signification. Ce n'est pas la signification, mais le signifiant dans sa force d'évocation qui le préoccupe. Et il importe des espèces d'explosifs qui font que l'allemand se met à produire des effets qui ne sont pas, au départ, propres à cette langue.

Tout cela, je l'ai retrouvé parfaitement expliqué, beaucoup plus tard, dans l'essai de Walter Benjamin intitulé *La Tâche du traducteur*. Benjamin dit qu'il est impossible de traduire le contenu – c'est-à-dire le signifié – d'une langue à l'autre, parce que dans ce cas on réduit la particularité de la langue à quelque chose d'universel et d'abstrait. *Brot* en allemand, ce n'est pas « pain », voilà la difficulté. *Brot* a une tout autre forme empirique en allemand : ça se mange autrement, ça s'associe à d'autres situations que ce que le mot « pain » évoque dans le contexte culturel français. Ce qui fait que traduire *Brot* par « pain », c'est trahir quelque chose que *Brot* évoque. Donc, quand Hölderlin traduit du grec, très souvent il trahit le référent au profit de quelque chose de plus évocateur. L'émotion que j'ai ressentie, jeune, en découvrant Hölderlin a servi de fil conducteur à une interrogation. Je me suis toujours demandé d'où vient l'effet poétique, que je ne voulais pas confondre avec l'effet de sens. L'effet poétique est assimilé plutôt à un affect. Le sens, c'est le repos de l'affect, c'est un aboutissement où les choses s'immobilisent avec la plus haute précision pensable. Mais l'affect est purement dynamique. Or l'affect, dans la langue maternelle d'origine (ou contre la langue d'origine déjà rendue trop instrumentale dans l'effort de désigner des choses, d'avoir des nomenclatures que tout le monde accepte) ne peut fonctionner poétiquement que sur deux registres : l'éloge et le blâme – et l'on retrouve le grec ancien.

Il n'y a que deux poésies paradigmatiques : celles de Pindare et d'Archiloque. L'un qui fait l'éloge – ce que Rilke appelle *rühmen*, « dire à quel point la réussite est éclatante » –, et c'est Pindare, qui choisit de chanter les vainqueurs et d'abandonner les vaincus à leur triste sort… Et l'autre, le poète qui croasse comme un corbeau, c'est Archiloque, qui chante la défaite, qui s'enorgueillit même d'avoir jeté son bouclier dans un buisson et d'imaginer un adversaire s'en emparer[1]. Pour moi, la poésie ne peut être abordée dans sa dynamique affective que sur ces deux modes que sont l'éloge et le blâme ; et la langue maternelle à créer cherche à fournir à l'élan poétique l'élément dans lequel il peut s'épanouir sans être tributaire de ce dont il est question, qui est largement un prétexte.

La poésie n'a rien d'intellectuel, elle est largement dominée par le déploiement d'un affect qui a besoin, comme élément, d'une langue maternelle qui peut parfaitement être une langue issue de plusieurs langues. Je dirais même que le

1. ARCHILOQUE, Fragment 6, in *Bergk*, *Poetae lyrici graeci*, t. I, Leipzig, Teubner, 1914.

poète le plus puissant va avoir plusieurs langues dans sa besace. Cette observation, je ne peux absolument pas la prouver, mais j'en suis convaincu : on s'est toujours demandé pourquoi la littérature grecque utilise, selon le genre, une autre langue artificielle ; il y a la langue de l'épopée dominée par l'ionien (et un peu d'achéen) ; puis, avec Pindare, on trouve le dorien ; et ensuite, avec la tragédie, selon la partie parlée ou chantée, on est confronté à l'une ou l'autre langue artificielle. Or, ce que j'essaie de décrire comme l'« entre » des langues, les Grecs l'ont fabriqué à partir du grec.

Le grec est en effet multi-langues, ce qui est incroyable quand on y réfléchit. Quand les Grecs ont fabriqué de la littérature, de la poésie, ils naviguaient entre plusieurs langues, car il leur fallait mobiliser la vague de l'affect pour dire soit la jubilation, soit la lamentation. La lamentation, qui jouxte la vitupération, qui jouxte la révolte contre le malheur, est une autre source de poésie très puissante. Si l'on veut vraiment insulter, il faut disposer d'une langue poétique qui est la langue maternelle ; c'est ce que nous dit Pindare : « La parole poétique est comme la flèche qui frappe la cible. » C'est une parole qui va dans le mille. Quand Pindare dit *es to pan*[1], que Puech traduit par « pour la foule », alors que ça veut dire « dans le mille », il ne réfléchit pas à la question de savoir comment cette parole peut être reçue par la multitude : il se demande si cette parole, qui est une flèche, frappe le cœur de la cible. La poésie ne peut être dite « ésotérique » puisqu'elle est dans cette espèce de violence originaire, sinon elle n'a aucune raison d'être.

1. Pindare, *Néméennes*, VI, 26.

Mais la poésie pindarique peut être subvertie par le besoin de blâmer. Ainsi, dans mon univers de formation, après Hölderlin, Heine est-il le poète qui a su parfaitement imiter l'hymne romantique, c'est-à-dire ce souffle chaud qui cherche son destinataire avec la force de propagation d'une vague de chaleur. Et Heine refroidit ce souffle chaud par des artifices caustiques qui lui permettent de jouer sur les deux tableaux, sans arrêt. C'est à la fois merveilleusement, mélodieusement romantique – dans un sens pindarique –, mais c'est aussi constamment désamorcé par le regard d'Archiloque qui refroidit cette ardeur. Or ce double jeu de Heine a été systématiquement dénoncé par les professeurs d'allemand, par les germanistes, comme la trahison de ce qu'il y avait de plus beau dans la langue allemande. Et l'auteur de cette trahison, c'est le Juif, le Juif qui est forcément un exilé. Or Heine avait une conscience extraordinairement aiguë de cette relation critique à la langue allemande qu'il maîtrisait à la perfection, et il a inscrit la perception de soi dans cet entre-deux en disant : « Arrivé en France, j'ai constaté que l'on francisait mon nom ; on m'appelait Henri Heine. Mais au fur à mesure, la prononciation étant un peu difficile avec le h aspiré, je suis devenu "Henrien", et j'ai fini par m'appeler "rien". » C'est une observation remarquablement fine de l'annulation qui peut aussi être le destin de celui qui est entre les langues, puisque, jusque dans son propre nom, il va se voir réduit à néant. C'est une forme de désenchantement qui fait songer à Baudelaire et que Heine fait apparaître dans un contexte où la parole romantique n'est pas encore discréditée, puisqu'à l'époque de Hölderlin elle était encore réellement puissante. On raconte que, lorsqu'il apprit que la censure imposée par le régime de Metternich (les fameuses décisions de Karlsbad) était supprimée, Heine éclata en sanglots en disant : « Je ne pourrai plus faire de poésie. »

Je me souviens d'un cours que je donnais le soir à la Sorbonne, où nous lisions *Von Schwelle zu Schwelle* – un recueil de Celan – en essayant de comprendre. Et on ne comprenait pas très bien. Or ce qui nous frappait, c'étaient les amorces de poésie hymnique suivies d'un « démontage » accompagné d'une sorte de ricanement. Comme j'avais ce même geste de Heine en tête, j'essayais de le projeter sur Celan en me disant : voilà un poète qui vient après l'utilisation de l'allemand romantique par les nazis, après l'usage absolument abusif qui a été fait de Hölderlin – qui se trouvait dans le paquetage des soldats au front –, un poète qui ne peut plus accepter ce rêve romantique. Et chez Celan, le geste prémonitoire de Heine est poussé à l'extrême, puisqu'il s'agit de démonter l'espoir de cette communication chaude qui s'établit directement entre celui qui parle et son destinataire, de creuser entre eux un fossé infranchissable. Et il ne suffit pas de dire que cette parole poétique, qui était la parole hymnique, n'est plus possible. Parce que, d'une certaine manière, son négatif, qui est la vitupération, participe du même désir de toucher directement la cible. À partir du moment où on ne peut plus mobiliser la force de la langue dans son immédiateté, que reste-t-il à faire ? Construire une poésie qui découpe, d'une certaine manière, le flux de la parole hymnique, comme étant ce qui est absent. Prenons pour exemple le recueil qui s'appelle *Sprachgitter*, la « grille de langage » : il s'agit de la grille à travers laquelle les Carmélites communiquent avec le monde extérieur.

Le poème, ce n'est pas le souffle de la Carmélite qui parle, mais ce qui découpe ce souffle. Le poème évoque une chose absente et qu'il s'agit de restituer à travers son absence. C'est ainsi que je comprends le recueil *Cristaux de souffle – Atemkristall* – où le souffle chaud, à cause du froid, se fige et se transforme en cristaux. Le poème n'est plus ce qui va directement du sujet poétique à son destinataire, il est maintenant l'évocation de cette relation puissante d'immédiateté, mais comme absente. Ce qui ne signifie pas qu'elle soit définitivement caduque. Elle est simplement évoquée comme ce qu'on ne peut pas directement réaliser. C'est une poésie négative, si l'on veut. Et le plus intéressant, c'est qu'il s'agit là du prolongement de l'opération de Heine dans la mesure où il met en échec cette sorte de positivité absolue pindarique, en ricanant, en montrant qu'il y a des cadavres dans le placard, comme il dit…

Au-delà de cette dualité, Pindare et Archiloque, il existe donc un autre cas de figure, ultérieur, où ni Pindare ni Archiloque ne sont plus possibles et où la poésie est entièrement évocation de la poésie absente. C'est assez difficile à concevoir. Le poète se lance dans ce qui peut être une condamnation ou une évocation élogieuse, toujours l'un ou l'autre. Il se lance et s'arrête brusquement. Le poème ne porte pas plus loin, parce que sa vraie structure consiste à évoquer puis à dire : ce n'est pas directement possible, ce doit être interrompu. Et l'interruption, ce sont les barres de la grille à travers laquelle passe le souffle chaud. Le poème produit les barres.

Pour résumer, je vois donc trois étapes. La première, c'est soit Pindare, soit Archiloque. La deuxième : Pindare *et* Archiloque – Heine, donc. Et la troisième : un au-delà de Pindare et d'Archiloque, quelque chose qui évoque la possibilité de l'une et de l'autre poésie à travers leur absence, qui est structurée par l'effort poétique. Comme si le poème conjurait une chose perdue, une chose absente qui ne peut, sans être profanée, sans être mésusée, être évoquée que de cette manière négative et ne pourra plus jamais être positivement revendiquée. Celan ne peut pratiquer l'éloge comme le fait Rilke, c'est impossible dans cette langue allemande. Et je pense qu'une des vérités ultimes de la poésie est constamment trahie par les poésies nostalgiques s'inspirant de Heidegger, et donc du désir de faire parler les maîtres... Du Pindare « recuit », en somme. Et c'est là que je trouve, malgré leur don indubitable, Char et Bonnefoy tout à fait irritants.

Dans la poésie française, le premier à avoir refroidi le souffle chaud, à avoir perdu son auréole, c'est Baudelaire. C'est pour cette raison que Walter Benjamin fait de lui le témoin par excellence de ce qu'il appelle « le XIXe siècle », c'est-à-dire cette modernité postmoderne – qui n'est pas celle de ma philosophie...

Mais postmoderne dans la mesure où elle n'est plus du tout tendue vers un but. Ainsi Baudelaire, dans *Le Peintre de la vie moderne*, essai publié en 1863, met-il en relation le changement incessant, l'éphémère, le fugitif, le frivole, la mode, avec l'éternité. C'est dans ce qui n'est pas la chose que la chose va soudain surgir. Ce n'est plus ni le souffle épique ni le souffle lyrique, mais quelque chose d'extraordinairement instantané. Donc l'opération poétique consiste essentiellement, à partir de ce moment, à produire ces intensités qui sont des intensités liées à l'instant, lui-même rendu possible par tout ce qui l'entoure et qui n'a pas cette intensité. À mon sens, on retrouve cela dans la musique moderne, où l'on fait grincer les instruments de mille manières possibles afin de créer un petit moment de bonheur. Ce n'est pas le bonheur continu, mais l'alternance de moments terribles, et, soudain, d'instants merveilleux... L'un des plus grands dans cet exercice, qui a été préfiguré par Brahms – encore trop près des romantiques, il est vrai –, c'est Alban Berg. Et d'un autre côté, on a Mahler qui exagère tant la machine romantique qu'il est bien obligé d'introduire de la parodie. Dans son essai sur Mahler, Adorno[1] a parfaitement pointé ce mécanisme, expliquant qu'à chaque fois que la musique devient par trop extraordinaire surgit comme un ricanement qui se trouve dans la répétition d'un thème par d'invraisemblables trompettes. Et Adorno dit qu'il s'agit d'un *Ruck von drüben*[2], quelque chose qui vous fait sauter par-dessus l'abîme vers la transcendance, qu'on ne peut plus directement atteindre ; on l'atteint au contraire à travers la parodie de cet effort extraordinaire dont la positivité est vouée à l'échec. C'est pourquoi la réussite beethovenienne d'une symphonie de Mahler est à la fois visée et désavouée.

Et de nouveau, il y a le Juif. Celui qui n'adhère pas de façon naïve à cette chaleur primitive de ce qui s'épanche, se déverse, c'est par définition le Juif, qui habite parfaitement à l'intérieur, possède toutes les grammaires, mais comme Heine, n'y croit pas. C'est pour cette raison que le lieu où tout cela est advenu est l'Allemagne, puisque cette espèce de symbiose extraordinaire où ce qu'il y avait, je dirais, de plus prometteur dans ce que les Allemands ont mis en branle à partir du XVIIIe siècle, ce sont les Juifs qui l'ont réalisée. Ce sont les meilleurs Allemands de tous les Allemands, si j'ose dire. Il est d'autant plus extraordinairement dramatique de penser que les primitifs, parmi les Allemands, ont ensuite voulu se débarrasser de ceux qui avaient accompli ce qui était comme une promesse contenue dans la démarche. C'est un désaveu au nom de la médiocrité qui se revendique.

---

1. Th. W. Adorno, *Une physionomie musicale*, Paris, Minuit, 1978.
2. Une poussée venue d'ailleurs.

Si je reviens à la poésie française, je dirais que, pendant très longtemps, je n'y ai pas eu d'accès naturel. Pour les raisons que je viens d'évoquer, puisque c'est à partir de la langue maternelle que l'on a accès à l'élan poétique. Même si la langue maternelle, comme je le disais, ce n'est pas nécessairement la langue qu'on apprend enfant, la langue d'origine. Une autre langue, ou d'autres langues, peut être composée de plusieurs pièces et être qualifiée de « maternelle ». Ce qui anime la quête de cette langue composite, c'est la volonté de trouver une langue maternelle plus maternelle que la langue. La langue d'origine ayant été colonisée, prise en charge par des intérêts, elle a été détournée de sa fonction primitive. Et, d'une certaine manière, la poésie recrée la langue maternelle rêvée. Elle a une fonction tout à fait essentielle, dans la mesure où elle propose des séjours dans la langue « refaite ». La langue qu'on apprend enfant est plus une langue-promesse qu'une langue qui tient ses promesses : c'est la langue qui est déjà utilisée par des gens qui ne sont plus des enfants et qui en font un instrument de calcul, de persuasion ; elle est toujours dénaturée, en quelque sorte. Et c'est dans la réflexion poétique qu'une langue-promesse est censée tenir ses promesses. Cela va bien au-delà de cette sorte de régression, toujours possible, vers les façons de dire et d'entendre qui relèvent de l'enfance, même si cette imprégnation première est indispensable. Il est aussi possible de ne pas être dans une langue, et c'est un autre paradoxe. Quand on n'a pas de première langue maternelle, quand on est d'emblée entre des idiomes, on n'est pas « entre » les langues. On navigue étrangement entre plusieurs idiomes, mais on n'est pas dans cette situation où une langue, qui est la langue originaire, est exposée à des provocations, puisque tout est neutralisé.

« Entre les langues », cela ne veut pas dire n'en habiter aucune. Au contraire, en posséder une, originaire, permet de répondre à ce qu'elle évoque, de manière tout à fait spontanée, sans même réfléchir. Et ce sont les insuffisances qui apparaissent quand on utilise cette langue dans certaines situations – où il s'agit de gérer et donc d'instrumentaliser – qui font souhaiter que cette langue originaire soit refaite pour tenir réellement ses promesses. Les poètes sont là pour ça.

Le grec m'a touché à travers l'allemand. Il ne s'agissait pas, au début, de l'utiliser pour rendre plus intense la langue d'origine, mais – objectif tout aussi légitime quand on fait un travail un peu scientifique sur des œuvres – de dégager le sens, c'est-à-dire ce qui est visé, qui a aussi une existence tout à fait essentielle. Seulement, reconstituer le sens se fait nécessairement au détriment de la puissance affective d'évocation. On ne peut pas avoir les deux. Bien sûr, il est possible de s'installer entre les deux, d'aller de l'un à l'autre. Par exemple, en traduisant Sophocle, on peut se placer plutôt du côté de ce que Hölderlin a tiré de lui – et reproduire cela en français – ou plutôt du côté de ce que Sophocle pense quand il écrit : un univers de sens d'une richesse incroyable. Ce sont deux choses différentes. Et les traducteurs oscillent entre les deux positions ; mais, comme pour Charybde et Scylla, ils ne peuvent avoir les deux.

De même, je me dis qu'on ne peut pas être Allemand et Français. On peut naviguer entre les deux avec une parfaite sympathie pour l'un et l'autre mode d'être, mais imaginer un être qui combine les deux sur un mode d'immédiateté, c'est impossible. On peut, à la rigueur, s'y référer sur un mode réfléchissant, un mode de distanciation ; ou même, avec un peu d'ironie, « faire » le Français ou « faire » l'Allemand… Mais les réunir dans une seule réalité qui serait la vérité des deux est impossible. Pour être français il ne faut surtout pas être allemand, et pour être allemand il ne faut surtout pas être français. La musique allemande en est, selon moi, la meilleure illustration, mais à partir du XVIIIe siècle seulement. Parce que la culture allemande, faite par des Allemands en tant qu'Allemands, remonte au XVIIIe siècle. Avant, la culture était ailleurs, en Italie, en Espagne, en France. En Allemagne, il y avait des amorces, des choses étonnantes, mais pas de haute culture universalisable.

Les Allemands s'y sont donc mis au XVIIIe, avec notamment deux inventions qu'on ne retrouve nulle part au monde : la philosophie spéculative et la musique. Voilà, selon moi, ce que les Allemands ont légué à l'humanité. Avec, pour configuration inaugurale, Leibniz et Bach, qui ont tous deux le même projet. Or cette musique allemande – pour parler de musique – est une musique dans laquelle la référence à un contexte social, ou à une histoire qu'on raconte, est secondaire. C'est une musique qui ne vaut que par elle-même. Pourquoi ? Parce qu'elle est intrinsèquement luthérienne. C'est une musique protestante qui veut exprimer l'authenticité de la vie intérieure, une musique-prière. La prière est ce que l'âme – l'individu qui ne peut se référer à aucune institution intermédiaire : curé, évêque, saint – peut offrir à Dieu dans sa plus douloureuse authenticité. Et la musique dont je parle est souvent très douloureuse : c'est en fait l'aveu du péché, mais directement adressé à Dieu. Cette intériorité-là se sépare de tous les prétextes extérieurs. C'est pour cela que Bach, pour la première fois, utilise les thèmes des passions dans ce qui, à l'époque, était une musique de divertissement, c'est-à-dire le concerto brandebourgeois. On le lui a bêtement reproché, sans voir qu'il s'agissait de l'autonomisation revendiquée de la musique par rapport à son prétexte institutionnel ou social. Chez Schubert, cela donne le *Lied*, qui est d'ailleurs, jusque dans l'utilisation qu'en font les Français, un genre très particulier et qui n'a rien à voir avec la chanson. La chanson, c'est le texte, la littérature ; c'est Brassens.

Et comment voulez-vous combiner *La belle Meunière* et Brassens ? C'est impossible, ce sont deux choses totalement différentes, bien que toutes deux très grandes, extraordinaires. Ce qui implique qu'il faille accepter – au risque d'être grandiloquent – que l'aventure humaine consiste à explorer toutes les divergences possibles. Elle va toujours dans la séparation. Et comme ces séparations entraînent des hostilités, historiquement, la tâche qui nous incombe, c'est de nous les approprier, sur le mode réfléchissant, comme deux perfections également possibles mais exclusives l'une de l'autre. Ce qui fait qu'on ne peut pas adhérer béatement, immédiatement, à l'une ou à l'autre. Et être amoureux de deux choses qui sont absolument opposées l'une à l'autre, c'est malgré tout un état d'esprit insolite ou une affectivité particulière.

Les Allemands qui découvrent la France veulent parfois devenir soudain Français. C'est peine perdue. Ils sont, au mieux, grotesques. Il faudrait qu'ils restent ce qu'ils sont, qu'ils reconnaissent ce qu'ils ne sont pas et qu'ils se situent quelque part, dans une troisième dimension où ils peuvent se référer à l'une et à l'autre de ces perfections. Et cette impossibilité à prendre la place de l'autre (c'est-à-dire, en étant allemand, être français) s'explique beaucoup par la langue, précisément, la langue étant ce qui structure initialement – c'est dans la langue qu'on est chez soi.

Le problème, je le répète, est que pour se réaliser, l'être humain va toujours se séparer, et donc multiplier les nuances. La véritable créativité humaine, c'est cette prolifération de différences. Et la bêtise humaine, c'est de vouloir camper sur l'une de ces différences, ou de vouloir les embrasser, dans un compromis. Il faut malheureusement – et c'est ça être cultivé – avoir la capacité de les laisser dans ce qu'elles sont, ces différences, tout en les appréciant. En acceptant qu'elles ne puissent pas être confondues, qu'il n'y a pas de préférence véritablement possible puisque ce sont chaque fois des perfections. Je plaide pour ce que j'appelle une « identité réflexive », qui n'est pas l'identité de l'enracinement originaire. L'identité réflexive est une idéalisation contrefactuelle, puisqu'elle n'est pas ce qui est, mais ce qu'on devrait atteindre idéalement. Je ne suis pas pour le retour à un avant-Babel, mais pour la prolifération des différentes langues. Loin d'être une punition, c'est au contraire un destin prometteur.

Je suis pour la Pentecôte, quand les Apôtres parlent « en langue ». Et, tout en parlant chacun sa langue, chacun est dans l'authenticité expressive qui fait de lui un poète. Et grâce à l'Esprit saint, ils s'entendent. Voilà l'utopie véritable. « Entre les langues », c'est la Pentecôte. Comme évocation, il n'y a pas mieux. Rêver d'une langue unique qui serait la plus pratique de toutes – l'anglais international joue ce rôle actuellement ; on pourrait aussi penser à l'espéranto –, c'est vouloir annuler l'effet Babel. Or, pour moi, l'effet Babel est ce qu'il y a de plus productif dans l'histoire humaine. En revanche, il faut que cette prolifération ne nous prive pas de la relation à l'humanité entière qui suppose qu'on entende ce qui se dit dans ces différentes langues. D'où la nécessité de la Pentecôte. Je dis cela en dehors de toute adhésion religieuse ; c'est une merveilleuse parabole. Parler « en langue », c'est fantastique. Il faut un miracle, la petite flamme qui descend, pour que, tout en parlant « en langue », tout le monde se comprenne.

3.
Nietzsche et la culture française

L'espace que l'on peut voir naître entre les langues n'est pas prioritairement une ligne de transmission où communiqueraient les traditions, mais parfois un lieu étrange, où la confrontation de deux langues en engendre une troisième, irréductible : un espace de recréation.

Le geste d'un auteur comme Bataille est emblématique de cette d'opération ; son écriture recrée, en français, la prose nietzschéenne, et je voudrais plonger un moment dans les aventures de cette écriture autour de la question du péché. Parce que les grammaires culturelles ne peuvent se comprendre qu'à partir des héritages culturels, cet excursus sur le péché permettra de révéler une autre dimension de l'espace entre les langues.

Bataille : le Nietzsche français

Selon la tradition de l'herméneutique, nous l'avons vu, la culture elle-même peut être envisagée comme un code grammatical, à la fois plus complet et plus complexe que celui de nos langues naturelles et qui, par-delà la communication et la compréhension ordinaires, ouvre à la dimension essentielle de la reconnaissance. Prise sous cet angle, la croyance religieuse apparaît comme un facteur déterminant de l'élaboration historique des codes culturels et invite à explorer, entre les langues, l'héritage confessionnel conditionnant l'écart entre les identités.

Dans la mesure, en effet, où le choix religieux concerne le salut, c'est-à-dire les critères qui fondent l'espoir d'être sauvé – d'être maintenu dans son identité après la mort –, il implique nécessairement l'idée d'un certain type humain, dont la réalisation mérite la reconnaissance et, le cas échéant, la grâce divine. Or l'ensemble des traits distinctifs retenus en vue de la transcendance revêt en même temps une fonction immanente. Il fournit les contours d'une communauté qui, au moyen de l'identification et de l'évaluation des formes de vie, sert à régler la question cruciale de l'appartenance. En termes wébériens, la référence religieuse est constitutive d'un *idéal-type*, que l'usage collectif consacre comme code culturel.

Si les formes de religiosité déterminent des codes culturels, il faut bien voir néanmoins que des auteurs – des créateurs – qui fonctionnent dans l'un ou l'autre univers peuvent parfaitement se déclarer de l'autre bord. De même que l'on peut être allemand et vouloir être français (comme Nietzsche l'a explicitement revendiqué), on peut aussi naître dans un univers culturel, s'insurger contre cet univers et mobiliser celui d'en face. Cela induit des processus extrêmement complexes dans la mesure où un protestant peut être plus catholique que le plus catholique des catholiques[1]. Bien sûr, lorsque je parle de « protestants » et de « catholiques », il s'agit toujours de cet idéal-type défini par Weber et non d'un quelconque modèle empirique.

L'une des illustrations les plus intéressantes de ce genre de passage, d'un point de vue typologique, est fournie par Bataille dans son discours sur le péché, prononcé en pleine guerre. Le 5 mars 1944, Paris est occupé et A. Adamov, M. Blanchot, P. Burgelin, S. de Beauvoir, A. Camus, J. Daniélou, D. Dubarle, M. de Gandillac, J. Hyppolite, P. Klossowski, M. Leiris, J. Lescure, J. Madaule, G. Marcel, L. Massignon, R. P. Maydieu, M. Merleau-Ponty, M. Hafez, J. Paulhan, P. Prévost, J.-P. Sartre, etc., sont venus, sur invitation de Marcel Moré[2], écouter Bataille parler du péché. Bataille énonce à ce moment-là (qui donne quand même à penser...) des thèses fondamentales qui reprennent le fond de la conférence, elle-même plus élaborée et parue dans la revue *Dieu vivant*, rééditée ensuite et modifiée sous le titre « Le sommet et le déclin » dans son *Sur Nietzsche*. Et l'inscription de ce texte dans son ouvrage sur Nietzsche n'est pas anecdotique.

Dans un raisonnement profondément nietzschéen, Bataille explique que le « sommet » n'est pas l'autosuffisance ou l'auto-

1. Par exemple, le protestantisme contre lequel Lessing développe ses stratégies tordues, c'est-à-dire l'orthodoxie, ce protestantisme-là est plus catholique que nature.

2. Polytechnicien, écrivain, Marcel Moré (1887-1969) fut toute sa vie le fondé de pouvoir d'un agent de change. Membre du comité directeur de la revue *Esprit* à partir de 1934, il fonda la revue *Dieu vivant* (1944-1955).

nomie de la conscience morale, mais le dépassement de soi – de l'aspiration à l'ipséité autonome du sujet – dans le péché. Le sommet coïncide avec la conscience de la brèche. Le « déclin », au contraire, correspond à la forteresse du moi, à cette idée tout à fait absurde pour Bataille, et probablement pour la plupart des intellectuels qui assistaient alors à cette conférence, selon laquelle il est possible de parvenir à une parfaite autosuffisance morale. Le déclin, au sens nietzschéen du terme qui fait signe vers la décadence, commence avec la posture de la perfection. Ce qui est intéressant ici, c'est que Bataille articule cette analyse de la perfection à la doctrine catholique. En effet, la morale protestante qui prépare au fond le terrain des morales de l'autonomie se construit dans le souci d'abolir la distance que le péché creuse, non seulement entre l'homme et Dieu, mais également entre l'individu et lui-même. Pour Luther, l'individu se découvre à travers la prise de conscience de sa faute. Reprenant les méditations augustiniennes sur le péché originel, le théologien allemand interprète la séparation d'avec Dieu comme séparation de soi, comme aliénation. Par conséquent, même si la rédemption suppose l'intervention salvatrice de l'amour divin, la juste foi, faite de contrition sincère et de confiance absolue, amorce le processus de réappropriation, qui fonde l'identité du moi[1]. La quête du salut et

1. Synonyme de présence à soi, le rapport à Dieu exclut toute délégation, dans un sens comme dans l'autre, et se déploie essentiellement dans l'intimité du sentiment religieux. Pour aller vite, je dirais que l'option confessionnelle des réformateurs se caractérise, quelles qu'en soient les nuances dogmatiques, par le souci de redéfinir la relation avec Dieu, en supprimant le système hiérarchisé des médiations que le magistère romain avait institué entre le croyant et son sauveur. Le refus des structures qui entravent l'actualisation pleine et immédiate de la foi s'apparente à la lutte contre le mal. Avant même de songer à devoir quitter l'Église dite « catholique », Luther s'en prenait avec véhé-

l'affirmation de soi ne font plus qu'un. En ce sens, la grâce ne devient l'instrument d'une reconnaissance que de ce qui a déjà été accompli par l'homme ; les hommes devant d'abord parvenir à construire ou à réaliser leur moi de manière à ce qu'il ne soit pas « ébréché », tributaire d'autre chose qu'eux-mêmes. Une telle valorisation de l'immédiateté existentielle ne va pas sans laisser des traces profondes et il faut admettre que cette tradition trouve sa véritable expression philosophique dans la morale kantienne. En effet, le problème qui se posait à Kant était précisément de savoir à quelles conditions il est possible de se considérer comme l'auteur de ses propres décisions, de ses propres volontés. Ce qui était pour lui le mal, c'était de se laisser traverser par des forces n'émanant pas de soi, c'était d'être dans l'hétéronomie de la nature. Il faut être sûr d'être soi et, pour ce faire, être capable de s'identifier au niveau de sa volition, et non pas de son corps ou des projets relevant du désir. Le moyen de s'en assurer est ainsi de renoncer à toute exigence spontanée, à ce que l'on nomme les penchants, remplacés par l'impératif catégorique qui consiste uniquement à exiger de ne pas se laisser aller à sa nature puisque l'universalisation du vouloir a d'abord la signification du devoir. Je dois être autre chose que ce que je suis spontanément.

---

mence aux intermédiaires de la foi, clercs ou saints, censés intercéder auprès du juge suprême en faisant valoir les actes de dévotion des fidèles. Plus radical encore, Calvin écartait toute possibilité de rachat par des œuvres de piété, en proclamant le dogme de la prédestination. Dans l'un et l'autre cas, le raisonnement théologique débouche sur une conception de la vie bonne, que domine le principe de l'immédiateté. Sur les conséquences politiques sociales de cette primauté de l'immédiateté dans les stratégies de reconnaissance, voir H. Wismann, « Héritage confessionnel et code culturel », in *Pour une utopie réaliste*, Paris, Arléa, 1996.

Aussi le péché peut-il ici se définir comme la différence qui me creuse, qui m'interdit d'être moi-même, m'arrache à moi-même, de sorte que c'est sur fond de non-appartenance à soi que le véritable projet devient la reconquête de soi. Ce n'est pas pour rien que Luther était appelé le *Schmerzensmann* («l'homme de douleurs»): il se montrait tellement préoccupé par le péché – non pas par le péché véniel, mais par le péché de l'être humain – que toute sa pensée de la rédemption recouvrait une tentative pour conjurer cet abîme initial et accéder à l'authenticité de la foi. À l'opposé, dans un univers qui n'est pas structuré par la nécessité de la grâce, mais par la possibilité du pardon, c'est moins le grand péché qui importe que les petits péchés, les péchés véniels qui, pouvant être pardonnés et oubliés permettent d'enfreindre, de tordre sans cesse (mais pas trop) la loi. C'est dans ce rapport à la transgression que Bataille retrouve Nietzsche, mais un Nietzsche, paradoxalement, catholique.

Évidemment, Nietzsche, fils de pasteur, est d'une certaine manière profondément protestant[1], mais il peut être lu comme celui qui s'insurge en permanence contre la grande fiction protestante. Ce qui est donc intéressant – et cela permettrait aussi

1. La probité nietzschéenne, par exemple, est quelque chose de profondément protestant. Pour Nietzsche, la seule vertu à laquelle les esprits n'échappent pas est la probité. L'importance accordée à la *Redlichkeit* revient à admettre que les êtres veulent ou disent des choses contradictoires et que par ailleurs – c'est là l'axe essentiel – elle est ce par quoi la sublimation a lieu. Sans le souci de probité, la volonté ne cesserait jamais d'être expansive et deviendrait, du même coup, mortelle. Ce qui fait qu'il y a quelque chose qui dépasse la disparition immédiate dans l'éclatement extatique ou la dépense totale (dont parle Bataille), c'est l'existence de la probité, qui n'est pas autre chose que la volonté de puissance. La probité est un instinct assez particulier puisque la probité est probe à l'égard de la probité elle-même. Disons qu'elle est l'astuce par laquelle Nietzsche réintroduit la négativité.

de mettre Nietzsche en relation avec la tradition française qui l'a tellement apprécié – c'est que Nietzsche peut être considéré comme le philosophe qui, avec toute la violence qui habite la quête du soi protestant, a voulu démolir cette finalité en affirmant son absurdité, devenant par là, en quelque sorte, un penseur catholique[1]. Les Français ne s'y sont pas trompés, et Bataille a été sur ce plan absolument probant : Nietzsche n'est pas catholique en référence à une quelconque obédience, mais culturellement. Ce que Bataille opère, dans son discours sur le péché, n'est rien moins qu'un mélange habile des deux philosophes catholiques allemands que sont Nietzsche et Heidegger. N'oublions pas que, tout en se réclamant de Nietzsche, reconnu comme ayant poussé le plus loin la destruction de la métaphysique, Heidegger souhaitait initialement devenir curé et n'a quitté l'Église qu'au prétexte qu'elle était devenue trop protestante, allant jusqu'à annoncer qu'il ferait désormais, en philosophie, du « catholicisme exacerbé ». Ainsi peut-on relire Bataille à la lumière de Nietzsche et Heidegger, dans la mesure où tous deux ont donné une espèce de coup de pied de l'âne à l'idée d'authenticité et prôné une ouverture communiante vers le néant[2]. Il n'y a pas d'authenticité, et c'est, au contraire, en étant dans l'inauthenticité que l'on se rend capable d'entrer en communion.

L'hypothèse que je soumets est que Nietzsche est un penseur français (ou un Bataille allemand), précisément parce qu'il est un penseur de la brèche, de l'insuffisance, un penseur

1. Nietzsche n'a pas compris dans Kant que la rationalité à laquelle il s'oppose est la rationalité ontologique de Descartes ; sa théorie de la vérité est celle de Thomas d'Aquin ; et, dans un dialogue étonnamment français, il ne tient jamais compte de l'interdit jeté par Kant sur la question de l'ontologie.

2. Heidegger appelle le néant « être », mais cela correspond strictement à la même chose.

du soupçon, du « quelque chose qui cloche ». C'est cela qui débouche sur une pensée de la *communication* en termes de *communion*. Et il est extrêmement intéressant de voir que, pour Bataille, la communication représente le déclin de la communion. Dans la communication en effet, nous avons affaire à des êtres entiers qui échangent des informations sur leur état, tandis que, dans la communion, ce sont des êtres toujours ébréchés qui fusionnent. Cette logique se déploie de manière exemplaire dans la *Somme athéologique* :

> La mise à mort du Christ porte atteinte à l'être de Dieu. Les choses eurent lieu comme si les créatures ne pouvaient communier avec leur créateur que par une déchirure en déchirant l'intégrité. [...] Dieu blessé pour la culpabilité des hommes et les hommes que blesse leur culpabilité vis-à-vis de Dieu trouvent, mais péniblement, l'unité qui semble leur fin... L'homme atteint dans la mise en croix le sommet du mal. Mais c'est précisément pour l'avoir atteint qu'il a cessé d'être séparé de Dieu. Où l'on voit que la « communication » ne peut avoir lieu d'un être plein et intact à l'autre : elle veut des êtres ayant l'être en eux-mêmes *mis en jeu*, placé à la limite de la mort, du néant ; le sommet moral est un moment de mise en jeu, de suspension de l'être au-delà de lui-même, à la limite du néant[1].

Si le « sommet moral » coïncide avec le « sommet du mal », c'est que la communion exige la souillure. L'ipséité autonome du sujet le ferme toujours en même temps à la communion, de sorte que, conclut Bataille, « c'est en ruinant en moi, en autrui, l'intégrité de l'être que je m'ouvre à la communion, que j'accède au sommet moral ». Et le sommet, précise-t-il,

1. *Œuvres complètes*, t. IV, *Somme athéologique*, p. 317.

« n'est pas *subir*, il est vouloir le mal ». C'est en effet dans l'augmentation du crime et de la transgression que se situe ici la rédemption. En d'autres termes, en accomplissant moi-même la plus grande part de mal possible, je précipite le moment de ma rédemption en annihilant les forces du mal. C'est la raison pour laquelle Bataille peut affirmer :

> Les hommes ne peuvent « communiquer » – vivre – que hors d'eux-mêmes. Et comme ils doivent « communiquer », ils doivent *vouloir* ce mal, la souillure qui, mettant en eux-mêmes, l'être en jeu, les rend l'un à l'autre pénétrables [...]. Or : *toute « communication » participe du suicide et du crime* [...]. Le mal apparaît sous ce jour, comme une source de la vie[1] !

Ces lignes peuvent se lire parallèlement au début du *Gai Savoir*, dans le passage que Nietzsche consacre aux « doctrinaires du but de l'existence ». L'existence de l'espèce humaine ayant son essence dans le fait qu'elle se conserve, « la haine, la joie de détruire, la soif de rapine et de domination et tout ce qui par ailleurs est décrié comme méchant » appartiennent à l'économie (coûteuse) de cette conservation. Le crime, le mal, sont donc bien, dans cette perspective, une source de vie. Dans l'injonction nietzschéenne : « Obéis à tes meilleures ou à tes pires convoitises, et avant tout : sois anéanti ! », on retrouve parfaitement, chez Bataille, cette logique du désir et de l'anéantissement. Il faut que l'être soit entièrement mis en jeu pour que la chose puisse avoir lieu. Dans son univers, cela renvoie à tout ce qui est lié à l'extase érotique, au fait que je suis dans une fusion qui n'a pas de nom et qui passe très souvent par des formes de péché extrêmement radicales.

1. *Ibid.*, p. 48-49.

« L'extase chrétienne apparaît alors, nous dit Bataille, *en un seul mouvement participant des fureurs d'Éros et du crime*[1]. »

> Un mystique chrétien crucifie Jésus. Son amour même exige de Dieu qu'il soit mis en jeu, qu'Il crie son désespoir sur la Croix. [Le crime des saints par excellence est érotique...] Le désir est chaque fois l'origine des moments d'extase et l'amour qui en est le mouvement a toujours en un point quelconque l'anéantissement des êtres pour objet[2].

C'est dans une logique, disons, anti-individualiste (si l'on peut se permettre cette expression) que le désir vise à l'anéantissement des êtres, des êtres compris comme totalités.

> Le néant en jeu dans les états mystiques est tantôt le néant du sujet, tantôt celui de l'être envisagé dans la totalité du monde... La transe mystique... s'épuise à dépasser la limite de l'être... [On retrouve là la transgression.] Le désir élève peu à peu le mystique à une ruine si parfaite, à une si parfaite dépense de lui-même qu'en lui la vie se compare à l'éclat solaire[3].

Dans cette reprise évidente de la métaphore nietzschéenne du soleil qui se donne lui-même et dépense sans compter s'éclaire également le sens du « sommet moral » comme « sommet du mal » que ne peut pas saisir le « jugement vulgaire ».

> Si le mal apparaît « comme un moyen par lequel il nous faut passer si nous voulons "communiquer"[4], comme une source de la

1. Annexe 5 : Discussion sur le péché, in *op. cit.*, p. 319.
2. *Ibid.*
3. *Ibid.*, p. 318-319.
4. Ici en fait : communier.

vie », ce n'est là qu'un rapport fictif : *les notions même de bien ou d'être font intervenir une durée dont le souci est étranger au mal – au sommet – par essence*[1]. La communication voulant par essence le dépassement de l'être[2], *ce qui est rejeté, par essence, dans le mal est le souci du temps à venir*[3]. *C'est en ce sens précisément que l'aspiration au sommet, que le mouvement du mal – est en nous constitutif de toute morale* – une morale ne valant que dans la mesure où elle nous propose de nous mettre en jeu.

La « morale vulgaire » qui fait appel au mérite et propose comme fin *le bien de l'être s'accomplissant dans le temps à venir*, n'admet la mise en jeu que *pour une cause utile*. La Cité, l'amélioration du sort des pauvres, etc. [Elle n'exprime qu'une lassitude dont la plus grande haine a pour objet la liberté des sens, les excès sexuels – « sauvage irruption vers un sommet inaccessible » et dont « l'exubérance s'oppose par essence au souci du temps à venir ». Le sommet érotique parce qu'aucun mérite n'y est lié, mais bien plus la réprobation, relève de la chance, alors que le sommet héroïque, atteint au prix de dures souffrances, relève du mérite – encore que la chance joue dans le désordre des guerres.]

L'essence d'un acte moral est au jugement vulgaire d'être asservi à quelque utilité – de rapporter au bien de quelque être un mouvement dans lequel l'être aspire à dépasser l'être. Ainsi la morale n'est plus qu'une négation de la morale[4].

1. Comme chez Nietzsche, la durée correspond à une fausse stabilité. Seule compte l'intensité.

2. Encore une fois, la communication veut dire en ce sens « communion ».

3. C'est encore nietzschéen dans la mesure où les gens préoccupés et moins dépensiers parce qu'ils règlent leur conduite sur ce qui va advenir sont incapables d'être là. Par opposition, les êtres forts, les êtres confiants sont ceux qui ne calculent pas.

4. *Ibid.*, p. 317-319.

Revenons un instant sur la définition du désir comme « ce qui a le néant pour objet ». Là, Bataille opère un rapprochement entre la communication et l'amour autour de la notion de sacrifice. « Dans la communication (il faut entendre "communion"), dans l'amour, écrit Bataille, le désir a le néant pour objet. Il en est ainsi dans tout sacrifice ». D'une façon générale, le sacrifice se trouve du côté du mal, c'est un mal nécessaire, et il serait inintelligible « si les hommes universellement » ne « communiquaient » entre eux en même temps qu'avec les ombres infernales ou célestes. Or, le désir – c'est le lien de la communication, du sacrifice au péché –, le désir souverain, rongeant et nourrissant l'angoisse, engage l'être, mon être à chercher au-delà de lui-même : le néant. Dans ce déchirement, ce sentiment pénible d'un manque, je pressens mon absence à travers laquelle se révèle la présence d'autrui, à condition que l'autre soit aussi « penché sur le bord de son néant ». Ce lien est bien mis en rapport par Bataille :

> On trouve ici une même explication pour l'œuvre de chair et pour le sacrifice. Sacrificateur et assistants au sacrifice s'identifient à la victime, penchés qu'ils sont au moment de la mise à mort au-dessus de leur propre néant. Ils saisissent leur dieu glissant dans la mort. *Le don sacrificiel met ainsi partiellement l'être de l'homme en jeu et lui permet de s'unir à l'être de la divinité mis en jeu*[1].

Cette analyse est encore plus saisissante lorsqu'on la rapporte à la lecture heideggérienne, à tel point que l'on pourrait dire que le nietzschéisme de Bataille est en réalité issu d'une métaphorisation de Heidegger. En effet, dans un langage qui est, nous l'avons vu, celui de la tradition religieuse catholique,

1. *Ibid.*, p. 317.

Bataille présente une réflexion que l'on pourrait trouver telle quelle dans *Être et temps*, notamment en ce qui ce concerne le fait que je ne peux prétendre me suffire à moi-même en tant qu'étant puisque le *Dasein* que je suis est livré, dans son existence même, à un néant qui devient pour lui événement. C'est la raison pour laquelle on peut estimer que l'homme est, d'une certaine manière, plus authentiquement lui-même dans le péché que lorsqu'il résiste au péché ou lorsqu'il le surmonte.

> Si le néant de l'obscénité signale la limite où l'être vient à manquer, dans la tentation le néant du dehors apparaît comme la réponse à la soif de communiquer. Le sens et la réalité de cette réponse sont faciles à déterminer. *L'être dans la tentation se trouve broyé par la double tenaille du néant. S'il ne communique pas, il s'anéantit dans le vide qu'est la vie s'isolant. S'il veut communiquer, il risque également de se perdre* : je ne communique qu'en dehors de moi qu'en me lâchant ou me jetant dehors… « Si je cède dans des conditions méprisables je serai… déchu de mon propre jugement[1]. »

Il faut lire à présent la conclusion de Bataille. Lorsqu'il demande : « Au sein de la nature hostile et silencieuse, que devient l'autonomie humaine ? », la réponse est : « Le désir de savoir n'a peut-être qu'un sens : servir de motif au désir d'interroger. » Le rapprochement avec Heidegger est saisissant. Bataille poursuit : « Sans doute savoir est-il nécessaire à l'autonomie que l'action par laquelle il transforma le monde procure à l'homme » ; où l'on retrouve le *poiein* qui correspond, chez Heidegger, au *Gestell* de la métaphysique occidentale. La

1. *Ibid.*, p. 318.

connaissance peut ainsi se redéfinir comme oubli de l'être face à la nécessité du questionnement.

> La connaissance apparaît finalement comme un leurre en face de l'interrogation qui la commande. C'est dans l'échec qu'est l'interrogation que nous rions. Les ravissements de l'extase et les brûlures d'Éros sont autant de questions – sans réponses – auxquelles nous soumettons la nature et notre nature. Si je savais répondre à l'interrogation morale... Je m'éloignerais décidément du sommet. C'est laissant l'interrogation ouverte en moi comme une plaie que je garde une chance, un accès possible vers lui[1]...

Le rapprochement qu'il est possible de tracer avec les thèses heideggériennes n'est toutefois pas une simple reprise, et ce passage n'est pas aisé à comprendre. Ce qui, chez Heidegger, est ontologique (c'est-à-dire ce qui relève du discours sur l'être et non sur l'étant qui, lui, est le leurre de la connaissance) devient ontique dans le discours français. Bataille parle d'éros, d'extase et de mystique qui sont des figures ontiques de l'ontologique. On rencontre là un pseudo-empirisme où l'être est remplacé par des êtres, et ce glissement est littéraire plus que philosophique.

Il n'est pas question ici de dénigrer Bataille, mais il est possible de repérer, dans son discours, une métaphorisation de thèmes philosophiques. Il est assez curieux de voir que philosophie et théologie entrent dans une espèce de combinatoire conceptuelle non philosophique mais à base philosophique, base en l'occurrence fournie par les Allemands. Le besoin de métaphoriser pourrait renvoyer à une incapacité à envisager la philosophie. Chaque mot recouvre un mot pseudo-concret

1. *Ibid.*, p. 322.

et pseudo-abstrait en même temps. Ainsi le mot « être » dans ce texte n'est-il à aucun moment le mot « être » de la spéculation heideggérienne tout en voulant l'être, parce que l'être est toujours en même temps un être quelconque, un être empirique. Par conséquent, tous les mots ont un accent étrange. Par exemple, lorsque Bataille définit la communion comme la pénétration d'un être par un autre, cela n'est pas innocent, et les lecteurs jouissent là de manière à surveiller par la raison leurs excès. Disons que l'on a affaire ici à des penseurs et non à des professeurs de philosophie, lesquels expliquent simplement et historiquement comment les problèmes philosophiques ont été développés et résolus, ou non. Ce qui est intéressant, c'est que les penseurs sont des littéraires et non des philosophes, et qu'ils ont le désir d'arriver directement, par une intuition métaphorique, au point où le travail philosophique commencerait. Cette conclusion est extraordinaire.

Le nietzschéisme français, dans son rapport à Heidegger, et par l'écart même des langues, est donc à de nombreux égards le résultat d'une recréation dont les effets sont multiples. C'est finalement en plein syndrome nietzschéen que surgit mai 68, et j'irai jusqu'à dire qu'il est possible de lire l'explosion de mai comme un syndrome nietzschéen.

Mai 68 : un syndrome nietzschéen

Mai 68 a représenté une explosion de vitalité, l'insurrection d'individus qui voulaient enfin vivre. L'exigence d'une libération du désir passait par la nécessité de briser les carcans, par où l'on retrouve l'analyse de Cassirer. Une liberté par transgression.

Mai 68 peut assurément se concevoir aujourd'hui comme un phénomène de désublimation organisée où s'imposait quelque chose de plus englobant qui n'avait rien à voir avec le grand soir socialiste. À tel point que le véritable problème de l'époque semble finalement avoir été celui de l'ajustement du contrôle social de la consommation à l'abondance des biens. Si mai 68 renvoie *a posteriori* à un moment de révolution du capital qui devait, pour lutter contre les crises cycliques de surproduction, fouetter le désir de consommer, et que l'on peut entendre « Il est interdit d'interdire » comme la désublimation de la consommation, il n'en demeure pas moins que dans l'injonction résonne également la libération de la communication[1]. L'autre manière de regarder 68, en abandonnant complètement cette clé économique et en considérant qu'il y a une autonomie de la sphère culturelle, est d'observer ce qui se passe au sein de la culture. En l'exposant au danger de désublimation, 68 a desserré la communication et permis une ouverture réelle. Le principe communicationnel étant l'idée régulatrice de toute culture.

Il faut d'ailleurs faire remarquer qu'à la différence de ce qui se passait à l'époque dans d'autres pays, la « libération »

1. Une anecdote m'a beaucoup touché, qui montre bien le risque de régurgiter les élucubrations des soixante-huitards lorsque l'on se pense en concurrence avec eux. Quand je me suis rendu à Strasbourg pour le Congrès de l'Internationale situationniste avec quelques-uns des miens, j'ai rencontré un professeur de droit près de la retraite qui m'a tenu un discours tout à fait bouleversant. Il me disait : « Vous savez, toute ma vie, j'ai enseigné le mieux possible, selon ce que je considérais être le mieux, et je suis obligé d'admettre que je me suis trompé sur toute la ligne. Un révélateur évident est que les filles, qui n'étaient selon moi jamais à la hauteur, se sont mises à parler dans ce mouvement, et je découvre leur intelligence ! Je ne savais pas ça. » Et il pleurait, à chaudes larmes. Ce détail dit parfaitement ce qu'a été mai 68.

française était quelque chose de très culturel. Et l'Université française a toujours été concernée au premier chef par ce désir de reconquête de la liberté par la destruction des formes figées. À l'inverse, l'apolitisme est un des traits déterminants de l'éducation allemande. Et cet apolitisme a commencé très tôt, parce que la liberté académique qui a valu aux universités allemandes l'immense essor qu'elles ont connu au XIXe siècle a été achetée au prix d'un renoncement à la politique. C'est pour cette raison que les universités allemandes sont installées dans des petites villes : Marbourg, Heidelberg, Göttingen. Ce n'est qu'après 1945 qu'on a créé, de toutes pièces, des universités dans les grandes villes d'Allemagne. Il y avait, dans l'imaginaire des professeurs allemands, cette idée que la connaissance, la culture devaient être protégées contre la politique. Et en échange de ce renoncement, ils ont bénéficié de libertés académiques qui n'ont jamais existé en France et qui n'existent toujours pas : on a tellement de mal à concevoir l'autonomie de l'Université en France que, dans la dernière période, elle a été assimilée à la liberté d'entreprendre, sur le modèle du libéralisme économique. Et on fait de l'Université des entreprises, avec PDG, conseil d'administration… Ce qui n'a jamais existé en Allemagne, où les universités avaient leur autonomie académique, sur le mode de la concentration sur les enjeux intellectuels. Les professeurs tout comme l'enseignement étaient apolitiques ; et, par conséquent, au moment de la création d'une Allemagne qui n'avait jamais existé, les affects déjà nourris par l'histoire de Bismarck, tous ces affects nationalistes, ont surgi en force : créer l'Allemagne, c'était énorme… Et le ressac, après 1918, a été vécu douloureusement par tous ces universitaires, incapables de raisonnements politiques subtils. C'est une forme d'idiotie, mais au sens grec du terme. Ce sont des idiots, des « gens particuliers », qui ne sont pas dans la cité et vivent les affaires de la cité à travers le prisme de leur idiotie.

En France, les événements de 1968 ont eu d'abord un retentissement universitaire, et j'avais le sentiment que c'était seulement là qu'ils pouvaient prendre sens. L'idée de prise de parole par exemple, présente à l'époque dans toutes les manifestations, résonnait à l'Université d'une manière particulière. « Prendre la parole » ne signifiait pas simplement dire n'importe quoi, mais faire de la revendication d'être entendu quelque chose comme une urgence première. Être entendu, certes par sa famille, peut-être même comme certains aimaient à le proclamer, par ses voisins de palier, mais surtout par ceux dont l'écoute constituait l'écluse par laquelle on pouvait entrer dans la société contemporaine : les examinateurs.

En 1968, j'enseignais à la Sorbonne depuis six ans déjà, quoiqu'à un niveau tout à fait modeste puisque je m'occupais, comme on le disait à l'époque, de « l'allemand philosophique », mais dès qu'il s'agissait de faire parler les étudiants, je m'apercevais d'un problème, tout à fait palpable, que l'on peut qualifier de « censure de l'esprit ». Il faut dire que je jouissais d'une situation privilégiée en quelque sorte, n'étant pas moi-même le fruit du système dans lequel j'enseignais. Le fait de ne pas me sentir solidaire des contraintes structurelles, prétendument scientifiques, mais davantage culturelles, explique en grande partie le regard distant que je portais alors sur la réalité. Quand le mouvement s'est enclenché, la révolution qui m'occupait ne se trouvait pas dans la rue, en tant qu'elle devenait le théâtre de revendications qui m'apparaissaient, sinon complètement absurdes, du moins étrangères, mais à l'Université même. Mais dans cette ambiance en partie festive, en partie grotesque, il était bien inutile de demander aux enragés de descendre dans la rue pour réclamer des bibliothèques, plutôt que de promettre le grand soir.

J'étais pourtant profondément convaincu que nous étions les ouvriers d'un employeur nommé Éducation nationale et que la grève générale qui nous attendait devait essentiellement déboucher sur un réaménagement de nos conditions de travail. L'analogie a ses limites, mais je cherchais, finalement très modestement, à entraîner les étudiants à jouer aux ouvriers de chez Renault. L'état des bibliothèques était à ce moment-là absolument inacceptable. Même dans une ville complètement détruite, comme Berlin, dans une université créée de toutes pièces en 1948 – puisque l'Université Humboldt était pratiquement colonisée par le pouvoir soviétique –, il y avait presque mille fois plus de livres qu'à la bibliothèque de lettres classiques de la Sorbonne ! C'était là un autre décalage dont je prenais conscience et qui déterminait mon travail, sans que j'oppose jamais aux données proprement françaises quelque chose comme un modèle allemand. Et lorsque je fais état des différences existant entre les bibliothèques françaises – notamment parisiennes – et les bibliothèques allemandes, je renvoie moins à des conditions matérielles qu'à un conflit d'orientation, de sensibilité. L'état inadmissible des bibliothèques françaises n'était, en effet, que le résultat du fonctionnement même de l'examen, de ce que l'on peut à bon droit appeler, la police de l'examen. C'est que, nous y reviendrons, les modes de préparation aux examens rendaient inutiles les bibliothèques !

Toutefois, encore doublement en désaccord avec un héritage, je faisais jouer mes héritages les uns contre les autres. La réinscription de la problématique allemande me permettait simplement de dépasser l'opposition, thématisée précédemment[1] et parfaitement en vigueur à cette époque aux ambitions révolutionnaires, entre la liberté et la forme[2]. La question qui se posait était de savoir comment utiliser les énergies libérées pour sortir de l'oscillation entre autorité et transgression, et inventer un ordre dynamique qui ne soit pas un retour à l'ordre figé. Il s'agissait donc de penser une forme qui ne soit pas le rétablissement de l'autorité antérieure et, pour ce faire, de croiser les traditions. La nécessité d'hybrider, en quelque sorte, les traditions universitaires est précisément ce que l'expérience lilloise me faisait entrevoir. Mais ce croisement a été perçu comme une véritable menace. Nous avons même été accusés, avec Jean Bollack, de vouloir détruire les humanités françaises en important la science allemande qui, pareille à des chars, allait inexorablement tout détruire sur son passage. Nous n'avions pourtant aucun soutien du côté des Allemands, lesquels pratiquaient un autre type de science et nous trouvaient au fond, bien trop français…

Alors que retentissait dans la rue « Libérez nos camarades ! », nous, nous criions « Libérez les variantes ! » L'apparat critique était à nos yeux, pour la compréhension des textes, la prison dans laquelle une culture dominante avait enfermé des voix qui ne demandaient qu'à être entendues. Dans le cercle d'insoumis réunis autour de Bollack, on essayait donc de sauver les variantes comme autant de camarades relégués dans les apparats critiques. Et l'on prenait un plaisir particulier à réintroduire dans le texte une leçon rejetée depuis cent cinquante ans à son funeste sort. Il y avait, dans notre combat

1. Cf. *supra*, « Bataille : le Nietzsche français », p. 104-117.
2. Cf. E. Cassirer, *Liberté et forme*, Paris, Le Cerf, 2001.

universitaire, une sorte de connotation sociale où les jeunes camarades trouvaient symboliquement leur compte. Nous avons certes poussé le bouchon un peu loin, puisque, dans un premier temps, nous avons libéré toutes les variantes, mais toujours, en un sens, pour la bonne cause. Certains voulaient ouvrir les hôpitaux psychiatriques, élargir le champ aux malfaiteurs susceptibles de causer des troubles dans la société ; nous, nous libérions les variantes qui causaient des troubles dans les textes. Et il me semble encore aujourd'hui que les erreurs que l'on peut commettre en radicalisant le respect des aspérités sont infiniment moins graves que les erreurs qui se cimentent lorsque, abusivement, on efface une aspérité, lorsqu'on la résorbe dans ce que j'appelle la vulgate au sens étymologique. Un des grands scandales était que l'on donnait, pour la version grecque et latine, des textes établis par la science mais amputés de leur apparat critique. Les élèves, les impétrants, devaient donc traduire sans pouvoir savoir de quelles manipulations résultait le texte qu'ils traduisaient, contraints d'accepter d'emblée une posture de soumission et de recevoir le texte comme un diktat.

En « libérant les variantes », on incitait à penser au-delà de ce qui avait été pensé auparavant : c'était une provocation. Il s'agissait, à partir de la syntaxe évidemment, de mobiliser toutes les ressources de l'ingéniosité herméneutique pour découvrir si l'on aboutissait à des phrases intelligibles. Et dans certains cas, il a fallu se rendre à l'évidence : on avait affaire à ce qu'Origène, dans ses interprétations des Psaumes, appelait des « impossibles ». Or, ce qui m'avait énormément intéressé à l'époque, c'était qu'Origène, au lieu d'y voir des erreurs de copiste, faisait de ces « impossibles » la trace de Dieu dans la révélation, car cela excédait l'intelligence humaine. On peut considérer que dans certains efforts déployés pour justifier une tournure, une expression, une formulation à première vue aberrante, il y avait quelque chose de ça. Se dire : ne sacrifions pas l'« impossible », puisque dans l'« impossible » se niche éventuellement la chose qu'il faudrait récupérer. J'en suis aujourd'hui absolument conscient et je suis capable de faire le tri. Mais dans cette ambiance de 1968, l'élan partagé nous poussait à ne pas adhérer à l'état des choses. C'était l'esprit « Renaissance » : faire tout notre possible pour que ce qui nous parvient d'un passé lointain puisse soutenir le désir d'aller de l'avant, aller au-delà de ce qui est déjà acquis. L'histoire des variantes à libérer, c'était ça. Et il est réducteur de la qualifier de « fétichisme », ce serait rationaliser un geste qui, à l'époque, était vécu comme l'expression la plus adéquate de l'esprit s'insurgeant contre les choses établies : cette sorte d'épuisement de tout élan. Et plus de quarante ans après, dans les recherches qui ont été effectuées avec cet état d'esprit, il y a des variantes qui ont pu notablement améliorer ou transformer la connaissance de certaines œuvres.

Prenons l'exemple de Lucrèce : dans le livre II, deux vers (257-258) ont été corrigés par le cardinal Lambin, bibliothécaire du roi de France, qui suivait la Cour avec un carrosse rempli de livres. Ce sont les célèbres vers où Lucrèce dit qu'il est extraordinaire qu'un être humain jouisse d'une si grande liberté *(libertas)* alors qu'il est enchaîné par les contraintes de la *voluptas*.

> *... d'où vient cette liberté accordée sur terre à tout ce qui respire, d'où vient, dis-je, cette volonté arrachée aux destins, qui nous fait aller partout où le plaisir entraîne chacun de nous [...].*

En réalité, dans tous les manuscrits de Lucrèce, il y a *voluptas* à la place de *libertas*, et *libertas* à la place de *voluptas*, ce qui voudrait dire : comment l'homme peut-il jouir d'une si grande volupté libre *(libera voluptas)* alors qu'il est enchaîné par la volonté ? Or, dans la logique de l'œuvre d'Épicure, c'est la volonté qui est enchaînée par le mécanisme atomique, absolument commandée par lui. La correction de Lambin est entièrement idéologique, dans la mesure où il interprète la volupté comme le péché, et la liberté comme la capacité du chrétien de s'arracher à la contrainte.

Mais comment peut-on parler d'une libre volupté, et pas d'une libre volonté ? Chez Épicure (et donc chez Lucrèce), alors que la volonté est entièrement commandée par le mécanisme des atomes, seule la volupté est libre dans la mesure où elle est le *clinamen*, c'est-à-dire l'écart minimum qui appartient à la réflexion, une *dé*flexion qui est en fait une réflexion. Et la volupté n'est pas dans l'accomplissement des actes que la volonté brute nous impose ; elle réside dans un petit écart réflexif par rapport à cette nécessité d'accomplir les actes dictés. La vraie jouissance, ce n'est pas d'obéir à des impératifs physiques mais de s'en écarter un peu, de savoir ce que l'on fait, d'une certaine manière. C'est donc cette idée qui permet soudain de comprendre que le *clinamen* ne fonctionne pas seulement au niveau de la chute libre des atomes dans cette sorte de grand vide qui est à l'origine de toute chose, mais qu'il opère également dans le monde constitué par les atomes. On peut donc commencer à entrevoir en quoi consiste le plaisir de l'amitié, par exemple, précisément fondé sur le fait de s'écarter, de ne pas adhérer à ce qui est nécessaire, d'être dans une forme de gratuité qui se conforte de la conviction partagée d'être dans l'écart. Et le *lathe biôsas*, le fait de ne pas vivre cette vie visible, qui est la vie réglée de la société, avec tous ses rituels, et sa manière de se conformer aux attentes. La vraie volupté, c'est de s'en écarter et de jouir d'une forme de connivence engendrée par le partage du sentiment de ne pas être totalement commandé. C'est ça, la petite musique épicurienne.

C'est d'autant plus parlant, à mon sens, que des centaines d'articles tentent d'expliquer comment, dans l'horizon de l'épicurisme, on peut parler de volonté libre. Ça n'a aucun sens. Et donc pour faire coller la tradition épicurienne à la conviction idéologique d'une vision chrétienne du monde, le cardinal ne pouvait pas faire autrement que de remplacer un mot par l'autre. Voilà une petite illustration de la « libération » nécessaire des variantes. Il suffisait de regarder l'apparat critique pour en trouver la trace.

Il existe de nombreux exemples où la récupération de la variante a engendré une réflexion qui s'est imposée ensuite comme une évidence contre le consensus qui s'était créé autour d'une conjecture attendue, d'une certaine manière. Au lieu de chercher à comprendre une chose difficile, on a préféré comprendre ce qui était compris avant même que le texte ait été invité à parler.

On peut trouver un autre exemple dans Héraclite. Les deux mots « faim » et « satiété », *chrêsmosunê* et *koros*, sont transmis par Hippolyte, évêque de Rome, accompagnés de l'interprétation selon laquelle, quand on est dans l'éloignement de Dieu, c'est-à-dire dans cette vallée des larmes qu'est le monde, on a évidemment faim de salut. Et la satiété est le retour à l'un originel. Or *koros*, en grec, ne désigne pas la satiété positivement connotée mais le trop-plein, quelque chose de négatif. D'où l'hypothèse qu'il faudrait inverser – s'agissant d'Héraclite –

l'évaluation des deux termes, et voir dans la *chrêsmosunê*, c'est-à-dire dans la faim qui va vers quelque chose qui manque, la vraie métaphore du feu dévorant qui cingle.

> Ils prennent une chose contre toutes, les meilleurs,
> gloire toujours jaillissante des mortels.
> La masse des hommes est repue comme les bêtes.

Dans ce fragment 29, il est dit que les meilleurs jaillissent comme la flamme (en fait ce sont des sources, des geysers), alors que la multitude gît, replète comme du bétail. Hippolyte a donc inversé ce qu'Héraclite voulait dire. Et le rétablissement a donné lieu à une réévaluation de ce qui, chez Héraclite, ne se laisse pas réduire à l'interprétation stoïcienne, parce qu'Hippolyte se sert de l'interprétation stoïcienne d'Héraclite. Pour les stoïciens (dans leur cosmologie « refaite » avec les ingrédients hérités des présocratiques), le feu est l'origine. Et il est donc auprès de lui-même à l'origine tandis qu'il est aliéné et manque de lui-même quand il est monde. Or, il y a une difficulté majeure de penser le feu comme étant auprès de lui-même. Car à la différence de la terre, de l'eau et de l'air, le feu ne brûle que lorsqu'il est en train de s'éloigner. Donc la métaphore du feu, chez Héraclite, ne peut pas être assimilée aux cosmologies traditionnelles des hylozoïstes[1] ioniens – bien que lui-même ionien, il ne pouvait pas leur être assimilé. En réalité, ce qu'Héraclite essaie de décrire, c'est une différence originelle, une tension originelle à laquelle il donne le nom de *logos*. Le *logos* est tendu entre le dire et le dit. Et la thèse d'Héraclite est que la distance entre le dire et le dit est infranchissable. Tant qu'il y a cette distance,

1. Doctrine qui attribue à la matière une force vitale qu'elle ne doit qu'à elle-même.

il y a du feu. C'est le feu logique qui fait que ce qui est dit est systématiquement contredit par le dire. L'exemple étant le fameux fragment : « Le nom de l'arc est vie, son œuvre mort. » *Bios, bios*. Ces deux mots, chez Hippolyte, avec la question : est-ce que *koros* peut être la « satiété », la « complétude » ou le « salut », suffisent pour donner une impulsion. On retrouve la même chose chez Hippolyte dans un autre fragment d'Héraclite. Dans les variantes qu'on a, on trouve *logos* ou *dogma*, ce qui indique que, pour Hippolyte, le *logos* héraclitéen c'est le *dogma* chrétien. On peut ainsi remonter à Clément d'Alexandrie, aux *Stromates*, où le simple fait que le mot *logos* figure dans Héraclite permet à Alexandre de faire des interprétations bibliques dans lesquelles convergent la pensée païenne et la pensée chrétienne. Il fait de l'Héraclite en lisant la Bible.

Pour en revenir aux événements de mai 1968, ce geste que j'essaie d'évoquer – qui prend place dans un moment que j'ose à peine qualifier de « révolutionnaire », un moment de ras-le-bol à l'égard du présent, où il s'agit de se servir du passé pour imaginer l'avenir, pour retrouver la vitalité, l'envie de faire, d'être – trouve un parallèle dans la situation de la grande Renaissance. Comment la grande Renaissance a-t-elle été déclenchée ? Sous la pression des Turcs, les manuscrits grecs arrivent en Italie – apportés par les réfugiés de Byzance. Ces manuscrits n'ont pas Dieu pour auteur mais des êtres humains, d'où un problème majeur d'interprétation puisqu'aucune doctrine déjà établie ne peut garantir le sens de ces textes. On passe de la *divinitas* de l'auteur à son *humanitas*, d'où « humaniste ». Et l'*humanitas* de l'auteur oblige à se demander quel type de cohérence il a voulu donner à son texte, puisqu'il n'y a pas d'autre critère. Il n'y a pas de vérité révélée par la tradition qui se perpétue dans le corps vivant d'une Église. Le magistère romain disposait de critères pour expliquer ce que la Bible voulait dire ; mais, avec ces textes profanes, on n'en avait pas la possibilité. L'herméneutique a donc été inventée comme technique de vérification de la cohérence de l'ensemble du texte. Puis, par un glissement tout à fait prévisible, cela en a conduit certains – dans la mouvance humaniste dont Érasme, par exemple, est une figure importante – à considérer que les textes bibliques eux-mêmes devaient peut-être être soumis à un examen herméneutique. Et c'est là que, pour la première fois, s'est posé le problème des variantes, puisque les textes bibliques étaient recopiés comme tous les autres. Ce que nous avons fait à Lille avec les textes de la tradition classique grecque, Luther l'a fait avec les Évangiles. Par exemple, dans l'Évangile de Noël, la nativité est présentée dans les termes suivants. Au-dessus du berceau de Bethléem, les anges chantent dans le ciel selon la tradition catholique : « Paix sur la terre aux hommes de bonne volonté. » *Anthrôpoisi agathês doxês*. Il suffit d'ouvrir l'édition critique des Évangiles, qui est évidemment protestante – puisqu'il n'y avait aucune raison de s'intéresser à la paracritique – pour découvrir que la moitié des manuscrits porte effectivement le génitif *(agathês doxês)* qui permet de comprendre que la *doxa*, qui est l'opinion que l'on a des gens, renvoie au bon comportement de ces gens. Et donc les gens « de bonne opinion » sont des gens dont on a une bonne opinion et qui font de bonnes œuvres. Il y a un glissement de « opinion » à « comportement » et « œuvre », puis à « volonté ». Puisque s'il y a des œuvres, il y a une volonté de faire de bonnes œuvres, et c'est la bonne résolution du chrétien.

Mais la moitié des manuscrits – ils se comptent par dizaine – n'a pas le génitif mais le nominatif *anthrôpoisi agathê doxa*.

Ce qui fait dire à Luther que ce n'est pas la paix céleste qui est promise aux hommes en vertu de leurs œuvres – d'ailleurs comment s'attendre à ce que Dieu, infiniment grand, infiniment bon, honore ces petites bonnes volontés. C'est la gloire de Dieu que les anges promettent aux hommes, d'après la traduction protestante. Et la bonne opinion qui était, dans le cas de la conception catholique, celle qu'on a de quelqu'un qui accomplit de bonnes œuvres et qui a donc une bonne volonté, devient, dans la perspective protestante, la bonne opinion que l'on a de Dieu, qui est évidemment la manifestation de sa gloire. Il y a un abîme entre ces deux visions du christianisme.

Sur quoi cet écart repose-t-il ? Au moment de la Renaissance, Luther s'oppose à cette manière de concevoir la quête du salut, notamment à cause des dérives possibles des indulgences. Il ne voulait absolument pas créer une autre confession, mais réformer l'Église, lutter contre cet état de déliquescence. Qu'est-ce qui pouvait motiver un chrétien à prier, s'il pouvait acheter son salut ? En déterrant les textes, Luther a pu soutenir que la révélation, c'est la promesse de se voir confronté à la gloire de Dieu. C'est effectivement une version du texte, et il est impossible de dire techniquement qui est le bon copiste. Donc, une fois encore, ce n'est pas du « fétichisme », mais une exploration des possibilités de penser que la lettre nous offre. Ensuite, on peut toujours adhérer ou ne pas adhérer, ce n'est pas le problème. Mais se priver de cet approfondissement, c'est aussi, au fond, renoncer à être vivant, actif et à nourrir l'espoir. C'est devenu une sorte de promesse implicite. Affrontons la difficulté à première vue insurmontable *(adynaton)* de la lettre, pour voir s'il n'en résulte pas une possibilité de comprendre – et donc de penser – qui nous fait dépasser l'état dans lequel nous sommes. Voilà, en gros, l'histoire des variantes et de leur destin. Après des dizaines d'années, il faudra faire un tri et voir ce qui tient toujours. Mais même si, dans certains cas, ça ne tient plus, le jeu en valait la chandelle.

On peut dire maintenant que nous avons parfois été un peu loin, mais cela n'enlève absolument rien de sa pertinence à ce geste, sinon tant de jeunes chercheurs n'y auraient pas adhéré. Et à l'arrière-plan – c'est pour cela que l'exemple de Luther n'est pas neutre –, il y a évidemment, de manière plus ou moins consciente et explicite, la répétition du geste réformateur qui s'inscrit dans la Renaissance humaniste (qui en est simplement un prolongement) et qui a laissé sa trace culturelle la plus profonde en Allemagne. D'où évidemment un second aspect de cette initiative téméraire – qui n'était pas seulement dirigée contre un certain état du monde à l'époque où ça avait lieu ; elle était aussi un peu vécue comme une mobilisation de traditions allemandes contre une tradition française – et donc aussi récusée pour cette raison. On nous a suffisamment traités de « Teutons »…

L'enjeu symbolique était colossal dans la mesure où cette protestation mettait directement en question l'insertion culturelle et sociale du lecteur. Le Centre de recherche philologique de Lille, au contraire, répondait au besoin de s'entourer de gens qui acceptaient de ne pas aller de réussite en réussite en monnayant leur propre soumission, rapide, contre une reconnaissance qui l'était tout autant ; de gens, en somme, disposés à entrer dans la perplexité. Cette perplexité, Bollack savait admirablement l'incarner, par un silence qui provoquait parfois des sueurs froides dans les séminaires, parce qu'il signifiait au fond que le maître ne savait pas. Tandis que l'on était scolairement habitué à exceller dans le « tac au tac », cet enseignement par le silence se révélait extraordinairement formateur. S'imposait à chaque réunion une *epokhê* particulière qui consistait à refuser, d'abord, de savoir. Lorsque plus tard, dans le cadre du Collège de philosophie[1], nous avons traduit avec Luc Ferry la *Critique de la raison pratique*[2], nous nous étions donné pour but d'éliminer absolument toutes les erreurs de traduction, c'est-à-dire de ne glisser sur aucune des difficultés présentes dans le texte, de nous arrêter le temps qu'il fallait sur ce qui faisait que le texte n'était pas toujours limpide. Le projet était philologique ; il s'agissait de réfléchir à l'articulation langagière de la pensée. Pour le dire en quelques mots, nous souhaitions travailler sur la façon dont les particules allemandes, dans les périodes kantiennes, modifient, sur le mode de la réflexivité, le point de vue sur la chose dite. Ce travail reste d'ailleurs à faire.

La langue française ne dispose pas de particules, ce qui rend la traduction des textes philosophiques allemands tout à fait problématique, notamment lorsqu'il s'agit de la philosophie kantienne. En effet, l'allemand, avec ses particules, et le texte kantien en particulier, avec ses accumulations de particules *(aber nun freilich doch),* offre la possibilité de faire signe vers le regard que porte l'énonciateur de la phrase sur le contenu

1. Créé en 1972, le Collège de philosophie se voulait un collège universitaire, à l'inverse du Collège international de philosophie, lequel était anti-universitaire. Comme le Centre de recherche philologique de Lille, il se déployait à la croisée des disciplines. En effet, si à Lille, à travers la philologie, nous avons fait beaucoup plus de philosophie que ne l'a jamais fait aucune autre institution philologique au monde, nous faisions, au Collège de philosophie, plus de philologie que dans les autres institutions philosophiques. En témoignent les nombreux projets de traduction, et notamment de retraduction.

2. Kant, *Œuvres*, vol. II, Paris, Gallimard, « Bibliothèque de la Pléiade », 1985.

même de la phrase. Ces termes contiennent une infinité d'éléments, d'articulations et de points de vue qu'il est impossible de rendre en français, ce qui conduit à transformer un énoncé fondamentalement problématique en une affirmation. Dans la mesure où rien, dans les développements kantiens, n'est jamais « affirmé », une traduction en ce sens se trouve en parfaite contradiction avec la pensée la plus profonde de Kant. Chez lui, tout ce qui peut être pensé doit être exhibé comme une possibilité de pensée. Il faut donc que les conditions de possibilité de la pensée soient rendues visibles, ce que permet précisément l'accumulation des particules[1]. *« Aber nun freilich doch »* : cette accumulation intervient dans une période où une chose a été dite et une autre va l'être ; Kant aménage ainsi un espace où l'on voit le regard qu'il porte sur la suite. Dès lors, si l'on supprime ces termes, on est contraint de passer d'une affirmation à l'autre, et cela conduit à une positivité qui enlève à Kant tout ce qui fait sa valeur. La positivité de ce qui est constatable est son ennemi. Et là, la langue allemande aide la pensée. Pour accueillir cette perplexité, il faut toutefois

1. Ce n'est pas seulement parce que la France faisait de Rome son modèle que les Allemands ont choisi la Grèce ; il y a ici une affinité réelle entre leurs langues du fait notamment que le grec comporte également un grand nombre de particules. Certes, toutes les langues en ont, mais le français les utilise d'une manière qui n'est pas très variée : il utilise des mots comme des particules. En général, le français se sert des particules uniquement pour atténuer l'effet produit par un mot. On dit : « je suis *relativement* convaincu », tandis qu'en grec, relativement *(pou)* est un enclitique qui se place après. « Relativement » est un éclairage donné par avance sur le mot « convaincu ». Cela fait partie de ce que mon inspecteur des finances appelait le mensonge français. Le Français ment, parce que, dès qu'il ouvre la bouche, il s'évertue de dire autre chose que ce qu'il dit, dans une dénégation permanente. Quand les mots ont un poids en eux-mêmes, ce n'est pas tant leur contenu sémantique que leur densité phonétique qui appelle un autre mot pour les affaiblir.

accepter de rompre avec l'attitude encouragée par la fonction scolaire de la version, telle que nous l'avons précédemment décrite, et qui se retrouve immanquablement dans la version des scientifiques. Et dans la mesure où le verrouillage des textes n'était jamais aussi évident qu'au moment des concours, et notamment du concours de l'agrégation, lâcher ou exiger qu'on lâche les malfaiteurs dans les textes à traduire ou à commenter comme nous le souhaitions, mettait clairement en péril le principe même du concours. Notre slogan libertaire de 1968 (« Libérez les variantes ») s'élevait donc très précisément contre le conservatisme de l'agrégation, qu'il s'agissait véritablement de torpiller. S'il est vrai que les étudiants ne pouvaient pas construire leur carrière d'enseignant sur les bases de l'autovérification de la compréhension telle qu'on la préconisait, il était nécessaire de trouver un autre critère, susceptible de mettre fin à la quête infinie, mais qui ne conduise pas à la sclérose induite, pendant plusieurs décennies, par ce mode d'examen.

L'agrégation constituait la clé de voûte du système scolaire et notamment de l'édifice cousinien, dont l'architecture fut conservée bien au-delà de la retraite et de la mort de son fondateur. Le système mis en place par Victor Cousin[1] combinait avec une parfaite ambiguïté deux inspirations antagonistes : l'émancipation individuelle et la soumission à l'autorité collective, la passion de la pensée universelle et le respect des traditions nationales, en un mot, la Réforme et la Contre-

1. Cousin a milité pour l'introduction de l'enseignement de la philosophie au lycée et pour l'organisation de concours de recrutement des enseignants du secondaire.

Réforme[1]. S'agissant des concours, ils étaient destinés à faire gravir les échelons de la hiérarchie, incitant déjà les étudiants moins à inventer ou à découvrir qu'à exceller. L'excellence, en effet, est le critère purement immanent qui règle le processus de la promotion scolaire, interdisant aux concurrents de miser sur leurs capacités de renouvellement plutôt que sur leurs talents d'adaptation. De manière générale, et depuis le XIXe siècle, il fallait d'abord être normalien pour pouvoir aspirer à des fonctions importantes. Ensuite, on devait présenter l'agrégation. On était alors appelé à enseigner, pendant quelques années, à l'École normale supérieure comme maître de conférences, avant de trouver une chaire dans une université. Pour ne pas en rester là, il fallait gagner, par un nouvel ouvrage, le Prix de l'Académie des sciences morales et politiques. Les cursus exemplaires de ceux qui occupaient, avec Victor Cousin, les positions clés de l'institution universitaire ne différaient pratiquement pas de ceux qui continuaient d'être valorisés. Le maintien, pendant plusieurs décennies, d'un système aussi rigide, fonctionnant pratiquement en circuit fermé, a eu pour conséquence une véritable uniformisation – pour ne pas dire une standardisation – de la production. Il était donc absolument nécessaire d'engager, avec les étudiants, un travail scientifique, avant qu'ils ne soient passés par la petite machine à réussir les examens.

J'avais la conviction que la seule finalité possible pour l'Université était d'amener les étudiants à ce que j'appelais le « front avancé » de la recherche. Cela supposait toutefois que,

1. H. Wismann, « *Modus interpretandi.* Analyse comparée des études platoniciennes en France et en Allemagne au XIXe siècle », in *Philologie et herméneutique au XIXe siècle II*, Göttingen, Vanderhoeck & Ruprecht, 1983.

au lieu de s'abriter derrière leurs diplômes et leur statut, les professeurs, pour justifier leurs recherches, fassent état de leur incompréhension. Cet aveu, combien en étaient capables? D'autant que c'était parfaitement incompatible avec le rôle d'examinateur que jouaient les professeurs et qui supposait qu'ils sachent toujours tout. Or, l'élément essentiel importé de la tradition humboldtienne est que le seul enseignement de valeur est celui qui se trouve associé à la recherche que l'on poursuit soi-même. Le professeur tient sa légitimité du fait qu'il est perplexe face à ce qu'il voudrait comprendre. Il doit communiquer cette perplexité essentiellement sous la forme d'un séminaire dans lequel il associe les étudiants à sa propre perplexité. Cela correspond d'une certaine manière au concept d'enseignant-chercheur qui traîne un peu partout depuis un siècle et demi mais qui, dans un contexte comme le contexte français de l'époque, était tout simplement impraticable. Le chercheur n'enseignait pas, et l'enseignant enseignait une tradition intellectuelle et scientifique mise au point pour servir de crible au moment des examens et des concours. En cela, les séminaires de Lille ont pu apparaître comme une véritable expérimentation – en marge de l'Université. Nous essayions en effet – plutôt que de nous servir des polycopiés qui se vendaient alors place de la Sorbonne et permettaient en une nuit de bachotage de préparer un examen sans avoir compris ne serait-ce que quelques lignes des textes que l'on était appelé à commenter – de nous assurer la compréhension d'une phrase, peut-être même seulement d'une ligne, avec cette obstination toute philologique de rendre compte de chaque mot. Jusqu'où peut-on jouer avec l'institution, contre elle ? C'est une question qu'il n'est pas aisé de trancher. On voit toutefois clairement que le développement de la recherche conduit nécessairement à un réaménagement de l'institution, qui met en question la police des examens.

Or, les revendications en ce sens n'ont conduit, paradoxalement, qu'à un renforcement du rôle joué par les concours. Et la fiction de l'anonymat égalitaire n'est pas pour rien dans le refus d'en assouplir le système. Ce sont des revendications que l'on entend encore aujourd'hui et qui consistent, non pas à supprimer les concours, mais à les généraliser. Tout se passe comme s'il fallait simplement plus de postes, mais toujours le même concours, et par conséquent la même manière de préparer l'examen par une recherche obstinée d'adéquation. L'agrégation est peut-être immuable. Quand fut abordée sérieusement, c'est-à-dire dans un effort sérieux de réflexion sur l'Université, la question des modalités d'examen, je ne pouvais concevoir d'autre validation des compétences acquises par les étudiants que la compétence en acte de leur capacité à participer au travail fait par le professeur. Le contrôle continu est-il compatible avec une idée républicaine du contrôle ? C'est là encore qu'intervient une figure classique de la diplomatie : l'élaboration d'un concept chargé d'un sens qui puisse convenir à l'ensemble des parties en présence. En soi, le contrôle continu est une très bonne chose, à condition de l'entendre comme une coopération continue. On ouvre le livre, on est à la même ligne, devant le même mot, et l'on rencontre le même problème. C'est autre chose qu'une opération de vérification continue des éléments que l'étudiant a assimilés de tel ou tel enseignement. Pour ma part, je charge la notion de contrôle continu du sens qui me plaît, qui est le « continu », tandis que certains le chargent du sens de « contrôle ». Mais dans le nouveau système qui se mettait lentement en place, le contrôle continu pouvait devenir une facilité de rattrapage en corrigeant dans le temps l'impression que l'on produisait. Les étudiants trouvaient que le contrôle continu était une chose démocratique. Les professeurs, tout en considérant que l'examen était la base de leur légitimité sociale, se plaignaient constamment de cette forme de validation qui leur semblait particulièrement lourde et ingrate. Dès la rentrée s'instaurait un nouveau type de rapport entre les professeurs et les étudiants : les étudiants pouvaient faire semblant d'étudier, et les professeurs semblant d'examiner. C'était donnant-donnant et donc contre-productif au dernier degré. C'est ainsi qu'à notre corps défendant, nous sommes revenus à l'idée que préparer l'agrégation était quand même une meilleure garantie que ce système du contrôle continu. Formidable revirement qui m'a valu, pour m'être associé à ce projet initial de réforme, d'être expulsé de la Sorbonne, gouvernée alors par la droite dure. Soudain, j'étais devenu subversif et redevenu un étranger[1].

Fort heureusement, j'eus la possibilité, juste avant de quitter la Sorbonne, de reprendre le Collège de philosophie à un moment où l'on souhaitait établir un dialogue des cultures, et je proposai à mes meilleurs étudiants de prendre en charge ce projet. Comme un rappel de ce que je pouvais avoir en tête, je les ai poussés à traduire à ce moment-là les mémorandums sur

---

1. Je représentais avec Bollack un danger pour les humanités françaises. La subversion était essentiellement allemande, et les Allemands étaient de vrais fauteurs de trouble. La personnalité nommée au poste, dans un geste de parfaite symétrie, était Pierre Boutang, dernier secrétaire de Maurras, qui haïssait les Allemands autant que les Juifs, et l'on doit à sa plume cette phrase : « On aurait dû laisser aux Allemands le temps d'exterminer tous les Juifs, car ainsi on aurait eu le droit de les exterminer à leur tour. » Pierre Boutang succédait à Levinas.

l'Université des années 1807-1810 sous le titre *Philosophies de l'Université*[1]. Si l'Université se refusait encore à la révolution, le Collège « de philosophie », et non plus « collège philosophique », représentait le séminaire comme je l'avais rêvé. Les étudiants les plus avancés devaient se demander, avec les autres, s'ils comprenaient bien ce qu'ils essayaient de comprendre. C'était toujours la même idée. Et je m'amusais beaucoup à observer ceux qui participaient. Il y avait toutes sortes d'attitudes qui, à l'insu même des individus, reflétaient une tradition française, une tradition plutôt allemande, un entre-deux. Certains étaient animés par un désir analytique, psychanalytique, d'autres cherchaient davantage à systématiser les concepts. Mais l'élément fédérateur était le travail sur les textes. On ne discutait pas comme au café philosophique, on étudiait un texte ; ce qui se faisait alors à Lille, exclusivement. Ce séminaire était tel qu'il avait fonctionné au sein de l'Université allemande, c'est-à-dire à l'opposé du séminaire qui servait, en France, à former des curés : le séminaire comme institution essentiellement protestante où, hors de l'écriture, ne se trouve point de salut. Dans mon for intérieur, je considérais les polycopiés d'avant 68 comme autant de bulles du pape ou de manifestations d'une orthodoxie que le magistère, laïque mais magistère tout de même, imposait, sans vérification possible. On trouve là un relent culturel évident. Être dans un séminaire supposait une autre notion d'égalité que l'égalité abstraite de l'anonymat face à des questions convenues. Se trouve là précisément, il me semble, la forme tant recherchée qui n'est plus une forme opposée à la liberté.

1. *Philosophies de l'Université*, Paris, Payot, 1979.

Révolutionner le monde grec

La première production représentative du Centre de recherche philologique de Lille est le travail sur Héraclite, publié en 1972 sous le titre *Héraclite ou la séparation*[1]. Pourquoi avoir choisi de reprendre l'interprétation de l'œuvre héraclitéenne ? Prioritairement, il faut le dire, pour contrer une lecture d'Héraclite qui se prétendait anti-universitaire et qui n'était pourtant que le pendant de la lecture académique. Étrange mécanisme par lequel réapparaît soudain une véritable connivence reliant les cuistres aux imaginatifs !

Ce travail s'inscrivait à l'intérieur d'un réexamen général de la période archaïque grecque et participait, à l'heure où s'affirmait le rêve d'une révolution politique mondiale, d'une volonté, pas nécessairement moins ambitieuse, de révolutionner l'étude du monde grec.

Très rapidement s'est imposée à nous, comme une évidence, la nécessité de dégager les Présocratiques, non seulement d'une histoire traditionnelle qui décrivait l'histoire d'un progrès scientifique, mais également de son antidote philosophique que représentait la vision heideggérienne du déclin de la métaphysique. Cette vision réalisait une sorte de réinvestissement de l'origine, comme une origine où le sujet ne parle pas. Par opposition, tout notre travail a été de montrer, à travers la syntaxe, qu'il y a bien là, dans ces textes, un sujet qui parle. Le fait de vouloir prendre au sérieux la syntaxe comme effet d'un sujet par-

1. J. Bollack et H. Wismann, *Héraclite ou la séparation*, Paris, Éd. de Minuit, coll. « Le sens commun », 1972.

lant peut évidemment être rattaché à l'humanisme protestant. Faute de s'intéresser au sujet qui parle, c'est-à-dire à la médiation consciente des éléments du discours, on passe à côté des valeurs spécifiques que l'intention de signifier confère aux mots.

Pour moi, évidemment, la déconstruction est, dans une très large mesure, l'abandon de cette exigence protestante, luthérienne, de la cohérence de l'ensemble, l'abandon de l'herméneutique – le mot sujet devient un « gros mot ». Et le résultat, la plupart du temps, c'est le retour à l'éclectisme. La déconstruction, intellectuellement, peut se prévaloir de la destruction de la métaphysique prônée par Heidegger ; mais dans ses résultats concrets, c'est le retour à l'éclectisme, c'est-à-dire à ce que ces jeunes gens ont fait à l'école. Derrida m'a dit un jour : « Quand je réfléchis sur quelque chose, je commence par ouvrir le Littré. » Soit l'étymologisation, la multiplication des significations, toujours avec l'idée que la piste sémantique peut s'orienter dans un sens ou dans un autre, qu'elle n'est pas ordonnée par une intention de signifier de façon cohérente. On déplie, pour ensuite avoir des éléments avec lesquels on peut intelligemment construire les plaidoyers. À mon sens, c'est la posture du droit, des juristes.

Jusqu'à la fin du XIXe siècle, on se heurtait absolument à cet interdit d'une exigence systématique, mais entre-temps le brave Huet[1] a fait un travail sur les dialogues platoniciens. On a commencé avec Platon, parce qu'on n'osait pas encore le faire avec Homère. Les Allemands le font depuis très longtemps avec le résultat paradoxal qu'ils éliminent les répétitions : à la fin il

1. Pierre-Daniel HUET (1630-1721) ; c'est à lui que l'on doit la traduction des classiques « *ad usum Delphini* », pour l'éducation du Dauphin dont il était le sous-précepteur.

n'y a plus rien. Si la cohérence est pensée, non pas herméneutiquement, mais de manière dogmatique, il n'y a plus rien. Et jusqu'au début du XIXe siècle, l'Église refusait qu'on applique cette technique aux textes bibliques. La critique biblique, autorisée par le Vatican, date de 1911. Les premiers pas, en France, avec Platon et Homère, ont été faits à la fin du siècle. Ce qui est très parlant, puisque, évidemment, c'est plutôt dans une culture marquée par le protestantisme jusque dans ses variantes catholiques que cette exigence de cohérence systématique va prévaloir. Et celui qui va tout déconstruire en Allemagne – à un niveau spéculatif très élevé –, c'est Heidegger. Or Heidegger était l'élève des jésuites, il voulait être curé, c'est donc la Contre-Réforme. L'herméneutique que prône Gadamer, par exemple, n'a rien à voir avec l'herméneutique qui vient de la Renaissance, *via* Schleiermacher. Il voudrait totalement démembrer les textes pour revenir à la révélation originaire du langage qui nous impose une tradition de pensée ne pouvant pas être désavouée par des sujets pensants. L'ambivalence est alors absolue, puisque dans ce langage originaire de la révélation, si c'est un langage empirique – l'allemand ou le grec par exemple –, il est interdit de penser, dans ce médium de la révélation, autre chose que la tradition. Gadamer est conservateur, en quelque sorte, pour ne pas dire réactionnaire : ce qui importe pour lui, c'est l'autorité, l'autorité de la tradition. On se retrouve dans l'Église médiévale, avec cette différence qu'il ne s'agit plus de l'Église mais de la tradition culturelle. Et on voit poindre derrière la langue, révélation originelle, le schème du *Volk*, ce qui explique beaucoup. Le problème est que, si on parle d'une « langue de l'être » comme Heidegger le fait – il dit que la « langue de l'être », c'est d'abord le grec –, le fameux « dit de l'être », ce sont les présocratiques. Malheureusement, c'est une langue empirique, parlée par des êtres finis, et non pas par l'être. Il y a donc une subreption, on peut toujours affirmer que l'être se dit d'une certaine manière, il est dit dans une langue empirique, et ceux qui la parlent produisent des transformations. Dans ces conditions, on peut toujours recommander de remonter le plus loin possible (d'où l'intérêt pour l'aurore, pour les origines) pour ensuite dire que le sens original a été déformé, défiguré, oublié, etc. Mais dans la mesure où on a affaire à une langue empirique, on instaure un régime autoritaire, d'exigence de soumission. Le mot allemand pour « appartenance », *Zugehörigkeit*, vient du verbe *hören*. Et *die Hörigkeit*, c'est le mot qui signifie « addiction » ou « dépendance ». Alors si on veut « appartenir », il faut « écouter » ; comme on écoute un ordre, il faut obtempérer. C'est ce que le mot allemand suggère. Gadamer utilise très souvent le mot *Zugehörigkeit*. Alors qu'en français, il n'y a pas loin de l'« appartenance » à l'« appartement » : on habite le même immeuble mais dans des appartements séparés.

C'est tout le *jus soli* qui est contenu dans l'appartenance, tandis que, dans le *hören*, c'est la transmission à travers le temps ; le *jus sanguinis*, c'est la matérialisation de cette relation d'obédience, dans la mesure où on est lié par ce qui est transmis. La rationalité est différente dans l'« appartenance » et dans l'« appartement », dans la juxtaposition. L'Hexagone est le grand appartement dans lequel se trouvent toutes sortes de petites chambres, lesquelles coexistent comme deux univers distincts. Donc le « Teuton » ne doit pas être trop revendicatif, c'est-à-dire qu'il ne faut pas qu'il soit dépourvu de toute mauvaise conscience. Ma génération a un rapport à soi problématique, c'est-à-dire qu'elle ne peut tout simplement pas coïncider avec soi ; il y a un écart, une faille, quelque chose qui nous sépare de la pleine jouissance de nous-mêmes… Or, c'est un très bon point de départ, dans la mesure où cela incite à ne pas se laisser trop rapidement satisfaire. On n'est pas en accord avec soi. Dans les *Réflexions sur la question juive*, Sartre décrit cette non-coïncidence avec soi – il la revendique pour lui-même en tant que bâtard, alors qu'il n'est pas juif, mais il la reconnaît chez les Juifs qu'il observe. Et il a cette expression, que je trouve magnifique : « Les Juifs ne sont pas propriétaires terriens de leur personne. » On n'est pas propriétaire terrien, c'est-à-dire qu'on n'est pas dans ce que Heidegger appelle *Anwesen, l'être-à-soi*. Or le mot *Anwesen* désigne, en allemand courant, la propriété paysanne – et ce n'est pas sans raison. Le *Anwesen*, c'est ce qui est à moi. Heidegger exalte le *Anwesen*, donc il est antisémite. D'où mon agacement quand j'entends les Français se gargariser de *Anwesen* sans savoir ce que ce mot évoque, à savoir qu'il n'y a pas de faille, pas de distance, pas de mauvaise conscience... On est à soi à travers la chaîne des ordres auxquels il faut obtempérer, on est dans une parfaite cohérence. Et ma génération (pas ma personne), celle qui a fait 1968 en Allemagne, a vécu avec cette faille. Et donc, je restais « entre ». Je ne pouvais être ni d'un côté ni de l'autre. Et je ne pouvais pas être français non plus. C'est absurde d'être, avec une satisfaction pleine et entière, un élève de l'École normale supérieure troussant habilement des dissertations dans l'esprit de Cousin... Pour moi, l'excellence ne pouvait être cela.

Revenons un instant sur la « stratégie » interprétative de Heidegger. Celle-ci comporte deux moments complémentaires : la reconnaissance de la vulgate – c'est-à-dire du texte reçu par le consensus ou la plus grande partie des philologues – et la valorisation de ce sens au moyen du démembrement de la phrase et de la suppression progressive des liens syntaxiques.

Le procédé, qui s'applique indifféremment aux Présocratiques, à Sophocle ou à Aristote, tire sa séduction négative de la dispense de vérification scientifique qu'il accorde, et, en même temps des appétits de profondeur qu'il permet de satisfaire. Or, le refus de l'examen technique des hypothèses conduisant à l'établissement et à la compréhension littérale du texte consacre la dépendance à l'égard des erreurs de la traduction ; et la recherche de valeurs autonomes, vocables ou syntagmes, en dehors de l'enchaînement de la proposition, conduit à hypostasier un sens premier et plus fort dont l'arbitraire échappe à tout contrôle, qu'il soit logique ou grammatical. Heidegger supprime encore la ponctuation, car, pour lui, chaque mot doit être un jaillissement de flammes. Or, il faut, me semble-t-il distinguer, avec Schleiermacher, la langue – qui est le code, la chose structurellement identifiable, et qui engendre un déterminisme – de ce que Saussure appelle la parole, qui s'arrache à ce conditionnement. Dans l'absolutisation de la parole, ce mécanisme tensionnel disparaît. Schleiermacher au contraire, donne à penser que ce qui est engendré par cette tension tragique, entre le théorique et le pratique, entre la représentation et la volonté, c'est précisément le discours. En effet, le discours est une transaction entre le moment déterministe, ou rationnel, de la structure, et le moment indéterministe de l'irruption du « je » du moment pratique, au sens kantien de la volonté libre[1]. Le discours est la négociation réussie entre ces deux moments, produisant ce que nous appelons histoire. L'histoire n'est donc ni l'empilement, ni la sédimentation des codes grammaticaux qui se sont succédé, mais elle n'est pas non plus

1. Cf. *supra*, p. 67-71.

historiale, jaillissement pur de l'indétermination. Autrement dit, l'historique est le discours.

Lorsque Heidegger interprète notamment le fragment 50 d'Héraclite[1] (« Si ce n'est pas moi, mais le sens, que vous avez entendu, il est sage alors de dire dans le même sens : tout est un[2] »), il ne laisse rien subsister des relations déterminant le sens de l'énoncé et met sur le même plan les quatre membres de la phrase décomposée :

> Appartenant et prêtant l'oreille, non à moi, mais à la Pose recueillante : laisser le Même étendu : quelque chose de bien disposé déploie son Être (la Pose recueillante) : Un unissant tout.
>
> En allemand : *Nicht mir, aber der lesenden Lege gehörig : Selbes liegen lassen : Geschickliches west (die lesende Lege) : Eines einend Alles.*

Par contraste avec l'audition ordinaire, l'écoute du *logos*, en tant que « rassemblement originel » *(ursprüngliche Versammlung)*, est comprise comme un strict équivalent de l'acte de dire « le même » ou plus exactement « l'ensemble » *(das Gesamt)*. L'équation, en réalité, ne repose pas sur la phrase d'Héraclite, mais sur un jeu étymologique avec les verbes allemands *hören* (écouter) et *gehören* (appartenir) : « Entendre, au sens propre, appartient au *logos*. C'est pourquoi cet entendre est lui-même un *legein*. » Cette écoute, qui est parole, est à son tour identifiée avec la manifestation « essentielle » du *sophon*. Le terme grec, qui signifie *habile*, est appréhendé à travers le champ sémantique du mot allemand *Geschick*, qui a en même

1. *Essais et Conférences*, Paris, Gallimard, 1950.

2. H. Wismann et J. Bollack traduisent : « L'art est bien d'écouter, non moi, mais la raison, pour savoir dire en accord toute chose-une » (in *Héraclite ou la séparation, op. cit.*, p. 175).

temps le sens de *destin* et d'*adresse*. Le lien avec l'écoute, en tant qu'appartenance et soumission au *logos*, est établi par le truchement de la locution, allemande toujours, de *sich schicken* (se plier). Le destin des mortels étant de se plier à l'écoute loquace du *logos*, il se confond avec l'écoute de celui-ci.

Ainsi, par un tour de force, Heidegger fait-il dire à la phrase d'Héraclite de quatre façons ce qu'il appelle le « dict de l'Être ». Le caractère statique et obsessionnel de cette itération passe pour le signe d'une pensée authentiquement archaïque, alors qu'en réalité, il est obtenu par un trucage, étant l'effet d'un procédé qui réduit le discours articulé à une litanie modulant inlassablement le nom sacré. Rien n'est épargné par le moulin à prières, capable de mettre en pièces la pensée la plus solidement organisée. Le langage, tel qu'il l'apprête, est le lieu où se révèle un sens originel, plus vrai et plus profond que la pensée du sujet qui s'y exprime. Aussi n'admet-il pas qu'Héraclite puisse être conscient du *logos* dont il fait l'expérience et qui se déclare dans son propre discours : « Ainsi les Grecs ont-ils sans doute l'expérience du dire. Mais ils ne pensent jamais, pas même Héraclite, l'être du langage spécialement comme le logos, comme la Pose recueillante. » Cette objectivation du sens, obtenue par une série d'hypostases linguistiques, située en deçà de toute subjectivité philosophique, reflète le processus de réification du langage qui ne cesse de s'accentuer depuis l'achèvement du système de la métaphysique. Quel qu'ait été le projet d'Héraclite, la qualité qui le distingue, c'est d'avoir recommandé de s'en remettre à une instance supérieure, d'obéir.

Or, rien ne permet d'attribuer au *logos* héraclitéen une positivité ontologique. Et c'est précisément la volonté de dépasser l'identification du *logos* à l'Être qui nous a déterminé, avec Jean Bollack, à reprendre l'ensemble des fragments qui nous sont parvenus et à ressaisir la lettre du texte en refusant toute anticipation de sens. On peut véritablement parler ici d'un cheminement de découverte, car la découverte est inattendue. La lecture d'Héraclite n'ouvrait jusque-là que sur un unique horizon d'attente, celui d'une cosmologie présocratique dans laquelle le feu jouait le rôle d'un principe premier comme le font l'eau et l'air chez Thalès et Anaximène[1]. Or, tout en utilisant l'outil de l'hylozoïsme, puisque le feu est tout de même un élément comme l'eau et l'air, Héraclite a subverti de l'intérieur ce schéma cosmologique qui fait surgir la totalité des phénomènes et de leurs différences d'une unité élémentaire originaire. Le feu, en effet, a cette particularité qu'il ne peut pas être commencé, à la différence de l'eau et de l'air, puisque, lorsqu'il est en activité, il se dirige toujours ailleurs, jamais vers lui-même. Le feu est, d'une certaine manière, constamment séparé de lui-même, et n'existe que dans la mesure où il cingle vers un ailleurs. Nous nous sommes alors demandé en quoi le feu pouvait être *logos*. Au lieu de poser que le feu est la raison et que la raison est l'être, au lieu de faire ce que tout le monde fait avec Héraclite, et qui, finalement, correspond à la réinterprétation stoïcienne, pour laquelle le feu est le *pneuma*, nous avons émis l'hypothèse que le *logos* était la parole. Nous avons alors commencé à relire les phrases dans lesquelles il y avait apparemment un contenu

1. Refusant dès le départ de ranger l'ensemble des fragments dans ce schéma cosmologique traditionnel, et par conséquent de réduire l'apport des penseurs anciens à des variantes dans un schéma commun, notre investissement dans le texte fut d'abord un investissement négatif. Nous étions à la recherche de ce qui pouvait faire entrer l'ensemble des témoignages étudiés dans une cohérence, mais il ne nous restait qu'un schéma désubstantialisé – la cohérence –, et celui-ci ne comportait plus aucune indication quant à la nature de cette cohérence.

cosmologique. Toutes ces phrases prenaient sens à partir du moment où on les lisait comme une démonstration du pouvoir du verbe. Ce sont en effet des phrases dans lesquelles il faut toujours sous-entendre « si quelqu'un dit que..., alors,... ». Bien sûr, cette construction n'est pas formulée ainsi sur le mode de la syntaxe. Mais Héraclite développe une technique, bien connue de la tradition littéraire, qui consiste à répéter une phrase appartenant à la cosmologie traditionnelle et à introduire dans la répétition une légère variation permettant de faire apparaître une distance[1].

Armés de ces premiers acquis, qui faisaient apparaître les énoncés spéculatifs sur la cosmologie comme autant d'énoncés dont Héraclite voulait montrer le caractère produit, à partir d'un certain nombre de propriétés du langage, nous nous sommes attaqués à l'interprétation de ce qu'on appelle l'exorde, où Héraclite commence par dire que de ce *logos*, les hommes resteront toujours séparés par l'incompréhension. Une interprétation traditionnelle place toujours le lecteur devant un dilemme, parce qu'Héraclite précise que les hommes seront séparés « avant de l'avoir entendu et après ». Comment peut-on rester séparés par l'incompréhension d'un discours, qui est la manifestation de la raison, une fois qu'on l'a entendu ? Cette question a conduit à inventer ce qu'on pourrait appeler l'orgueil d'Héraclite, l'esprit de caste, le mépris du commun des mortels, traçant les contours d'une opposition radicale entre les initiés et le vulgaire. Or, il suffisait de donner à *logos* le sens de parole, c'est-à-dire de chose dite, pour s'apercevoir que la séparation ne se prête pas à exprimer la domination que procure le privilège de l'assentiment à l'Être. Les hommes sont

1. Cf. *infra*, p. 212 et suiv.

séparés du *logos*, parce que celui-ci a la particularité non pas d'être universel et raison, mais d'être toujours singulier. Étant donné que le dire est toujours « celui-ci » (fr. 1), celui que l'on dit, l'actualité du signifiant, et non l'éternité du signifié, il reste nécessairement séparé du dit avec lequel, en un sens, il se confond. Les hommes sont donc séparés du *logos* par l'incompréhension, avant de l'avoir entendu – cela va de soi –, mais également après, parce qu'ils prêtent attention à ce que ce *logos* dit, à la référence. Attachés à la perception de ce qui est dit, ils n'entendent pas le dire. Il n'y a là ni mystère ni révélation de l'Être. Le fonctionnement matériel du langage fournit le paradigme de l'absence qui fonde toute présence. Le travail critique d'Héraclite consiste à jouer systématiquement le dire contre le dit, et c'était cela notre découverte.

Le *logos* d'Héraclite est rapport, relation, en ce sens que, lui-même, il se rapporte à ce qu'il rapporte. C'est ce rapport négatif qui est dit « commun » à tous les êtres, alors que les gens vivent dans l'illusion de partager une conscience positive, une existence propre (fr. 2). Je prends toujours comme exemple la phrase dans laquelle Héraclite explique que la grandeur du soleil est d'un pied d'homme (fr. 3), car celle-ci me semble emblématique des apories auxquelles conduit une interprétation positive qui va dans le sens d'une thèse cosmologique. Tous les penseurs défendant une thèse cosmologique sur le soleil posent qu'il est d'une taille différente, en l'occurrence beaucoup plus grande, de celle qui apparaît. Or, Héraclite dit autre chose : il a la taille d'un pied d'homme. Il faut alors l'imaginer couché par terre, comme il l'était souvent, et, par dérision, lever le pied, montrant que ce qui permettait de cacher le soleil et de le faire disparaître, désignait finalement la vérité de la grandeur du soleil : tous ceux qui soutenaient que le soleil avait trois fois ou mille fois sa taille apparente, proposaient un énoncé spéculatif dont le contenu était, en réalité, que la véritable taille du soleil était la négation de sa taille apparente. L'ensemble des propositions cosmologiques d'Héraclite peut s'interpréter comme la mise à nu du mécanisme spéculatif lui-même, induit par le langage, mais un langage qui, oublieux de lui-même, se réduit soudain au contenu qu'il a produit, à savoir la représentation. Chacune des énigmes par lesquelles, retiré au temple d'Athéna, Héraclite avait pris l'habitude de répondre aux gens venus le consulter, représente de véritables machines de guerre contre le signifié, des insurrections du signifiant. Or comme le signifiant et le signifié ne sont pas séparables, ce n'est que par une opération sur le signifiant que le signifiant peut se défendre contre le signifié avec lequel, pourtant, il a partie liée. Là interviennent les fameuses étymologies d'Héraclite.

L'étymologie, au sens ancien du mot, c'est-à-dire comme les Anciens en produisaient, permettait de séparer le signifiant du signifié. L'étymologie est l'une de ces opérations qui libèrent le signifiant du signifié, ou le dire du dit, comme le montre la phrase d'Héraclite sur le nom de l'arc (fr. 49). Le nom de l'arc, *bios* en grec archaïque, évoque la vie, alors qu'il désigne un instrument de mort. Dans le *logos* en revanche, les contraires – vie et mort – apparaissent dans l'unité, ils sont la même chose : l'arc. L'opération consiste donc essentiellement à attirer chaque fois l'attention sur ce que l'on n'entend pas, le *logos* – verbe ou parole – lorsqu'on dit quelque chose. Et lorsque, dans une réflexion que l'on peut véritablement qualifier de transcendantale, Héraclite se demande quelles sont les conditions de possibilité d'un rituel (fr. 5), il met encore à nu le mécanisme implicite du langage qui est celui d'une contra-diction. Comment se fait-il qu'en s'aspergeant de sang, on pense se laver d'une souillure criminelle ? Qu'est-ce qui fait que cela parle ? Apparemment, cela est aussi absurde que de vouloir se laver en se roulant dans la boue. La purification devient une salissure. Il ne s'agit pas pour Héraclite de critiquer le rituel, mais de dire que son apparente cohérence, puisqu'on lave du sang avec du sang, repose sur un mécanisme, en fait peu évident, qui produit la signification. Dans toute diction est logée une contra-diction insurmontable ; les contraires sont dans le même : c'est cela le *logos*.

Enfin, quand Héraclite, dans son fragment le plus célèbre, déclare que « La nature aime à se cacher », il ne renvoie pas à l'Un masqué par le devenir incessant du Multiple, mais soutient, plus radicalement, que le discours, en produisant un effet de vérité, se barre l'accès à sa propre vérité. Ainsi peut-on multiplier les fragments s'élucidant les uns par rapport aux autres, grâce à l'hypothèse selon laquelle le *logos* n'est pas la raison ni non plus le contenu doctrinal de l'œuvre d'Héraclite, mais le verbe dans son fonctionnement même.

Par son invitation à écouter le *logos* produire des effets de sens, Héraclite enseigne que le réel, qui n'est pas physique, mais qui est produit par cette logologie, a la structure paradoxale d'une opposition constitutive. Au départ ne se trouve pas l'identité, mais une séparation. Et c'est précisément ce que nous avons voulu dire en intitulant notre travail *Héraclite ou la séparation*. Dans cette perspective, le feu est bien la meilleure métaphore, pseudo-archaïque, de la parole, dans la mesure où il produit, lorsqu'il vit, une cendre : le signifié. Or la cendre, qui est inerte, est ce qui fait que le feu meurt. Ainsi, l'Un n'est jamais, chez Héraclite, « l'Un unique au sens de ce qui unit », tel que le prétend Heidegger, mais au contraire le particulier, au sens de ce qui sépare. Loin de représenter, en face de l'ensemble des choses distinctes, le principe de leur union, le terme est choisi pour désigner la singularité qui s'arrache au lien universel. Les « meilleurs » du fragment 29[1] qui choisissent l'Un contre toute chose ne se distinguent pas de la « masse inerte » des autres hommes parce qu'ils se soumettent à la puissance qui pousse à l'alliance et impose le ralliement ; ils rompent les attaches de l'« harmonie visible », de l'ordre apparent des choses, pour s'engager dans ce qu'Héraclite appelle l'« harmonie invisible » qui est l'harmonie des opposés. Bias, le sage, dont il cite, par ailleurs, en la radicalisant (fr. 104) la maxime : « la masse est mauvaise, les gens de bien sont peu nombreux », ne doit pas son renom plus grand que celui des autres hommes à la conviction avec laquelle il incite au grand « Rassemblement », mais à la détermination avec laquelle il voulut se tenir à l'écart (fr. 39). Le destin de ceux qui valent tous les autres (fr. 49) n'est pas d'être voué au service de la totalité, fût-elle spirituelle, mais de creuser l'écart qui rend les choses à elles-mêmes.

1. Fragment 29 : « Ils prennent une chose contre toutes, les meilleurs, gloire toujours jaillissante des mortels. La masse des hommes est repue comme les bêtes. »

4.
La Grèce en débat avec elle-même

Homère *versus* Hésiode

Lorsque l'on se propose d'interpréter une œuvre archaïque, c'est-à-dire une composition à l'unité essentiellement générique, déterminée par le poids de la tradition, tant sur le plan thématique que sur le plan formel, est-il légitime de lui appliquer le principe herméneutique moderne, selon lequel la cohérence des significations repose en dernière analyse sur la décision autonome d'un sujet ? On pourrait en effet penser qu'une description objective, qui se contente de réunir et de structurer par le jeu des oppositions et des contrastes les différentes séries d'observations effectuées sur le texte, reste plus respectueuse du caractère particulier d'une production poétique de type traditionnel. Le travail de l'interprète moderne se distinguerait alors – du moins en droit, et abstraction faite de l'affinement récent des méthodes d'observation – de celui de l'exégète ancien par la seule mise en perspective historique qui, au lieu de rapporter chaque détail à la norme immuable du vrai, conduit à relativiser la pertinence des structures signifiantes, tributaires du changement incessant des conditions de vie et de pensée.

Cependant, le refus de prendre en considération la dimension subjective de l'élaboration du sens tant qu'elle ne se manifeste pas comme telle ne garantit pas nécessairement l'adéquation la plus grande entre le discours qui interprète et celui qui est interprété. Même étayé par l'examen le plus scrupuleux des données observables, le relativisme historiciste se tient aussi éloigné de tout projet individuel de sens que l'approche normative, guidée par l'évidence d'une précompréhension imposée. Ce constat simple ne vise pas à disqualifier les deux points de vue antinomiques mais, à certains égards, solidaires, qui possèdent chacun leur légitimité et leur efficacité propres ; il doit plutôt permettre de cerner une difficulté, un point laissé aveugle quand on passe ainsi d'un extrême à l'autre, du fixisme prémoderne au perspectivisme postmoderne. Ce qui demeure inexploré entre l'un et l'autre dispositif objectivant, c'est précisément l'instance du sujet, en tant qu'elle ouvre la dimension d'une signification à la fois inédite et intentionnelle. Bien que cette intention ne soit jamais revendiquée dans le monde ancien sous la forme radicalement originale que finiront par lui donner les Modernes, le moment subjectif à l'œuvre dès l'époque archaïque se révèle rétrospectivement à partir de sa pleine émergence théorique. La présence prépondérante d'éléments traditionnels, voire génériques, ne doit pas masquer le fait qu'un texte n'accède au statut d'œuvre qu'en vertu d'une intervention suffisamment libre pour réorganiser le matériau transmis et lui conférer ainsi une portée incomparable. L'application du postulat herméneutique ne veut pas dire que l'on attribue à l'auteur ancien une liberté de création inconcevable avant l'avènement de la modernité. Il ne sert qu'à faire découvrir la part de subjectivité autonome qui s'exprime dans l'unité, toujours singulière, du sens. Au fond, tout cela n'est qu'une affaire de degré, car les œuvres les plus modernes, c'est-à-dire les plus subjectives, admettent inévitablement, comme conditions mêmes de l'exercice souverain de la liberté, des déterminations objectivement hétéronomes, dont la forme première et ultime est la langue.

La plupart des questions que soulève la distinction entre les deux formes d'interprétation objectivante, ancienne et contemporaine, et la reconstruction herméneutique se trouvent parfaitement illustrées par le débat savant sur le rapport que l'œuvre d'Hésiode entretient avec celle d'Homère.

On peut engager la réflexion de la manière suivante. Les textes archaïques qui nous ont été transmis, c'est-à-dire qui sont fixés par écrit, frappent le lecteur moderne par les répétitions qui lui apparaissent, dans ces textes, soit comme un défaut soit comme un ressort. Guidé pendant très longtemps par une conception qui faisait de l'économie du texte le signe de la maîtrise de son auteur, on a considéré que les répétitions étaient l'indice d'une sorte de composition bâtarde, fruit de la succession de plusieurs rédacteurs qui n'auraient pas eu suffisamment d'emprise sur le texte dans son ensemble pour éliminer ce qui paraissait être en contradiction avec le but que tout auteur sensé devait se fixer, autrement dit, énoncer un maximum de choses avec le minimum de moyens.

Cette façon de poser le problème a conduit l'analyse homérique, au XIXe siècle, à essayer de retirer du texte les ajouts successifs, comme on le fait avec les pelures d'un oignon, pour retrouver ce qui correspondait à l'idée que l'on se faisait d'une œuvre maîtrisée par son auteur, à savoir le noyau. Ce noyau était considéré comme originel, ce qui d'ailleurs ne va pas de soi : pourquoi donc la perfection d'un texte résiderait-elle en son début ? Il y a là une double pétition de principe puisque, d'un côté, est présupposée une certaine conception d'un texte qui fait œuvre, et, de l'autre, la perfection de l'œuvre est projetée dans le passé comme étant originelle. Or, on peut immédiatement remarquer que l'idée selon laquelle la répétition est le signe d'une détérioration ou d'un inachèvement est parfaitement anachronique, dans la mesure où est postulé comme modèle quelque chose qui suppose la subjectivité moderne dans sa forme la plus consciente. Si l'on refuse d'aller dans ce sens, ce qu'a pourtant constamment fait l'analyse homérique sans se l'avouer, il faut au contraire considérer le texte transmis, en raison de sa répétition, plutôt comme le fruit d'un travail collectif dont il est difficile d'identifier la volonté organisatrice. Dans ce cas alors, on est forcé de soutenir qu'il s'agit là simplement d'une manière archaïque de construire ou de proférer un texte qui appartient déjà à une tradition assez longue. En posant ainsi les choses, il apparaît clairement que les deux hypothèses – l'hypothèse de la perfection initiale du noyau et l'hypothèse d'une sorte d'ensemble mal ficelé – sont solidaires : l'une renvoie à l'autre ou ne peut se définir qu'à partir de son contraire. Ayant très tôt eu le sentiment que ces deux hypothèses pouvaient être renvoyées dos à dos, il me semblait tout à fait nécessaire de partir, en quelque sorte, d'un autre pied.

J'avais été véritablement saisi par une conférence que Karl Reinhardt[1] avait donnée à l'Université libre de Berlin lorsque j'étais étudiant. Il était venu exposer le contenu de son livre

1. *Die Ilias und ihr Dichter*, Göttingen, Vandenhoeck & Ruprecht, 1961.

sur Homère dans lequel il avançait une thèse au fond tout à fait timide, et qu'il n'exploitait pas complètement, mais qui semblait ménager une ouverture dans la situation bloquée d'une opposition entre l'anachronisme et son inversion. Selon Reinhardt, Homère prélève toujours, dans le corpus traditionnel des récits de la guerre de Troie, un morceau spécifique et, par cette délimitation, transforme le régime de la répétition en quelque chose d'inédit. En effet, auparavant, c'étaient les formes tout à fait rituelles ou typiques du combat, accompagnées d'ailleurs des formules de la poésie orale, qui revenaient régulièrement pour qualifier les combattants et décrire les conséquences de leur affrontement afin d'évaluer leurs mérites. Dans cette hypothèse, la répétition était bien, avant l'intervention d'Homère, un signe d'archaïsme. Mais dans la mesure où Homère prélève, dans un cycle de récits couvrant un nombre d'années considérable, simplement la dernière année, il retranche déjà, pourrait-on dire, les neuf dixièmes des répétitions, ce qui tend à montrer que ce ne sont pas ces formes de répétition qui lui importent. Il devient alors d'autant plus intéressant de se demander pourquoi, dans la partie ainsi délimitée et prélevée, subsistent des répétitions. Reinhardt, toutefois, se contente d'attirer l'attention sur le fait que le poème d'Homère commence non seulement très tard dans l'histoire de la guerre de Troie, mais qu'il s'arrête avant la fin[1].

1. M'avait notamment frappé, à l'époque, l'observation d'après laquelle Homère se serait « arrangé » pour que ce ne soient pas la mort d'Achille et encore moins la prise de Troie qui terminent le morceau prélevé, mais la mort et les funérailles de Patrocle. Or, comme on sait, Patrocle va combattre à sa propre demande dans l'armure d'Achille, laquelle avait été forgée par Héphaïstos pour Achille, à la demande de Thétis. Il s'agit donc d'une armure divine. Et Patrocle

Si, en revanche, on engage, à partir de là et à condition d'accepter ce cadre, une analyse de ce que peut vouloir signifier une répétition, on s'aperçoit que la répétition joue en permanence sur une identification de situations ou de qualifications. Dans le régime supposé de ce qui serait l'œuvre d'Homère, c'est-à-dire une œuvre prélevée dans la totalité des récits cycliques, la répétition à l'identique comporte une différence : c'est à distance que la même chose est dite. Et cette distance dans le récit, l'auditeur devait l'interpréter précisément parce qu'une répétition qui intervient dans ce régime textuel est toujours une opération qui attire l'attention. Même à l'identique, une répétition comporte un écart – un écart temporel dans la succession des vers et des épisodes – qui incite donc à se demander si ce que l'on avait déjà entendu devait être compris comme on l'avait compris ou s'il ne fallait pas le comprendre encore autrement, de manière plus complexe, de manière potentialisée. Ce cas de répétition textuelle se trouve encore

succombe aux coups d'Apollon qui, évidemment, n'est pas dupe et comprend, à la manière dont les héros menaient leur vie, que ce n'est pas Achille qui se cache dans cette armure, mais un mortel qui était l'amant d'Achille. Reinhardt essaie de suggérer qu'Homère s'arrange pour que la mort d'Achille, que tout le monde connaît grâce aux récits traditionnels, se produise sous une autre forme, avant qu'elle n'ait lieu, afin qu'Achille puisse pleurer sa propre mort. On obtient là une sorte de potentialisation de l'effet par la répétition. Et c'est une répétition qui, d'une certaine manière, n'est pas la répétition ordinaire d'un vers, mais la répétition d'une situation qui se lit à travers une autre situation avec laquelle elle comporte des analogies. Je pense que Reinhardt a raison de présenter ainsi les choses, car il me semble qu'il décrit bien là l'économie de l'*Iliade* : c'est un morceau du cycle coupé en son début pour éviter tous ces récits de combats, répétitifs, et coupé à son terme pour permettre cette potentialisation qui, par la superposition de la mort d'Achille et de celle de Patrocle avec en outre les funérailles, incite Achille à réfléchir d'une certaine manière sur sa propre mort.

complexifié et approfondi lorsque la répétition comporte elle-même un élément divergent. On attire alors doublement l'attention sur le fait que la même chose n'est pas identique, d'une part, parce que la répétition ne se situe pas au même endroit dans le texte – c'est la première distance – et, d'autre part, parce que la variante, l'écart introduit dans la phrase ou le vers répété, constitue un autre élément conduisant à réinterpréter ce que l'on avait compris d'une certaine façon.

Ces opérations de répétition s'observent nettement dans le texte homérique et composent ce qu'on pourrait appeler la machine réfléchissante. Nul besoin de la subjectivité moderne pour admettre que, du simple fait de la répétition, s'instaure une réflexion produisant, par la superposition et l'écart, des effets de sens, de la différenciation. Ce processus existe bien dans l'œuvre homérique et ne peut en aucun cas être contesté. Le nier ne revient pas seulement à commettre une pétition de principe, mais à s'enfermer délibérément dans une impasse en posant d'abord un idéal d'auteur moderne pour lequel l'œuvre archaïque se défait, pour ensuite, dans un mouvement inverse, postuler un régime textuel archaïque dans lequel finalement ce qui se répète ne s'enrichit pas et n'a aucun effet sur l'intelligence. Là, tout se passe comme si le texte faisait du surplace, provoquant une jubilation dont pourrait seule rendre compte une approche structuraliste. L'alternative apparaît ainsi : soit nous avons un sujet avec sa volonté de maîtrise (totalisation du texte et de ses effets), soit une œuvre dont l'unité ne peut être décelée qu'au moyen de l'analyse structurelle. S'il existe certainement des textes archaïques, dans d'autres civilisations notamment, qui ne comportent aucune dimension subjective au sens moderne du terme, et dans lesquels seule une approche structurale peut découvrir quelque chose comme une cohérence, il est toutefois parfaitement absurde de prétendre à la même opération pour le texte d'Homère. La thèse de Reinhardt était l'amorce de quelque chose d'absolument incompatible avec l'analyse structurelle ou structurale de cette poésie, et, en cela, elle me donnait à réfléchir.

J'ai donc longtemps tourné autour de cette idée qu'un texte peut s'enrichir par toutes sortes d'artifices pourvu qu'il soit délimité de manière visible, au début et à la fin, et non pris dans une sorte de récit infini. Le texte s'enrichit comme un tableau délimité par un cadre. Cette image offre un préalable qui m'est apparu beaucoup plus tard. Pour qu'il y ait, en effet, réflexion, il faut que soit marquée une fin, une limite ; ce qui se déploie à l'infini ne se replie jamais sur soi. On trouverait dans ce cas un épanchement où la répétition est un simple signe d'impuissance. Si Dieu, par exemple, peut, dans son pouvoir infini, faire du nouveau à chaque étape de son déploiement, un être fini ne le peut pas. Et il me semble que l'on peut repérer une homologie entre le fait que l'on cesse, à certains moments, de raconter les choses comme si elles résultaient d'un auto-déploiement infini, et qu'on les raconte en laissant dans le récit la trace de la finitude de celui qui raconte. Certes, ce n'est pas encore le sujet moderne, mais à partir du moment où l'intérêt pour le texte se porte sur un début et une fin, à partir du moment où l'on est dans un régime textuel qui prélude à ce qu'on appellera des œuvres, c'est la finitude qui rend possible une réflexivité objective. Il ne s'agit pas d'une réflexivité subjectivement revendiquée et thématisée ; mais c'est objectivement réflexif, et la répétition est d'une certaine manière la véritable trace de la réflexion dans le texte. En s'appuyant par définition sur un donné qui la précède, l'ouverture à la réflexion marque les étapes d'un progrès irréversible.

Mais alors que le passage à un niveau de réflexivité plus élevé s'accomplit de façon implicite à l'intérieur du récit homérique, il est clairement revendiqué et défini quant à son enjeu par Hésiode. Celui-ci fait en effet précéder le proème[1] traditionnel de la *Théogonie* (v.104-115)[2] d'un autre proème, plus développé (v.1-103), qui indique l'horizon de préoccupation à partir duquel l'héritage épique se trouve à la fois assumé et dépassé. La logique de cette mise en perspective réfléchissante, dont la complexité et la virtuosité technique ont souvent été remarquées[3], est résumée dans l'adresse des Muses (v. 26-28) qui prélude au sacre du poète. Lorsqu'il fait parler les Muses qui s'adressent à lui, Hésiode réalise quelque chose de tout à fait étonnant. Il inscrit d'abord son opération dans la plus pure des traditions archaïques – les Muses s'adressent à lui –, mais ce sont elles qui ont le pouvoir. Les Muses vont d'abord répéter un vers d'Homère, pour attirer l'attention sur la répétition, et proclamer, en deux vers, qu'elles savent dirent beaucoup de choses vraisemblables qui ressemblent à des choses réelles

1. Le préambule d'exposition.

2. « Salut, enfants de Zeus, donnez-moi un chant ravissant. Glorifiez la race sacrée des Immortels toujours vivants, qui naquirent de Terre (Gaia) et de Ciel (Ouranos) étoilé, ou de la noire Nuit, ceux aussi que nourrissait Flot (Pontos) salé – dites-nous comment, avec les dieux, naquirent tout d'abord la terre, les fleuves, la mer immense aux furieux gonflements, les étoiles brillantes, le large ciel là-haut ; puis ceux qui d'eux naquirent, les dieux auteurs de tout bienfait, et comment ils partagèrent leurs richesses, comment entre eux ils répartirent les honneurs, et comment ils occupèrent d'abord l'Olympe aux mille replis. Contez-moi ces choses, ô Muses, habitantes de l'Olympe, en commençant par le début, et, de tout cela, dites-moi ce qui fut en premier », trad. P. Mazon, Paris, Les Belles Lettres, 1928.

3. *Lexikon des frühgriechischen Epos*, *s.v. alethès*, p. 477.

– c'est l'origine de la fiction –, avant d'ajouter enfin : nous savons, si nous le voulons bien, proclamer les choses vraies.

Hésiode distingue alors les réalités fictives *(pseudea)*, qui naissent de l'imitation parfaite des réalités sensibles *(etuma)* dans l'élément du langage, des réalités vraies *(alêthea)*, qui semblent relever d'un autre registre de la parole. Or le terme choisi pour exprimer les choses vraies *(alêthea)* renvoie à ce qui est toujours déjà présent, mais échappe seulement à l'attention. En effet, le verbe *lanthanô* ne signifie pas que j'ignore ce qui va se révéler ou se manifester en surgissant d'un ailleurs absolu, mais plutôt que je n'ai pas conscience de quelque chose qui est déjà là, pour ainsi dire sous mes yeux, et qui m'échappe parce que je me trouve momentanément incapable d'y porter mon attention. Ce n'est donc pas le « dévoilement » cher à Heidegger qui fait irruption depuis un au-delà pour manifester une transcendance. C'est la parole qui ôte, dans l'immanence absolue du monde, le voile d'ignorance *(lêthê)* qui en cache certains aspects essentiels. Cette manifestation a pour substrat la fiction et n'est rendue possible qu'à la faveur d'une opération : la répétition. Dans la fiction en effet, il existe des répétitions produisant des effets de surprise, de curiosité et engendrant donc des hypothèses de sens. Ce qu'Hésiode nous dit, au fond, c'est que la fiction nous procure la possibilité d'élaborer plus avant ces structures répétitives pour en explorer le sens, plus intéressant, à ses yeux, que la fiction elle-même. La fiction est un substrat ; mais, sans elle, il n'est pas possible de construire ces édifices de sens.

Il est donc absurde de dire, comme on l'a souvent soutenu, qu'Hésiode récuse la poésie homérique et lui préfère une poésie didactique. Au contraire, le fait même que les Muses rappellent leur habileté à forger des fictions, avant de faire état de leur capacité de proférer des vérités, à leur gré, suggère qu'il existe un rapport étroit entre les deux registres de l'invention pure et de la connaissance. Clairement désignée par la citation de l'*Odyssée* (chant XIX, vers 203 : « Il savait donner l'apparence à beaucoup de mensonges semblables à des réalités »), la fiction se trouve ainsi relayée par le discours de vérité, qui se réfère au contenu particulier du poème théogonique (les dieux, les choses éternelles). En ce sens, l'idée d'une opposition franche, voire polémique, entre la poésie didactique, que revendiquerait Hésiode, et la fiction traditionnelle, représentée par Homère, est typiquement une idée de professeur. Entre Homère et Hésiode ne se lit pas le passage d'un genre à un autre, mais l'approfondissement d'un procédé : la répétition réflexive dans le cadre d'un texte délimité. On pourrait dire en quelque sorte qu'Hésiode compose une fiction à la seule fin d'y inscrire les grandes structures répétitives. Il constitue une forme de relais entre la narration épique et le discours philosophique. Il faut y insister, l'art que les Muses inspirent à Hésiode consiste à utiliser la fiction pour y faire surgir des éléments de vérité. Ce ne sont pas des réalités sensibles, que l'on peut percevoir indépendamment de leur évocation narrative, comme les paysages, les plantes et les êtres vivants, mais des réalités intelligibles, qui ne se rencontrent qu'au niveau de la démarche réflexive du récit. C'est la raison pour laquelle sa fiction consiste à faire se répéter un conflit – entre un principe d'isomorphie qui fait triompher la totalité de l'Un et un principe qui résiste et se soustrait dans une sorte de négativité –, conflit dont la signification permet de rendre compte de l'ordre du monde. Les grandes étapes de la *Théogonie*, que l'on esquissera ici, montrent bien comment les vérités dont parlent les Muses constituent des invariants structurels que la narration met en relief au moyen de la répétition.

À l'origine s'opposent deux puissances qui peuvent se définir, dans leur caractère propre, par l'affirmation de la différence radicale (Terre directement issue de Chaos) et par l'affirmation de l'identité absolue (Ciel, issu de Terre et s'identifiant à elle comme son double parfait). Si l'on pose que la puissance originaire de la Béance (Chaos) se perpétue dans l'action d'Éros, comme manifestation de désir ou de manque, on peut voir dans le couple Terre-Ciel la matérialisation de la logique conflictuelle inhérente à la relation érotique. Lancé par le manque, le désir vient à se manquer en s'accomplissant ; mais en atteignant l'identité qu'elle poursuit pour s'y abîmer, la différence se réaffirme. L'étreinte étouffante d'Ouranos, qui arrête la force de prolifération radicale, est pour Terre la raison même de sa révolte. En creusant la cavité où son fils Cronos va s'abriter pour mutiler son père, elle prépare sa revanche tout en stabilisant sa relation avec Ciel, qui sera désormais séparé d'elle par l'immense cavité du monde. Ici vont se développer des relations d'une complexité extraordinaire, et le conflit initial, maintenu désormais dans les limites du cosmos naissant, va rebondir d'étape en étape, chaque fois sous l'investigation de Gaia.

Ainsi, lorsque l'affrontement entre Cronos et Ouranos se répète entre Zeus et Cronos, Terre dérobe-t-elle le futur roi des dieux au regard de son père en le cachant dans une grotte de Crète, réplique symbolique de la cavité aménagée par sa ruse initiale. Et plus tard, en aidant Zeus à remporter la victoire sur les Titans, elle emploie contre ses propres enfants la fécondité infinie de la différence. Pour arrêter la démesure des Titans, Zeus reçoit le concours de ces monstres terrestres que sont les

Cent-Bras et les Cyclopes, êtres d'excès et de manque, dont le pouvoir se neutralise avec celui de leurs victimes. La même logique de l'auto-limitation des puissances incommensurables inspire les conseils que Terre prodigue à Zeus au moment où il cherche à asseoir son pouvoir. Plutôt que de régner en despote, comme son père Cronos, et d'encourir le risque d'insurrection permanente, Zeus a à cœur de différencier l'identité de son pouvoir en divisant le monde en sphères d'influence. Ainsi les prérogatives des Olympiens, leurs fiefs, se distinguent-elles au sein d'un ordre appelé à rester immuable. Le principe de cet ordre, le partage, autorise Zeus à veiller, en brandissant la foudre, sur le respect de la répartition, afin qu'aucune transgression ne se produise d'un fief à l'autre. L'ordre où la différence joue au cœur même de l'identité, c'est celui de la justice de Zeus. En tant qu'équilibre résultant de l'action des forces antagonistes, il est destiné à durer. La vérité qui se dégage de cette succession d'épisodes, scandant la généalogie des dieux, est hautement spéculative. Elle indique que la lutte que se livrent le Même et l'Autre ne peut être apaisée que si l'Identité souveraine accueille en son sein l'Altérité rebelle, en lui permettant de s'affirmer sous forme de plusieurs identités relatives. L'ordre de Zeus représente ainsi l'aboutissement d'une véritable analyse logique, qui fournit la clé de l'organisation du monde, du macrocosme aussi bien que du microcosme. C'est d'elle que s'empareront les premiers philosophes.

Jusque-là, on comprend très bien comment la répétition potentialise des significations, mais la chose n'est pas arrêtée pour autant parce que le partage ne permet pas à Zeus de réaliser la synthèse de ce qu'il convient d'appeler maintenant le Même et l'Autre, de l'identité et de l'altérité. En effet, Zeus veille bien sur l'identité de l'altérité, c'est-à-dire le partage, mais, dans l'opération, il a perdu l'essentiel de l'élan de son père et de son grand-père, c'est-à-dire cette fougue à la fois sexuelle et guerrière, ou maternelle, qui vise à tout rassembler en une seule totalité. Il est d'une certaine manière inhibé, et c'est la raison pour laquelle il est obligé de recourir à une nouvelle ruse qui est particulièrement intéressante du fait qu'elle n'est intelligible qu'à la lumière des répétitions déjà produites. Il s'agit de la ruse qui consiste à charger un descendant de Titan, Prométhée – qui est donc par définition du côté des coupables –, d'enfreindre la loi du partage à la seule fin de pouvoir le punir. Pour desserrer le lien de ce partage parfait, Zeus incite donc Prométhée à partager rituellement un bœuf de manière inégale en réservant la meilleure partie, mais dissimulée, à des êtres qui traînent par là et deviendront des hommes en vertu de ce partage inégal. Prométhée déclenche alors une nouvelle série de conflits, au cours de laquelle les dieux règlent leurs comptes par l'intermédiaire des hommes. En effet, la colère de Zeus ne s'abat pas seulement sur Prométhée, mais également sur les êtres humains qui ont profité du partage truqué du bœuf. Or les hommes, victimes d'une rivalité qui les dépasse, voient la perte de l'immortalité, liée au refus du feu, compensée par la faculté de procréer, qui est le résultat paradoxal de la punition provoquée par le vol du feu : l'arrivée de la femme. Tout se passe comme si Zeus et Prométhée exploitaient de façon concertée leurs griefs mutuels dans le dessein de permettre à l'Olympien d'annuler le verdict qui frappe la transgression du Titan en dégageant, au moins partiellement, sa responsabilité. Avec l'exploit d'Héraclès, fils de Zeus et d'une mortelle, les histoires divine et humaine s'interpénètrent pour préfigurer le dénouement par lequel les Titans vont se trouver réintégrés dans l'ordre olympien. Tout est absolument transparent.

À partir de cette espèce de déséquilibre introduit par Zeus dans son propre univers parfaitement réglé et apaisé, Hésiode livre plus qu'une théodicée : une anthropodicée. Il s'agit finalement pour lui d'expliquer pourquoi il y a des hommes, à quoi ils servent, et l'on découvre par le récit que les dieux ont besoin des hommes.

Ils en ont besoin parce qu'il leur est impossible de sortir de la logique de la justice qu'ils ont adoptée et qu'il leur faut accomplir un geste symbolique de déséquilibre pour que se remette en marche un mécanisme permettant d'intégrer le maximum d'altérité possible à cette identité stérile. Ce sont les hommes mortels qui vont introduire cette altérité, fidèle à ce que Terre avait fabriqué, à savoir un creux en son sein, une grotte dans une montagne qui va devenir, après que Prométhée a volé le feu – la semence divine – un petit coffret. Ce coffret est en fait une personne : Pandore, la mère de toutes les femmes. Comme dans beaucoup de traditions, l'être était jusqu'ici masculin. En proposant aux hommes de déposer le feu volé par Prométhée, Pandore permet la naissance des générations des hommes et, par l'accouplement de Zeus avec les femmes mortelles, celle des générations de héros. Fruits de l'union entre immortels et mortels, les héros deviendront l'incarnation de la dignité humaine. C'est avec leur avènement cependant que resurgit le problème que le premier d'entre eux avait contribué à résoudre. En effet, le modèle de la vie héroïque consiste à s'emparer par la force de ce que l'on juge avoir mérité. Les héros se comportent exactement comme les Titans, en voulant se saisir de tout, si bien que l'histoire des dieux risque de se reproduire chez les hommes. Mais il existe, dans le cœur de Zeus, un affect négatif et un affect positif qui se tiennent en balance, et c'est le moment que la *Théogonie*, par cette mise en scène des structures répétitives, cherche à atteindre : la réconciliation. On sait grâce à Pindare que Zeus a aménagé les îles des Bienheureux pour y accueillir les Titans, afin que ceux-ci reçoivent bien les héros morts au combat. Dans une organisation cosmique parfaite, les êtres excessifs que sont les héros, et qui commettent des forfaits que Zeus, gardien des limites, ne peut pas admettre, sont quand même accueillis par des êtres semblables à eux, les Titans, ayant déjà commis des excès et ayant été pour cela punis. Dans la répartition sur laquelle veille Zeus, on trouve donc finalement un endroit où l'excès lui-même est chéri et récompensé.

L'œuvre d'Hésiode exprime et thématise, dans l'hymne à Hécate, cette sensibilité particulière de Zeus. La Titane héritière des prérogatives des dieux déchus, qui s'emparaient de tout ce qu'ils désiraient sans respecter aucune règle, y est dépeinte sous les plus chatoyantes couleurs. Elle incarne, par son comportement capricieux, le refus de la justice distributive qui pacifie l'univers des Olympiens. C'est elle pourtant que Zeus honore entre toutes les déesses en l'instituant nourricière de la jeunesse. Plutôt que la certitude du droit, elle incarne l'incertitude et la séduction de la promesse. Sous une forme atténuée, on reconnaîtra, dans le défi incessant qu'elle oppose au règne de la justice, le désir d'ouverture et de différenciation que Terre faisait valoir sous l'étreinte implacable de Ciel.

Dans la temporalité fictionnelle d'Hésiode se dessine donc bien une loi atemporelle. C'est le Même et l'Autre qui s'affrontent dans une lutte qui doit être, d'une certaine manière, dénouée, pour que le malheur ne puisse triompher soit sous la forme du Même, qui écrase toute altérité et stérilise, soit sous la forme d'une prolifération monstrueuse de l'altérité. On pourrait dire qu'une loi atemporelle se sert ici d'un déroulement temporel fictionnel pour émerger et apparaître comme un contenu de connaissance. Le plaisir littéraire est en ce sens beaucoup moins grand que chez Homère, l'intérêt portant davantage sur ce que j'appelle des structures d'intelligibilité. Et c'est précisément ce que la philosophie va essayer, de plus en plus, d'isoler, sous le nom de vérité.

Les poèmes de Parménide et d'Empédocle, par exemple, sont composés dans le style homérique, mais selon une démarche de plus en plus réflexive qui s'éloigne de la fiction. Si le récit théogonique reste attaché à l'évocation fictionnelle d'événements s'inscrivant dans l'expérience sensible du monde, tout en faisant apparaître un ensemble d'articulations noétiques qui ne sauraient être vérifiées par les sens, le discours philosophique s'éloigne progressivement de la fiction en passant de la cosmogonie à la cosmologie, puis à l'ontologie. On peut tout simplement dire que le *muthos*, en tant que fiction, accouche de son *logos* comme de son enfant légitime. Qu'est-ce que le *logos*, sinon la mise en évidence du rapport que la fiction dans son déroulement mythique de profération permet d'appréhender ? Il est clair qu'il n'existe pas d'événement provoquant la sortie de l'univers du mythe au profit de l'entrée dans l'univers du *logos* : le mythe accouche du *logos* au moyen des répétitions paradigmatiques dont il fait usage, dans une espèce de prolifération au sein du récit aménagé comme autoréférence répétée.

Demeure la question de savoir pourquoi le retrait sur le matériau homérique commanderait cette économie. On pourrait avancer que c'est précisément ce qui distingue le monde grec du monde océanique et que, pour cette raison, les anthropologues qui traitent les textes grecs avec les instruments qu'ils ont fourbis pour traiter des mythes océaniques font fausse route. Comment s'explique en effet la décision de ne pas se laisser porter par la prolifération sans limites d'un récit venant de nulle part, et comment comprendre cet arrêt porté, sinon par un intérêt nouveau qui était à l'œuvre ? Si l'on veut simplifier un peu les choses, on dira que toutes les grandes civilisations, en remontant vers les pratiques de sens, sont arrivées à la dualité. Aucune n'est allée au-delà, sauf les Grecs et les Juifs ensemble, sur le mode d'une transaction. Par un coup de force, les Grecs ont déclaré qu'il fallait se soucier de l'Un et faire retourner le multiple dans l'Un, quitte à ce qu'il s'abîme dans l'Un. Or, quand on se demande d'où peut venir cet intérêt pour l'Un par-delà la dualité qui permet de ranger les phénomènes pour les rendre intelligibles (sous le mâle et la femelle par exemple, le chaud et le froid, etc.), il me semble qu'il faut considérer le fait que, peut-être à un moment donné et dans des circonstances mal élucidées, les Grecs croyaient étrangement que la seule vie qui nous était donnée est la vie que l'on mène entre la naissance et la mort. Il n'y a pas de survie après la mort, sinon des modalités de survie peu intéressantes, et il n'y a surtout pas de métempsycose ou de retour des morts dans la vie.

Il est alors intéressant de se demander ce qui se dessine dans cette existence éphémère ne pouvant être rattachée à rien qui ressemble à une sorte de principe salvateur extérieur. Cela est certainement lié à ce phénomène unique, introuvable ailleurs, qui fait qu'une population considère que tout se joue là, pendant que l'on vit, et que ce qui n'est pas accompli ici et maintenant ne le sera jamais. Le problème d'une vie qui n'est pas ancrée dans un au-delà et n'a pas de garant extérieur est qu'elle est constamment en dehors d'elle dans la temporalité. En conséquence, toute la question est de savoir comment l'on peut se rejoindre, revenir à soi. Où l'on comprend l'idée lancinante, dans l'*Odyssée*, du retour, du repli chez soi. En effet, la réflexivité est le problème permanent d'une vie vécue dans son unicité et étendue dans le temps. Le désir absolu d'Ulysse de rentrer chez lui n'est pas anecdotique pour Homère ; il stylise cette nécessité impérieuse de nous défaire de tout ce qui nous détourne, nous séduit et nous attire ailleurs afin que nous soyons nous-même. Le chez soi est la figure de ce soi. Il en va de même pour Antigone dont on peut se demander pourquoi elle veut absolument enterrer son frère alors qu'il était un ennemi de la cité et que la survie de la cité dépendait de ce genre de décision. C'est qu'Antigone se dit que ses parents sont morts et qu'elle ne peut avoir d'autres frères. Thématisation de l'unicité : c'est dans cette unicité de la vie, assumée jusque dans la mort, que paraît, en filigrane, une individualité. Et c'est ce qui explique qu'Antigone ait été stylisée plus tard, par exemple chez Hegel, comme la découverte grecque de l'individu. Il est peut-être excessif de poser les choses en ces termes, mais l'individu naît bien à la faveur de la prise de conscience de son unicité. En ce sens, on peut dire que la subjectivité commence à travailler sans être thématisée : elle est ce qui découle logiquement du retour à soi. Et si l'on revient sur ses pas comme le fait Ulysse, c'est que l'on ne dispose pas d'une perspective infinie devant soi.

Dans l'histoire des développements de l'esprit, c'est-à-dire de ce que Cassirer appellerait la « dialectique » des formes symboliques, donc dans l'histoire de la mise en crise de la forme « mythe », Hésiode représente une étape essentielle : il récapitule l'ensemble des éléments de la mythologie et, en utilisant une forme habituelle des récits mythologiques, la répétition, il la fait travailler désormais comme un outil strictement littéraire au sens large, un outil textuel destiné à une autre fonction que celle qui lui était au départ dévolue. La répétition ouvre littéralement des brèches dans l'édifice des mythèmes en invitant le lecteur à comprendre que les sources d'innovation et de sens sont passées entre les mains, non plus des anciens qui transmettaient, mais de l'écrivain qui, avec des moyens strictement langagiers, forge un nouvel horizon. Dès le début de la *Théogonie*, les Muses sont dites savoir ce qui fut, ce qui est et ce qui sera (vers 38), mais Hésiode, juste avant, caractérise le chant qu'elles lui ont inspiré en indiquant que sa fonction est de célébrer « ce qui fut jadis et ce qui sera » (vers 32) : le présent est donc désormais ouvert, et c'est de l'art du poète que son sens dépend.

Dans la mesure où la récapitulation de l'héritage mythologique est présentée comme un récit obéissant à la règle *post hoc propter hoc*, une nouvelle manière de concevoir la réalité se fait jour : elle est régie par l'ébauche d'une loi de causalité organisant l'ensemble de l'univers mythologique selon deux orientations, l'enchaînement causal et le souci d'exhaustivité. Un nouvel ordre s'installe qui préfigure la vision philosophique : expliquer le Tout en fonction d'un réseau de connexions causales. C'est l'amorce de ce qui deviendra, avec Platon, une onto-cosmologie, c'est-à-dire une quête des essences dont dépend l'ordre parfait du cosmos. La philosophie devient d'abord une ontologie en quête de la vérité de ce qui est et qui se manifeste sous la forme que nous pouvons saisir objectivement du cosmos. Platon va d'ailleurs s'efforcer de récapituler l'ensemble des doctrines touchant à la formation de cet univers, l'ensemble des théories expliquant sa structuration. C'est l'objet du *Timée*, qui marque ainsi l'apogée de cette onto-cosmologie.

Cosmologie générale et variété des opinions

La cosmologie générale permet de faire le lien entre l'idée du monde clos chez les Anciens et une analyse de la langue comme volupté de la réflexion. Telle qu'elle est conçue par Platon, à la fin du long périple du cycle des cosmologies présocratiques, elle porte exclusivement sur les cosmologies qui postulent l'unité de l'être. Il néglige complètement les cosmologies secondes, qui pensent le réel sur le modèle du fonctionnement du langage. Démocrite dit que l'on fait des tragédies avec vingt-quatre lettres et un nombre infini d'univers avec les atomes à partir de l'idée que la différence radicale, irréductible, qui sépare les composantes du réel, fait du réel une identité provisoire, promise à la destruction. Cette perspective du langage n'entre pas dans la cosmologie générale de Platon, qui se concentre entièrement sur la représentation, sur la *theôria*. Dès lors que je pense le réel à partir de la représentation, le langage devient un instrument, il n'est pas autonome et ne constitue pas un but en soi. Il sert à évoquer ce que je vois, ce que je me représente. Dans la cosmologie générale qu'est le *Timée*, Platon essaie d'exhiber la représentation qui permet de rendre compte de l'ensemble des représentations antérieures du cosmos ; c'est en cela qu'elle est générale. La réussite est incontestable, parce qu'après la cosmologie du *Timée*, il n'y a plus de cosmologie originale construite sur ce patron qu'est l'affirmation de l'unité de l'être.

Poursuivons notre reconstruction selon laquelle le *Timée* est la matrice de la compréhension de l'histoire de la philosophie par les Grecs. Platon s'y emploie à rendre compte de représentations spatialisables de quelque chose qui tombe sous le regard, comme le font toutes les cosmologies antérieures, sauf celles qu'il tient dehors, comme Héraclite, Démocrite. À ceci près qu'un Démocrite manipulé peut rentrer – il a été intégré par Aristote; mais Platon l'a exclu du *Timée* parce que Démocrite disait tout le contraire de ce qu'il disait lui-même. Diogène Laërce se demande pourquoi Platon parlait de tous ses devanciers, sauf de Démocrite, et suppose que c'est parce qu'il savait qu'il aurait eu affaire au plus grand des philosophes, c'est-à-dire à lui-même, son *alter ego*, puisque Démocrite appelle les atomes, qui sont le contraire de la chose en soi, des « idées ».

La cosmologie que le *Timée* propose devient ensuite la matrice de tout ce que nous pouvons espérer mettre en ordre intelligible, représentable, c'est-à-dire, s'il s'agit de choses historiques, de ce qui a été soutenu successivement dans le temps. Dans la mesure où il fournit les catégories les plus générales de la représentation de l'univers et du corps humain, Platon nous permet de nous représenter le sens de l'histoire. Au début du *Timée*, il explique que, pour comprendre ce qu'il avait visé dans la cité idéale de la *République*, qui ne tient aucun compte des tendances naturelles des êtres humains, de leurs faiblesses, de leurs penchants, il faut une cosmologie qui dise ce qu'est l'être humain, comment il est structuré dans son rapport au Même et à l'Autre. La seule façon de rendre intelligible une histoire, c'est de narrer celle de l'Atlantide, c'est-à-dire de la guerre que mènent le Même – incarné par l'Athènes primitive symbolisée par l'Acropole, le cube terrestre qui ne bouge pas – et l'Atlantide qui, représentant l'Autre, est donc l'incarnation de l'eau qui déferle et n'est jamais égale à elle-même, mais toujours en train de se transformer. Cette guerre historique devient intelligible sur le fond de la cosmologie du *Timée*.

Nous avons donc la construction suivante : Platon décrit la cité idéale et ajoute qu'elle ne peut s'incarner dans l'histoire réelle que dans la mesure où l'on tient compte des hommes qui peuplent cette cité idéale ; la cosmologie du *Timée* fournit ces hommes et l'univers dans lequel ils vivent et qui les conditionne. Du coup, Platon est en mesure de montrer que l'Athènes primitive peut l'emporter sur l'Atlantide parce qu'elle avait été instruite selon les préceptes de la cité idéale, c'est-à-dire qu'elle avait admis le primat du Même sur l'Autre. Derrière cette construction de l'Atlantide se profile évidemment la victoire des Grecs contre les Perses, venus conquérir l'Hellade par vagues successives. Les Thermopyles, où les Spartiates en nombre réduit, avec Léonidas, résistent à l'armée, sont un goulot : l'eau ne passe pas. À un certain moment, elle passe par-dessus les collines, et l'armée perse se déverse dans la plaine. C'est entièrement aquatique. L'Atlantide fournit la grille de lecture des guerres médiques, et aussi celle de la guerre du Péloponnèse. Le paradoxe pour un Athénien est que Sparte a gagné. Sparte est la terre, le conservatisme, ce qui ne bouge pas, ce qu'on n'aime pas, la liberté athénienne étant assimilée par Platon, à travers cette grille, à l'eau, de même que la Confédération des îles qu'Athènes avait réunies dans une vaste alliance où le commerce maritime jouait un grand rôle. Malgré sa puissance extraordinaire, Athènes ne pouvait pas l'emporter. Sparte s'était appuyée sur le principe du Même, de l'inaltérable.

À partir de là, on comprend pourquoi Cicéron, dans les fragments de la *République* qui nous sont parvenus, mène une longue réflexion sur la question de savoir si une ville, une capitale d'un pays, doit être construite au bord de la mer ou à l'intérieur des terres. Rome est à distance idéale de la mer : elle n'est pas à l'intérieur des terres. De nombreuses questions peuvent être comprises à partir d'une grille de lecture de l'histoire fournie par la cosmologie générale du *Timée*. Quand on lit les chapitres de Tite-Live sur les guerres puniques, on retrouve le problème qui se pose pour les Romains, avec l'eau, car Hannibal refait, avec ses éléphants, le coup des Thermopyles : il bouge. À la bataille de Cannes, il invente une stratégie où il n'est ni là ni là, tandis que les Romains, qui sont là où ils sont, se font battre. Ensuite, quand les Romains montent sur des bateaux pour finalement détruire Carthage, ils rencontrent d'énormes difficultés, répétant ce qu'ont fait les Grecs dans la baie de Salamine : ils mettent les bateaux les uns contre les autres pour pouvoir placer leurs manipules et livrent en fait une bataille terrestre. Rome gagne parce qu'elle est une puissance terrestre. Les Romains ont beau régner sur la Méditerranée, leur imaginaire est entièrement terrestre. Tite-Live est instruit de la cosmologie générale.

Le *Timée* permet de reconstruire la façon dont, en Grèce même, on a compris l'histoire de la philosophie : il a accueilli tous les systèmes antérieurs – à l'exclusion des systèmes dissidents qui portaient sur le langage –, c'est-à-dire uniquement les systèmes ontologiques qui, de Thalès à Parménide et Empédocle, avaient véritablement parlé de l'être un (les autres, s'ils sont repris, ne sont jamais pris au sérieux). De là vient, en effet, la doxographie antique, qui est née après Aristote, avec Théophraste[1], mais qui selon moi, a déjà existé dans l'enseignement de l'Académie. Quand les jeunes gens y étaient initiés à la philosophie, ils étaient formés par un jeu de questions et de réponses qui reprenait la grille du *Timée* ;

1. Particulièrement dans le *De sensibus*, œuvre rédigée par l'élève d'Aristote à la fin du IIIe siècle.

cela allait de soi. Les questions légitimes, qu'on a le droit de poser aux philosophes, sont celles qui tirent leur légitimité du *Timée* ; les autres ne sont pas posées.

J'ai esquissé l'idée, mais sans pouvoir la démontrer parce que ce n'est en fait pas démontrable, que la doxographie que Théophraste développe est en réalité platonicienne dans sa structure, liée à l'enseignement de l'Académie ; dans sa partie discussion, critique, elle est aristotélicienne. Le mouvement est double. Il serait erroné de penser que Théophraste comprend la philosophie qui a précédé (Platon y compris) à travers les catégories aristotéliciennes. Il la saisit à travers les catégories du *Timée* et la critique avec les catégories aristotéliciennes, par la dialectique telle qu'Aristote la définit. Cela invite à voir de manière plus subtile qu'on ne le fait d'ordinaire les restes que nous possédons de cette œuvre. On y a cherché des informations objectives ; or elle n'est doublement pas objective. Pour y trouver la trace de ce qui a réellement pu être défendu par les philosophes antérieurs, il faut d'abord comprendre les questions dans leur enchaînement ; puis repérer comment les réponses sont conditionnées par la portée et la pertinence des questions qui viennent du *Timée* ; et il faut ensuite se demander si la critique, par Théophraste, des positions qu'il a résumées, fournit des informations ou discute sur un mode entièrement hypothétique, sans se soucier de ce que les auteurs ont réellement dit. Théophraste fait une critique verbale, qui ne porte pas sur les représentations : ils ne peuvent pas dire cela, s'ils le disent, cela ne veut pas le dire, et s'ils le disent, cela ne peut pas dire le contraire, etc. C'est le jeu aristotélicien. On peut pousser l'analyse pour les fragments plus longs, comme le *De sensibus*, puisque toute la critique est parvenue jusqu'à nous. Mais dans les résumés ultérieurs qui nous sont parvenus, il est très difficile de séparer ce qui relève de la description, orientée par le *Timée*, de ce qui relève de la critique incorporée au moyen d'Aristote. La critique, c'est la vie intellectuelle. Ce mode de pensée qui est une fin en soi n'a pas pour but de mettre un autre système philosophique à la place, mais vise simplement à démonter, à faire jouer un argument contre l'autre.

La doxographie de Théophraste a pu servir de bréviaire aux sceptiques. Or les premiers sceptiques sont les successeurs de Platon, à l'Académie. À partir du moment où l'Académie n'a plus à sa tête un génie du type de Platon, mais devient scolaire et ne retient que la doxographie montée à partir du *Timée*, elle devient sceptique, puisque les opinions des uns et des autres se contredisent. On peut développer des arguments en faveur de l'une ou de l'autre position : le premier scepticisme, à l'Académie (pas celui de Pyrrhon[1]), avec Arcésilas, naît du dépérissement de ce que Platon évoque dans la *Septième Lettre*, à savoir la nécessité de découvrir les choses par soi-même. Ne reste que l'enseignement scolaire, qui produit du scepticisme, parce qu'on y apprend que les gens n'ont pas toujours dit la même chose.

Cela me fait songer à une très belle phrase de Jean Bollack. Un de ses professeurs d'histoire de l'art à l'Université de Bâle, Schmeidenbach, disait toujours : « Les uns disent comme ci, les autres disent comme ça. Vous voyez, Messieurs, on ne sait pas. » En allemand, c'est merveilleux : *« Die Einen sagen so, die Anderen sagen so. Sie sehen, meine Herren, man weiss es nicht. »* On a là la doxographie de l'Académie ultérieure.

1. Pyrrhon d'Élis (360-275 av. J.-C) précède Arcélisas qui fonda la IIe Académie en 288 av. J.-C.

Le phénomène se complique du fait que la doxographie chemine pendant que s'élaborent de nouvelles positions philosophiques affirmatives. Elle est comme un ventre : ces nouvelles positions, comme le stoïcisme, se construisent à l'aide de la doxographie pour refaire la positivité d'une cosmologie générale, refaire le coup de Platon ou des présocratiques. Les stoïciens s'imaginaient qu'ils pouvaient faire aussi bien que les présocratiques tels qu'ils pouvaient les déchiffrer à travers Platon. Ils pouvaient donc transformer Héraclite avec son feu en un hylozoïste du genre de Thalès ou d'Anaximène ; c'est grâce au *Timée* que les stoïciens s'engagent dans cette voie. Et leurs positions systématiques sont à leur tour digérées par la doxographie, qui continue. La doxographie que nous avons, datant du premier siècle après J.-C., dont nous trouvons les traces chez Stobée[1], notamment, expose des systèmes, stoïciens et aussi épicuriens, qui sont postérieurs à la mise en place de la machine doxographique et se sont construits à l'aide de cette machine, puisqu'ils n'avaient pas d'accès direct aux présocratiques. Eux-mêmes vont être intégrés, ils figurent dans les chapitres de la doxographie qu'ils ont lus. On est loin d'avoir analysé ce phénomène ; et, si l'on veut écrire une histoire de la philosophie, il faudra le faire. Comme on ne dispose pas d'autres sources sur les œuvres perdues, on est placé devant une vraie difficulté pour savoir ce que signifient véritablement les options philosophiques, par exemple ce que Chrysippe ou Cléanthe, les premiers stoïciens, ont pensé. Ils fabriquent une chose avec une doxographie post-platonicienne, qui a une allure pré-platonicienne. Leur cosmologie,

1. Stobée (env. ve siècle apr. J.-C.), compilateur des doctrines antiques : *Eclogae physicae et ethicae*.

avec le feu, l'ecpyrose[1], est faussement archaïque, mais bricolée avec la doxographie post-archaïque, puis intégrée ensuite dans le récit qui chemine.

Il a fallu attendre le tournant de 1800 pour que ce récit doxographique soit finalement utilisé et Hermann Diels, dans les années 1870, pour que la doxographie soit isolée. Quand on lit les différentes *Histoires de la philosophie* de l'époque, on voit que Tiedemann, Tennemann et les autres[2] ont puisé dans ce qu'il y a d'accessible chez Plutarque, par exemple, et ont déjà mis en place un schéma d'histoire de la philosophie qui continue l'œuvre de Théophraste platonisant. Et quand on lit les *Histoires de la philosophie* du XIXe siècle, on voit à quel point elles sont tributaires des *Présocratiques* de Diels. La distinction, qui sert de fil conducteur à Diels, entre les deux grands courants chez Diogène Laërce, philosophie ionienne et philosophie italique, correspond très exactement à ce que le *Timée* a opposé sous les espèces du Même et de l'Autre : les Italiques sont des logiciens (Parménide, Zénon), qui sont préoccupés par le paradoxe de l'Un, tandis que les Ioniens, qui sont, selon cette construction, tournés vers le cosmos physique tel qu'il existe, ne s'embarrassent pas du problème de l'altérité. Les deux univers ont deux représentants intermédiaires, dont Diogène Laërce dit qu'ils sont hors du chemin. Pour les Italiques, c'est Empédocle, qui va vers les Ioniens, puisqu'il imagine un cosmos beaucoup plus substantiel que

1. L'âme est pour eux l'esprit ardent d'une divinité conçue comme feu originel et éternel ; les âmes ardentes et « éclairées » iront après leur mort rejoindre le feu divin dans l'attente d'un embrasement universel *(ekpyrosis)*.

2. D. Tiedemann (1748-1803), *Geist der spekulativen Philosophie*, 6 vol., Bruxelles, Culture et civilisation, 1969 ; W. G. Tennemann (1761-1819), *Geschichte der Philosophie*, 12 vol., Bruxelles, Culture et civilisation, 1969-1974.

Parménide, qui est un spéculatif logicien, et les Ioniens ont Héraclite, qui est trop spéculatif : ça se croise. Cette construction est tributaire de la façon dont le *Timée* met en place les oppositions possibles.

Aussi le terme de cosmologie générale est-il tout à fait postérieur à Platon. Du dehors, il désigne son ambition. On peut décrire Platon comme celui qui a essayé de produire une machine susceptible d'ingurgiter toute position possible. Il a d'ailleurs ménagé, autant que faire se peut, des places aux uns et aux autres. On peut les identifier dans le *Timée* ; on y reconnaît, selon les endroits, du Parménide, de l'Anaximène, de l'Héraclite. C'est extrêmement subtil parce que Platon leur rend hommage, sans pour autant les prendre pour eux-mêmes. Ainsi trouve-t-on un relent de Parménide dans le *Timée*, avec un discours hybride qui dégage les structures inévitables qu'adopte toute cosmologie, quelle qu'elle soit.

Dans ma jeunesse, j'avais écrit que je mettais au défi quiconque d'imaginer une cosmologie plus générale que celle-là. Si l'on recherche une cosmologie qui permette de se représenter la totalité de ce qui est, je ne vois pas comment on peut faire mieux que le *Timée*. Je dirais que c'est une cosmologie générale archaïque : elle résume tout ce que l'on a pu faire sur le mode archaïque de la représentation exclusive, c'est-à-dire sans tenir compte de la problématique typiquement aristotélicienne qui consiste à se demander ce qu'on peut dire des choses.

Aristote n'est pas dans la représentation pure. Pour lui, la vérité n'existe que dans la mesure où il y a une phrase, elle n'existe pas dans une représentation. À la fin du *Cratyle*, Platon recommande de laisser tomber le langage, qui perturbe, et de regarder les choses telles qu'elles sont en elles-mêmes. Le *Timée* est l'accomplissement, dans le domaine de la cosmologie, puisqu'il ne s'agit pas des idées, du cosmos tel qu'il est représentable, tandis que, chez Aristote, on est toujours dans l'ordre de l'argumentation, et jamais dans celui de la représentation. La *Métaphysique* ne parle pas du cosmos, puisqu'elle passe des différentes espèces d'être selon la manière de le dire, *pollakhôs legetai to on*[1]. La *Physique* ne parle pas du cosmos tel qu'il est, mais des causes. De quoi parlent le *Ciel* et ensuite les *Météorologiques* ? De l'un à l'autre, la part de spéculation s'amenuise au profit d'une attention accrue au réel. La *Métaphysique* est spéculative, la *Physique* l'est encore. Avec le *Ciel*, on est presque déjà dans l'empirique, et l'on s'achemine vers l'*Histoire des animaux* – vers la description. Chez Aristote, il n'y a pas de système qui mérite le nom de cosmologie. On y trouve des généralités sur le cosmos, mais jamais il n'est dit ce qu'est le ciel des fixes, que l'Âme du monde le remplit, que les étoiles accomplissent les unes par rapport aux autres des mouvements dont on peut déceler la loi, loi qui se retrouve dans le fonctionnement du cerveau humain, que la respiration, qui est une sorte de roue qui bascule, est à l'image de telle ou telle chose. Pour le dire de manière un peu banale, il s'agit entièrement, avec la cosmologie, d'un raisonnement analogique. À l'aide de l'analogie, Platon crée la cohérence, c'est une évocation, tandis qu'Aristote raisonne, argumente, sans que cela porte jamais sur le cosmos en tant que cosmos, mais sur les causes.

Aristote s'applique à constituer le fondement de la cosmologie, mais son projet n'est pas de fournir une cosmologie élaborée. À l'inverse, Platon rentre dans le plus fin détail : il nous explique pourquoi les cheveux poussent, la cause de la fièvre, la manière dont les éléments se transforment. Aristote,

1. « L'étant se dit de multiples façons. »

lui, nous dit que pour qu'un élément passe dans un autre, il faut qu'il cède une qualité, puisque les éléments sont caractérisés par deux qualités : ils ne peuvent pas passer intégralement dans un autre, ce serait un saut. L'eau, qui est froide et humide, ne peut devenir chaude et sèche, il lui faut d'abord être froide et sèche, donc elle devient terre ; se produit ainsi un enchaînement, puisque après vient le chaud et sec, qui est le feu. Ce type de raisonnement est radicalement différent de la manière dont Platon, par l'analogie de la représentation, met en place l'ensemble des choses qui sont. Aristote se situe à un autre niveau d'investigation, pourrait-on dire. La controverse philosophique *(zêtêsis)*, pour lui, n'est pas celle-là.

L'entreprise du *Timée* peut paraître paradoxale puisque le principe du platonisme n'avait pas besoin d'une cosmologie. Mon hypothèse est que, loin de toute démarche dogmatique, ce dialogue cherchait à fournir, sur le plan pédagogique, un moyen de récapituler la pensée antérieure. Plus tard, on dira que le *Timée* était le système de Platon, mais c'est une erreur : Platon est le rejeton légitime de Parménide, comme il le dit lui-même. La cosmologie n'est pas pour lui coextensive à l'ontologie, elle est à part. Comme pour Parménide, elle est une construction de la représentation basée sur l'ontologie, sans en être l'équivalent ; elle est une représentation intramondaine, alors que les idées sont au-delà. Quant à Aristote, vu qu'il n'admet pas le *khôrismos*[1], il ne maintient pas la cosmologie platonicienne. Il fait son ontologie à l'intérieur du cosmos réel et constitue donc une ontologie des causes, des manifestations de l'être, sans s'ingénier à décrire

1. *Khôrismos* désigne la « séparation » des idées platoniciennes par rapport au monde sensible.

les principes ontologiques qui expliquent le mouvement des planètes. Cette lisibilité du monde visible est une création platonicienne, une réfection des ontologies cosmologiques antérieures qui fournissaient cette lisibilité.

La démarche aristotélicienne est de part en part problématique. Aristote n'est pas dans le geste de l'évocation de ce qui est, mais il discute toutes les possibilités pour écarter celles qui ne sont pas les bonnes. Après Platon, Aristote réintroduit l'instance du langage dans la pensée, alors que Platon était tenté de sacrifier le langage. Il a beau le réintroduire dans les dialogues, son enseignement systématique n'est pas tributaire du langage. En revanche, Aristote discute des hypothèses. Par opposition à Platon, qui juge que l'être le plus être est le plus général, pour Aristote, l'être le plus être est le plus déterminé, « le cela » *(tode ti)*, la chose dont on peut dire quelque chose. Il peut donc soutenir qu'il n'existe pas de vérité de choses purement représentées. Pour qu'il y ait vérité, il faut une assertion. Or l'assertion porte toujours sur une chose particulière, et sur un tel objet peut se déclencher un débat : on l'envisage sous tel ou tel angle. Cela nourrit la discussion que Théophraste mène à travers la grille du *Timée*. Deux déformations se mettent en place : le *Timée* déforme tout en informant ; la discussion aristotélicienne déforme encore une fois.

L'ontologie platonicienne, qui se passe de toute cosmologie, a pour principes centraux le Même et l'Autre, avec la victoire finale du Même. On pourrait même dire qu'il n'y a pas plus central que le souci de faire gagner le Même. Dans les guerres, dans le ciel, dans notre physiologie, le Même l'emporte sur l'Autre. Quand c'est l'inverse, nous devenons malades ou fous. Le Même est du côté du Bien, et l'Autre du côté du Mal. Mais pour qu'il y ait un peu du réel, en dehors de ce qui est pensable comme monde idéal, pour qu'il y ait du réel, physiologique, cosmique, il faut que l'Autre ait sa part, sinon rien ne se déploierait. Mais cet Autre est un Autre domestiqué, qu'on laisse juste se développer un peu, comme on voit dans le *Politique*, où le dieu reprend le gouvernail, pour éviter que l'univers tombe « dans la mer illimitée de l'anomalie[1] ». Cette mer illimitée est l'Atlantide ; à force d'être aquatique, elle s'est elle-même noyée. On ne sait plus où elle est et, probablement, elle ne le sait pas elle-même. Il s'agit évidemment d'une construction mythique, ou plutôt mythologique ; il n'y a pas d'Atlantide réelle.

L'analyse de la description de cette construction est extrêmement intéressante : l'Atlantide est gouvernée par 5 frères jumeaux ; la forteresse centrale est entourée de canaux, qui font chaque fois 500 stades. Le nombre 5 est toujours présent. La raison en est que le chiffre 5 est non résorbable dans la *tétraktys*[2] pythagoricienne (1, 2, 3, 4, qui font 10) ; il est le chiffre du Mal absolu. L'âme du monde est construite sur ce modèle, avec 1, 2, 4, 8, etc., d'un côté, qui représente l'octave, puis, de l'autre côté, 1, 3, 9, 27, etc. En projetant l'un sur l'autre, on obtient 3/2, la quinte, 4/3, la quarte, et la suite, à savoir toute la gamme ; puis viennent des intervalles de plus en plus fins, comme dans les musiques modales d'Afrique du Nord. Le problème de Platon est de savoir s'il y a un principe algorithmique, comme on dirait de nos jours, qui permette de récupérer cette altération proliférante des

1. *Eis anomalias apeiron ponton.*

2. Nombre quaternaire, c'est-à-dire le nombre 10 formé par l'addition des quatre premiers ; elle est le fondement de toutes choses dans la doctrine pythagoricienne.

accords, des *sumphôniai*, pour que le Même triomphe. C'est la problématique du nombre platonicien dans la *République* : combien d'années faut-il pour qu'une grande année s'accomplisse, c'est-à-dire pour que tout revienne au Même, à sa place de départ ?

Le *Timée* déploie toutes les manières pratiquées par les présocratiques, qui adhéraient au principe du Même, pour combiner le Même avec l'Autre. Chacun, selon Platon, a ses mérites, Thalès avec son eau, Anaximène avec l'air, mais Platon se propose d'accomplir effectivement ce qu'ils auraient voulu faire. Tous ont leur place, et il les résorbe ; ce qui lui permet d'apparaître comme le premier à régler toutes les questions restées en suspens dans les systèmes antérieurs s'il s'agit de donner la meilleure explication possible des phénomènes que nous observons dans le monde et dans notre corps. Son enseignement sur les présocratiques est devenu la doxographie, qui est un manuel, qui n'est pas le *Timée* lui-même, mais qui en est tiré, un manuel par questions et réponses. Les questions de la doxographie forment système, et ce système est celui du *Timée*.

Le *Timée* comporte une partie hors cosmologie : c'est le proème, sorte de jointure qui relie la cosmologie à l'ontologie platonicienne. Platon y soutient qu'il y a deux espèces, l'être qui est toujours tel qu'il est et la chose qui est toujours autre, à savoir le devenir. Puis intervient le démiurge, une instance qui a eu une fécondité incroyable, permettant de passer (ce qui est invraisemblable pour le monde antique) des choses éternelles, que sont les idées, aux choses en devenir. Ce passage ne va pas de soi. Comme le dit Parménide sur lequel se calque le proème, le réel n'est rien, et il n'y a aucune raison que ce qui est cesse d'être ; pour les Grecs, le syndrome judaïque n'existe pas, puisque pour eux la plus haute puissance est ce qui est là, et non ce qui est absent. Il n'y a donc pas de création à partir de ce qui n'est pas. Si ce qui est là est là, surgit un problème très particulier : il faut imaginer comment ce qui est là de toute éternité ontologiquement se transforme en quelque chose qui tourne, qui doit donc reproduire dans la rotation le repos de ce qu'il représente, mais de manière analogique : il doit toujours revenir sur lui-même. Or on voit dans le cosmos des êtres qui dévient, des planètes en « errance », la lune qui n'est jamais au même endroit, la danse étrange des corps célestes, qui donnent l'impression d'accélérer, puis de ralentir : il fallait donc trouver une clé pour expliquer le comportement surprenant les planètes. Il faut trouver l'équivalent de ce qui, dans l'ontologie, est l'idée du Bien, puisque c'est elle qui fait être, qui rend apte à être. La première phrase du proème dit qu'il est « bon », parce qu'il en est le représentant, dans l'ordre de cette organisation cosmologique, de l'idée du Bien. Tout est analogique.

L'être, achevé dans son immobilité, sort de lui pour donner le mouvement, à la différence de ce qui se passe chez Aristote où le mouvement naît de l'imperfection qui aspire à être pour être en repos. Il ne s'agit donc pas ici de la puissance au sens aristotélicien : le premier moteur est la puissance qui déclenche le mouvement aspirant. Sans lui, qui ne bouge pas mais qui fait bouger, on ne sortirait pas de l'inachèvement, de l'imperfection, pour atteindre la forme, cheminer vers le but de toute chose et rejoindre ainsi sa finalité. Ainsi l'âme est-elle la finalité du corps ; elle n'est pas quelque chose d'igné, mais la tendance du corps à avoir une forme. Chez Aristote, le mouvement qui va de la *dunamis* à l'*energeia* est ascendant, tandis que, dans le *Timée*, l'opération de création est de type descendant : le démiurge construit une réplique du monde parfait. Pourquoi fait-il cela ? Il veut que ce soit le mieux possible, parce qu'il est « bon », pour qu'on puisse dire du monde dans lequel on vit qu'il est transparent sur l'être, qu'il contient les éléments de la perfection de l'être, tout comme notre respiration reproduit, imparfaitement, le mouvement circulaire des astres. Tout ce qui nous arrive dans le monde du devenir, guerres, maladies, etc., dans la mesure où le devenir est réglé à partir du principe du Même, qui doit constamment dominer l'Autre, est finalement déchiffrable dans l'ordre d'une théodicée : tout cela doit être comme il est, parce que cela a été voulu par quelqu'un qui est bon. Une telle mise en ordre peut avoir une valeur thérapeutique, pédagogique, mais non pas une valeur de vérité.

Chez Platon il ne s'agit pas à proprement parler de création puisqu'une création à partir de rien n'est pas possible. Le démiurge, comme il est dit dans la seconde partie du *Timée*, se contente d'agencer au mieux les choses qui sont là ; les idées qui existent de toute éternité, qui ne bougent pas, lui servent simplement de modèle, pour que les éléments se comportent de manière réglée. Quand les Pères de l'Église commencent à réfléchir sur la compatibilité du judaïsme et du christianisme tel qu'il naît, ils se heurtent à un hellénisme qui pense, en général, que le monde est éternel. Après Philon, qui les avait précédés et qui se demandait de quelle manière comprendre la Genèse en utilisant le *Timée* de Platon, les Pères trouvent dans le *Timée* un modèle à appliquer. Du coup, ils se posent des questions qui sont absolument aberrantes sur les idées qui préexisteraient dans la pensée de Dieu : pour des raisons culturelles, ils injectent du platonisme, et donc de l'hellénisme, dans le judaïsme ; cela donne le christianisme, qui est un bricolage particulièrement dynamique, sur le plan théorique.

Chez les Pères de l'Église, les deux modèles étaient connus, mais il n'y avait pas de raison, puisque le désir était de faire ce que le Christ recommande de faire, de mettre le fini et l'infini ensemble. C'est différent chez Philon. Dans le *De opificio mundi*, il se demande, puisque les deux récits du *Timée* et de la Genèse sont absolument identiques à ses yeux, qui est l'auteur et qui a plagié. Prêter à Moïse tout ce que Platon a exposé ne l'embarrasse pas. Par exemple, l'explication des deux sources du récit de la Genèse, avec la naissance de l'homme d'abord à partir de l'idée puis à partir de la matière, est une projection du *Timée*, où l'on trouve d'abord la téléologie du cosmos, puis la manière dont, matériellement, la totalité se réalise à partir des éléments. Philon établit la preuve que Platon a copié Moïse, mais s'arrête là, tandis que les Pères de l'Église avaient une préoccupation beaucoup plus radicale. Pour eux, la question était de savoir comment on pouvait concilier quelque chose comme la création du monde *ex nihilo* et le principe hellénique selon lequel l'être est être depuis toute éternité : comment mettre être et devenir ensemble ? La combinaison la plus réussie est l'eucharistie.

On a vu que, chez Platon, le démiurge est bon. Dans une lecture « hérétique » du christianisme, Dieu est plus rédempteur que créateur. Marcion[1] élimine le Dieu créateur de l'Ancien Testament, qui a créé un monde imparfait : seul

1. Cet hérésiarque, entré en dissidence avec la communauté chrétienne de Rome, fonda une église schismatique reposant sur une coupure radicale entre la Loi juive (donc l'Ancien Testament) et la foi chrétienne. Le père

est bon le Rédempteur. Tout ce qu'il y a de mauvais chez Platon est à la fois nécessaire et contenu, c'est l'Autre, mais ce ne peut être un démiurge. Ce qui est est bon ; est mauvais ce qui n'est pas. Ainsi sur le plan moral, ce qui est mauvais, c'est de ne pas être. Qu'est-ce que cela signifie, ne pas être ? Pour Aristote, s'accomplir est sortir d'un moins d'être pour un plus d'être. Les Grecs ne pouvaient pas s'imaginer qu'il y ait un autre mal que le manque. Aristote l'appelle la « privation », *sterêsis*[1].

Socrate dit à Calliclès qu'il ne peut pas être double, avoir deux pensées contraires, ou qu'alors il n'est pas. Tandis que le chrétien le peut, parce que cela donne une dynamique à son existence, à sa pensée. Un mode purement contemplatif d'exister suppose le monde grec. Un mode purement actif et pratique suppose le monde judaïque. L'orthopraxie est juive, l'orthodoxie est hellénique. Le christianisme mélange les deux. Je me souviens avoir parcouru à pied, à Chicago, le quartier où des *hassidim* hâtent leur pas parce qu'ils sont toujours en retard d'une obligation. Ils n'ont pas le temps de penser à ce qu'ils font ; la mauvaise conscience les oblige à courir.

Le mal est, pour la pensée chrétienne, anéantissement total de ce qui est : ainsi suppose-t-il ce qui précède la création, à savoir le néant auquel Dieu a mis fin. Le néant devient donc pensable, ce qui est exclu pour un Grec qui pense le mal uniquement en termes de manque, sans y voir donc un mal terrible, mais juste un défaut. Mais on a souvent fait la confusion, par exemple, quand on a projeté Démocrite sur le néant.

---

de Jésus devenait donc un dieu radicalement nouveau et distinct du Dieu créateur de la Torah.

1. *Physique*, VII, *Métaphysique*, 1022 b 33.

Comme il y a chez lui deux vides, le petit, qui est l'espace entre les corps, et le grand, qui est ce en quoi se perdent à l'infini les différents schèmes d'atomes, on a été tenté d'assimiler le second au néant. Cela n'est pas exact cependant, car cet espace du grand vide est constitué de la différence des atomes : il est donc plein à craquer. Le vide n'existe pas ; pour les Grecs cela revient comme une ritournelle.

Le *Timée* a deux buts : l'un est thérapeutique, l'autre pédagogique. Il se termine d'ailleurs sur les thérapies, avec, entre autres, celle de la folie : quand on se trouve mal, il faut prendre une charrette, aller sur un chemin cahoteux et être secoué de manière que l'ordre cosmique reprenne de nouveau place. Des recettes thérapeutiques sont en réalité présentes depuis le début. La dernière de ces thérapies porte sur le problème de la femme : elle est comme une espèce de bête vorace qui engloutit ; elle ne se calme que par l'ensemencement. La femme est l'ultime avatar de l'altérité dans l'univers : comment guérir cela ? Dans la première partie, l'affirmation que le démiurge a mis les astres en place de manière qu'en les regardant nous éprouvions un sentiment infini de bonheur renvoie à un mode contemplatif d'être.

Platon et l'ésotérisme

Les textes de Platon ne sont pas comme autant de jalons dans un cheminement vers la connaissance dont l'acquisition lui eût permis d'enseigner ; le cheminement est paradoxalement inverse : en tant que disciple de Socrate, il a enclenché un travail intellectuel qui l'a conduit jusqu'au point où il s'est jugé capable d'enseigner. C'est alors qu'il s'est mis à écrire, le faisant pour les autres. Ce qu'il a écrit a l'allure d'une quête ; mais, pour lui, elle est achevée au moment où il écrit. Dans la mesure où Platon considère que le langage et tout particulièrement l'écriture obéissent à un principe de dissipation qui est tout à fait contraire à ce qu'il s'agit de réaliser, c'est-à-dire la contemplation immobile de l'identité du réel, le fait d'écrire ne peut avoir d'autre sens que de mettre la connaissance déjà réalisée à l'épreuve de son propre contraire. Les textes de Platon sont ainsi une sorte de dessaisissement-ressaisissement de sa doctrine ; et, pour le dire plus légèrement, il s'expose dans le medium de l'écriture aux objections fondamentales de l'École démocritéenne, puisqu'en écrivant il disperse ce qu'il possède ; mais cette dispersion prend la forme d'une problématisation – en fait d'une reproblématisation – pour vérifier la possibilité de retotaliser la multiplicité des points de vue qu'il traverse grâce à l'écriture.

Des deux hypothèses qui ont été traditionnellement avancées pour expliquer l'enchaînement des dialogues de Platon, la première suppose que Platon commence par une phase où il cherche, qu'il trouve à l'époque de sa maturité et qu'il dogmatise vers la fin. C'est une vision biographico-génétique quelque peu absurde. Il suffit d'examiner de près l'*Apologie de Socrate,* considérée comme le premier texte de Platon du point de vue chronologique, pour constater qu'on y rencontre des caractéristiques de textes de la période qu'on appelle la maturité tardive. De même, le *Ménon* ou d'autres dialogues aporétiques font apparaître des éléments qui appartiennent à la doxographie[1]. La seconde est la proposition de

1. On le sait grâce au *Manuel* de Théophraste, mis entre les mains des élèves. Dans ce Manuel, à propos de la théorie des couleurs d'Empédocle, on trouve la même phrase que dans le *Ménon*.

Schleiermacher qui voit dans l'enchaînement des dialogues une structure didactique : on commence alors non plus par l'*Apologie*, mais par le *Phèdre* qui pose la question de la raison d'être du discours. Ce dialogue fait apparaître que Platon est en train de tester le lecteur à son insu. Pour ma part, je radicalise cette hypothèse : les textes de Platon ne sont pas seulement une mise à l'épreuve du lecteur, mais une mise à l'épreuve de l'auteur lui-même. Cette mise à l'épreuve répond à la nécessité de tenir compte de la dimension démocritéenne de la philosophie, c'est-à-dire de la fragmentation totale. L'aporie des dialogues n'est pas réelle, mais construite *ex post*. Platon remet en jeu les gains qu'il s'est acquis.

En présentant les choses ainsi, il devient impossible de dissocier radicalement l'enseignement ésotérique et sa version exotérique, car ce qui est exotérique dans les dialogues, c'est tout simplement la mise en circulation de l'ésotérique ; il n'y a plus de différence de nature, mais simplement de degré ou de perspective. Leo Strauss[1] par exemple, qui tient particulièrement à souligner la différence, pour lui radicale, entre ce qu'on peut supporter de vérité si l'on est philosophe et ce qu'il est bon d'enseigner à ceux qui restent plongés dans l'opinion s'appuie sur la légende du Grand Inquisiteur dans *Les Frères Karamazov* : le public ne saurait supporter tout le poids de la connaissance tragique, car elle est, comme connaissance de l'absence de sens (au sens nietzschéen du tragique de la connaissance), désespérante. Les textes les plus intéressants de Strauss ne sont pas ceux où il suggère qu'il ne faut rien révéler de cette tragique absence de sens, mais ceux où il traite des

1. Leo STRAUSS, *La Persécution et l'art d'écrire*, Paris, Éd. de l'Éclat, 2003 ; *Le Discours socratique de Xénophon*, Paris, Éd. de l'Éclat, 1991.

deux versants à la fois, notamment ses textes sur Xénophon. Certains philologues de l'École de Tübingen[1] ont pensé – avec une radicalité qui a été abandonnée depuis – que l'enseignement ésotérique de Platon était la clé des dialogues, au sens où ces derniers recéleraient des éléments de cet enseignement sous une forme cryptée, mais visible, un peu comme dans ces dessins où l'œil exercé discerne le tracé d'un profil connu dans celui d'un arbre ou d'une branche. Or les dialogues ont une dimension proprement philosophique, en ce qu'ils procèdent à la mise à l'épreuve de la *theôria* par la rhétorique, c'est-à-dire par le fonctionnement du langage. Il s'agit bien d'un véritable approfondissement philosophique même si, paradoxalement, il se présente sous une forme aporétique. Ce n'est donc pas le savoir délivré sous le mode ésotérique qui est philosophiquement plus profond, mais bien cette mise à l'épreuve : il ne suffit pas d'avoir appris un enseignement pour le savoir.

Il ne faut pas se représenter l'ésotérique comme opposé à l'exotérique, tel que le premier représenterait l'essentiel tandis que le second serait destiné à satisfaire un esprit plus faible ; paradoxalement, c'est l'exotérique qui a pour vocation de mettre l'ésotérique à l'épreuve de sa propre vérité. C'est tout le contenu de la *Lettre VII*, l'adresse que Platon envoie à Denys, le tyran de Sicile : il ne suffit pas d'avoir acquis un savoir, il faut produire par un exercice l'effet de connaissance. Et cet exercice est répétitif, car l'éclair de la connaissance ne se produit pas chaque fois. Ce qui explique aussi le caractère répétitif des dialogues tels que le *Charmide* ou le *Lachès* qui reviennent sans cesse sur des problèmes de définition : il ne s'agit pas

1. École théologique et exégétique qui se forma autour du théologien catholique Johann Sebastian Drey, auteur d'un *Brève introduction à l'étude de la théologie*, 1819.

d'une recherche ni d'une mise en question du lecteur, mais bien d'une mise à l'épreuve qui vaut comme exemple de ce que celui qui sait doit faire.

La dernière tétralogie platonicienne – *Politique*, *Timée*, *Critias*, *Lois* – est une œuvre où a lieu véritablement le désaisissement-resaisissement de la doctrine. L'éducation politique se fait sur la base d'une nature (le *Timée*) qui détermine une histoire (le *Critias*), et les lois sont celles, idéalement, de l'Athènes primitive qui lui ont permis de vaincre l'Atlantide incarnant l'altérité dont l'Un doit triompher. Il faut assurer le triomphe du Même sur l'Autre, comme le dit le *Timée*. Platon a donc donné une autre allure à ces derniers textes : ils ne sont plus aporétiques. La *République* n'est pas une discussion portant sur les institutions définitives, mais sur l'élaboration de l'idéal de la justice. À l'intérieur des *Lois* se rejoue l'opposition entre le Même (l'Athènes paradigmatique) et l'Autre (l'Atlantide engloutie elle-même dans la mer de l'altérité), sur le mode de l'opposition entre l'éducation athénienne et l'éducation spartiate. Dans la guerre du Péloponnèse, Athènes a été désavouée parce qu'elle s'est trop ouverte à la dimension de l'altérité, tandis que Sparte l'emporte puisqu'elle est en quelque sorte la véritable Athènes terrienne, et non l'Athènes ouverte sur la mer. Platon privilégie cependant la liberté athénienne au nom de la nécessaire ouverture à l'altérité comprise comme une salutaire mise à l'épreuve de l'Un qui, confronté à l'Autre, finit par en triompher. Car, dans la cité réelle, il est dangereux de camper sur l'Acropole de l'identité, il faut savoir affronter l'altérité et l'altération qu'elle produit, oser se frotter au danger. C'est précisément ce que fait Platon en écrivant ses dialogues, une fois acquis le savoir préalable qui permet de les écrire, mais qui ne se suffit pas à lui-même. La traversée de l'altérité permet, en outre, au système de se réconcilier, du moins sur un plan pragmatique, avec la contradiction qu'il recèle : l'idée irreprésentable du Bien, qui est au-delà de tout être, mais qui se nomme tout de même idée alors qu'elle ne peut jamais être vue.

Les Présocratiques

Ce qu'il est souvent difficile de comprendre, lorsque l'on aborde la pensée grecque archaïque, c'est qu'il existe au moins deux histoires qui ne semblent pas entièrement coïncider. L'histoire qui conduit d'Homère à Hésiode et d'Hésiode à Pindare se déploie comme une histoire de l'autoréflexion des usages de la langue. Ce travail de réflexion sur la logique interne de la productivité du langage[1] est une spéculation, non pas sur des concepts, mais sur les images que le langage de la fiction permet de suggérer à la représentation. Cette histoire qui chemine ne semble pas véritablement coïncider avec l'apparition de ce coup de force philosophique qu'est l'affirmation que tout est Un. En effet, si par cet approfondissement des pratiques langagières, le mythe est en quelque sorte un matériau traité par la réflexion, il demeure toutefois le matériau dernier, et cette première histoire est encore celle du mythe. Or, avec l'affirmation de l'être Un, apparaît un autre mouvement, qui est proprement un mouvement de la logique conceptuelle, et que l'on peut appeler *logos*. Le moment où ces deux histoires se rejoignent, où les moyens de l'une sont mis au service de l'autre, correspond au moment héraclitéen. Avec Héraclite, la

1. Voir *supra*, le rôle des Muses chez Hésiode, p. 163 et suiv.

réflexivité du langage acquise sur le premier versant sert précisément à interroger la conceptualisation[1]. Toute son œuvre est nourrie de ce paradoxe que les mots ne disent pas ce qu'ils disent dans la mesure où ils se scindent toujours en un dit et un dire : le dit qu'on appelle le signifié, et qui est susceptible d'être représenté, et le dire qui n'est jamais totalement résorbé par le dit. Le signifiant ne se laisse pas réduire au signifié. Une fois cette scission thématisée, elle peut être injectée dans l'élaboration conceptuelle et défaire absolument tous les univers spéculatifs, en montrant que ceux-ci négligent le fait qu'ils disent toujours le contraire de ce qu'ils disent. Mais avant de revenir sur ce moment de conjonction, il nous faut prendre la mesure du processus d'affranchissement du « discours vrai » des philosophes au régime de la fiction, et d'abord voir comment cette histoire peut être appréhendée.

Le postulat de l'Un, qui ne se rencontre que dans la pensée grecque, est un tour de force. Aucune civilisation, même parmi les plus hautes, ne s'est jamais débarrassée de la coexistence de deux principes antagonistes qui permettraient de déchiffrer le monde. Dans ce cas, le monde apparaît d'une certaine manière comme une grille dans laquelle, disons, l'élément *a* et l'élément *non-a* sont, dans leur opposition, constitutifs de l'ensemble des phénomènes et particulièrement bien étudiés par le structuralisme : yin et yang, Ahriman et Ormuz, etc. Et si l'affirmation de l'Un sur le mode de l'identité se retrouve dans la pensée indienne, et même dans certains versants spéculatifs de la pensée chinoise, l'idée de l'Un apparaît toujours sous les traits de l'Un infini, jamais de l'Un circonscrit.

---

1. Voir plus haut les pages sur Héraclite, p. 140-153.

Selon le monisme grec, le réel ne saurait être déchiffré en partant de l'hypothèse qu'il y a plusieurs réalités qui le composent. Les séries d'oppositions, les dualismes structurants, les différents binômes (clair/obscur, chaud/froid) ont été abandonnés par les Grecs, et cette idée qu'ils ont émise en posant la totalité du réel comme une et identifiable dans sa représentation inaugure une tout autre logique, qui débouche sur la découverte de l'individualité. En effet, l'individualité comme hypothèse d'analyse est elle-même le fruit spéculatif lointain de cette affirmation initiale selon laquelle tout est Un. Que réalise l'individualité sinon la synthèse de l'identité et de la différence ? Certes, il y a du temps dans l'individualité, à la différence de l'identité. Mais ce temps n'altère pas le rapport à soi identifiable, auquel cas il nous serait impossible de parler d'individualité ; et nous n'aurions affaire qu'à une succession d'états. L'individualité est donc elle-même le fruit lointain de ce que Nietzsche appelle le « credo métaphysique[1] ». Les premiers philosophes identifient cet Un à l'eau, à l'air, au feu, et le fait qu'ensuite, dans un effort d'abstraction, ils l'appellent idée ne change rien à l'affaire : tout est un.

Il faut bien voir que le postulat de l'Un induit littéralement une obligation de cohésion, une nécessité de clore les choses. Néanmoins, cette quête va constamment buter sur de nouveaux problèmes d'incompatibilité conceptuelle, et nous verrons que ce mouvement est toujours un double mouvement, une véritable machine à produire des transformations, des

1. *Naissance de la philosophie à l'époque tragique des Grecs*, *Œuvres*, I, Paris, Gallimard, 2000, p. 344. La traduction du titre est très discutable : il faut comprendre « parallèlement à l'essor de la tragédie ». Nietzsche a écrit ce texte pour Wagner, mais Wagner en a interdit la publication, et Nietzsche s'est incliné ; c'est donc une œuvre posthume.

améliorations, de nouvelles intégrations, de nouvelles oppositions. Or, il faut considérer l'œuvre comme une individualité pour voir qu'elle ouvre sur une dynamique de progression et de transformation. Il y a en effet une logique des problèmes, laquelle n'est historique que dans son enchaînement temporel commandé par la réflexion, dans la mesure où l'on réfléchit toujours sur ce qui est antérieur pour le dépasser. Il existe donc une temporalité de la réflexion sur laquelle il est impossible de faire l'impasse.

Cette histoire-là n'est évidemment pas l'histoire empirique telle que les reconstructions historiques de la philosophie antique, à partir de la défaite de la pensée hégélienne, l'exposent. L'approche par les sciences historiques présente l'histoire des concepts et de leur transformation comme le résultat de voyages entrepris par les philosophes : Platon serait allé en Égypte et y aurait découvert ceci ou cela au contact de tel ou tel, telle école aurait rivalisé avec tel autre centre. En définitive, dans cet empirisme caractéristique du début du XIXe siècle, les voyages sont considérés comme les principaux vecteurs de la production intellectuelle, ce qui ne permet pas de rendre compte de l'enchaînement conceptuel tel que Hegel l'avait décrit. Pour Hegel en effet, les concepts obéissent à une sorte de contrainte logique ; un concept ne pouvant émerger qu'à la suite d'un autre, et dans un rapport spécifié par la réflexion. Ainsi les *Leçons sur l'histoire de la philosophie* se proposent-elles d'éclairer le mouvement autonome de la conceptualité dans son cheminement réflexif, ce qui contraste tout à fait avec la façon dont Zeller par exemple[1], dans son histoire mécanique

1. Edward ZELLER (1814-1908), *La Philosophie des Grecs considérée dans son développement historique*, Paris, Hachette, 1877-1884 (trad. É. Boutroux).

– c'est-à-dire empiriste – explique l'évolution des concepts par des causes externes et des rencontres fortuites. Naturellement, il n'est pas interdit (il est même plutôt recommandé) de se demander, dans une démarche ultérieure, comment les événements interfèrent, dans leur succession fortuite, avec le fait que tel philosophe, et non tel autre, a fait avancer la réflexion. La réflexivité est elle-même historique. Toute la question est de savoir si le degré de conscience, compte tenu du niveau auquel on appréhende les phénomènes linguistiques ou on réfléchit les phénomènes religieux, est indifférent ou non au regard de cette élaboration conceptuelle.

Je dirais que la véritable histoire n'est pas simplement celle des problèmes philosophiques, mais très largement celle d'une interaction entre la prise de conscience la plus abstraite et la façon dont le travail sur la réflexivité se diffuse et est présent dans la conscience commune. L'idée d'un cheminement purement spéculatif, qui se poursuivrait sans prendre appui sur les moyens fournis par la culture de l'époque, est tout aussi inconcevable que le projet de retracer uniquement l'histoire des conditions rendant possible tel ou tel niveau spéculatif, comme s'il existait une histoire de la culture qui serait indépendante et soumise à un jeu de forces purement hétéronomes. Je prendrais pour exemple l'observation selon laquelle la spéculation sur l'être Un, non seulement rencontre, mais utilise la métaphore de l'argent. Que peut-on penser d'une telle coïncidence? On peut en conclure que la spéculation ontologique était l'équivalent de la perception que l'on avait du pouvoir de l'argent. Avec l'expansion de la circulation commerciale en Méditerranée et la nécessité de monnaies locales, l'argent, permettant de tout acheter, serait apparu comme la contre-valeur de toute chose. Or, on rencontre rapidement une impasse : c'est la fameuse histoire de l'œuf et de la poule. A-t-on pensé l'argent parce que l'on était arrivé à un niveau spéculatif suffisant, ou bien est-ce l'expérience de l'argent qui aurait déterminé la spéculation ? Il est impossible d'en décider. La seule chose que l'on puisse avancer est que, chaque fois que les conditions environnantes sont réunies, elles servent en quelque sorte de tremplin à l'élaboration de la problématique conceptuelle, et un pas s'accomplit qui ne se réaliserait pas aisément dans d'autres circonstances. Cela explique le rythme irrégulier que connaît cette évolution : les philosophes n'ont pas continué d'égrener des concepts au temps des grandes guerres, par exemple, ou au cours des violentes perturbations qui affectent l'ensemble de la vie politique et sociale. On ne sera pas hégélien au point de penser que les concepts cheminent tout seuls, mais il est indéniable que les enchaînements conceptuels que l'on découvre *ex post* s'expliquent mieux par les nécessités internes de l'enchaînement des problématiques que par l'histoire des pressions externes.

L'histoire des sciences réalise, lorsqu'elle envisage les cosmologies antiques, des rétroprojections de problématiques modernes qui sont emblématiques de ce genre de difficultés. Elle ne pose pas le problème tel qu'il a été posé lorsqu'il est apparu, mais à travers une rétroprojection de l'idée que nous considérons avoir élucidée mieux qu'eux. Tout se passe comme si les penseurs archaïques étaient des primitifs – ou des précurseurs – et que leur seul mérite fût d'avoir fait un pas dans notre direction. Cette idée est tout à fait factice en réalité, car ce que la science nous fournit comme clé d'interprétation, lorsqu'on l'applique à la période antique, nous fait sauter au-dessus d'un certain nombre de mutations radicales des problématiques. Ce que les Anciens appelaient science *(épistémè)* était essentiellement de nature contemplative. Il s'agissait pour eux, par la science, d'atteindre la tranquillité de l'âme, une forme de bonheur, de salut. La science avait certes un aspect pratique, puisque c'est grâce à elle que l'on pouvait se défaire des terreurs et éclaircir les mystères du monde pour se retrouver en harmonie avec lui, mais ce n'est qu'avec la révolution engagée à la Renaissance que le mode contemplatif de la science s'est effacé au profit d'un projet de maîtrise : la science devait permettre de *faire* des choses. Aussi la validation des découvertes scientifiques est-elle désormais de permettre expérimentalement de faire des choses. Dans le *Timée*, Platon explique que les différentes couleurs que l'on peut voir sont des états intermédiaires entre la condensation maximum qu'est le noir et la raréfaction maximale du blanc. À propos du mélange des couleurs, il ajoute que, si quelqu'un venait maintenant à vérifier avec des poudres la vérité de ses dires, il se tromperait gravement car le dieu serait mécontent que l'on veuille vérifier son œuvre. Cette dénonciation de la maîtrise du faire suffit à montrer l'erreur qu'il y a à projeter une connaissance scientifique authentifiée par la réalisation expérimentale sur un mode contemplatif de la connaissance scientifique qui se contrefichait totalement des expérimentations. Hegel, à ce sujet, a été extrêmement clair, dans une note de la *Logique* à propos de *atomos idea*[1] : supposer que les atomes de Démocrite soient les particules dont parle la chimie contemporaine revient tout simplement à manquer de jugement, car les atomes sont ici des êtres purement spéculatifs. Il y a là un tel fossé que la rétroprojection est une

1. C'est-à-dire à propos de l'atomisme de Démocrite : les « atomes sont des idées ». Cf. H. Wismann, *Les Avatars du vide*, Paris, Hermann, 2010.

faute majeure. Par une formule aussi belle qu'absurde j'expliquais en effet dans ma prime jeunesse que, si les Grecs avaient voulu inventer la bombe atomique, ils l'auraient fait ; mais ils ne l'ont pas voulu, car ce n'était pas là leur projet. L'histoire des sciences ne peut donc opérer qu'à partir du moment où la science développe un projet de maîtrise.

Lorsque, avec Jean Bollack, nous nous sommes intéressés aux présocratiques, nous cherchions en réalité le schéma d'une philologie qui serait une philologie de la réflexion critique interne pour les œuvres. Il nous fallait alors reprendre l'ensemble des fragments d'une manière différente de celle de ceux qui les avaient réunis dans l'esprit du XIXe siècle. Le fragment constituait un défi qui devenait exemplaire. Pour nous, le travail sur les présocratiques devenait emblématique de tout travail sur quelque texte que ce soit dans la mesure où il s'agissait chaque fois d'éviter deux écueils : la cohérence dictée *a priori* par la vulgate et l'incohérence acceptée passivement par défaitisme. Que l'on se représente l'état des choses qui résulterait du postulat d'une incohérence généralisée. Dans ce cas, il n'y aurait pas de dynamique dont on puisse retracer les différents paliers de réalisation, mais quelque chose de tout à fait erratique, qui serait chaque fois la répétition d'un jeu d'influences supposées ou réelles. Autrement dit, il n'y aurait jamais aucune progression puisque la progression suppose le postulat de la cohérence. Or, la cohérence qui présidait à l'agencement des fragments dans les grands corpus dont nous disposions à l'époque n'était absolument pas satisfaisante[1]. Il est intéressant de voir que ces corpus n'obéissaient au fond

1. Il s'agit, essentiellement, de la grande compilation réalisée par Hermann Diels : *Doxographi graeci*, Berlin, 1879, et les *Fragments des présocratiques*, en collaboration avec Walter Kranz, Berlin, 1910.

à aucune nécessité intellectuelle. Il s'agissait plutôt, dans un esprit un peu industriel, d'un productivisme destiné à faire apparaître que la science philologique connaissait également le progrès. Le progrès étant l'augmentation des connaissances, on a alors produit d'innombrable corpus de fragments de poèmes lyriques, d'épigraphies, des stoïciens, etc., de sorte que l'on pouvait avoir l'impression, à la fin du XIXe siècle et au début du XXe siècle, d'un grand chantier dont quelques patrons de travaux publics avaient la direction. Et dans la mesure où ces fragments étaient très souvent pris comme des contextes dans lesquels ils avaient été transmis chez d'autres auteurs qui les citaient : Plutarque, les Pères de l'Église, etc., on avait développé une technique pour les monter en épingle par rapport à leur contexte qui devenait secondaire. C'était une sorte de tentative pour réaliser ce que Hegel par exemple ne faisait pas encore : les lire dans leur caractère énigmatique comme des réalités à part, alors que ces fragments étaient auparavant complètement immergés dans une tradition millénaire, à travers des reprises innombrables. C'est un exemple particulièrement intéressant de conjonction entre un phénomène presque matériel, le type d'édition auquel on procède et un défi intellectuel qui naît de ce projet alors qu'il n'était pas visé comme tel au départ. Le défi principal était donc de donner un sens à ce qui avait été mis ainsi en relief, parce que les fragments étaient imprimés en plus gros que les contextes : tout était fait pour que les fragments surnagent et acquièrent une sorte de statut particulier. Les fragments en effet posent la question de la cohérence de l'œuvre d'énigme. Et c'est ce qui ouvrait pour nous la perspective la plus intéressante : comment sortir de l'accumulation pure et simple d'indices, d'éléments de grande richesse, pour arriver à une synthèse individualisante qui ferait apparaître quelque chose comme les usages d'un auteur ou la personnalité d'une œuvre ?

Dans notre travail sur Empédocle, bien avant celui sur Héraclite et Parménide, notre but était déjà le même : reconstruire la totalité d'un poème dont il ne nous était donné que des fragments et reconstruire cette totalité en pensant toujours en termes de système. À nos yeux, ce n'étaient pas des textes purement littéraires : avec un poème littéraire, il est toujours possible de proposer une séquence, tandis que des fragments d'un grand projet philosophique incitent à chercher la cohérence systématique qui les sous-tend. Ainsi s'agissait-il de trouver le système qui permettait de relier, de distribuer les fragments dans un sens cohérent. Ce travail nous a progressivement conduits à nous poser toutes sortes de questions latérales, car la recherche de la cohérence nous confrontait nécessairement à des difficultés parfois insurmontables : soudain certains textes ne semblaient plus s'insérer dans l'ensemble, des éléments étaient inassignables. Nous avons alors commencé de façon très lente, au fond très naïve, à nous poser la question du regard que l'auteur pouvait avoir sur ce qu'il accomplissait.

Le projet de système peut très simplement être défini comme le projet de ramener le multiple à l'Un ; la façon dont on marque le cheminement du multiple à l'Un est, en revanche, extraordinairement complexe. Nous sommes partis de l'observation selon laquelle il existe une sorte de naturalité des systèmes permettant de les reconstituer. En effet, une fois que l'on se donne le point de départ, le reste s'enchaîne nécessairement. C'est cela qui, plus tard, ou presque simultanément, m'a conduit à envisager l'idée d'une cosmologie générale, c'est-à-dire d'un système qui serait le système de tous les systèmes produits par les présocratiques. Je trouvais cette cosmologie dans le *Timée* de Platon[1], lequel rendait compte, à mon sens, de cette espèce de coagulation quasi automatique des systèmes une fois que l'on en détenait le principe. Lorsque l'on affirme par exemple avec Thalès que tout est eau, on pose du même coup le système. S'il s'agit d'expliquer le passage de l'Un au multiple ou du multiple à l'Un, le système est soumis à une loi de condensation et de raréfaction qui fait que l'eau en se condensant devient terre et en se raréfiant devient air, et que l'air en se raréfiant devient feu ; l'on découvre par conséquent que l'eau n'occupe pas la position centrale. C'est pourquoi Anaximène invente un élément de plus. Et s'il pose à son tour différemment que tout est air, ce n'est pas tant pour se singulariser et faire faire preuve d'originalité que pour avoir la position centrale de son principe : toujours par condensation et raréfaction, l'air devient, d'un côté, eau et terre, de l'autre côté, terre et éther. Ainsi, d'une certaine manière, le progrès systématique se déduit-il littéralement et fournit-il, à partir de là, la perspective d'une cosmologie générale fondant toutes les cosmologies en *une* cosmologie réfléchissant en même temps sur sa propre nécessité.

Le processus est donc réflexif ; c'est une démarche qui consiste à se demander comment ce qui a lieu a pu avoir lieu. En termes plus savants, on dirait : quelles sont les conditions de possibilité de ce qui est un fait ? Cela ne saurait jamais être un autre fait. Ce qui est condition de possibilité d'un fait est, dans son principe, contrefactuel et ne peut être découvert que si l'on pense le fait par rapport à ce qu'il n'est pas. Ce registre de la réflexivité correspond précisément à ce qui a été explicité par la réflexion transcendantale de Kant. Toute notre réflexion

1. Voir *supra*, p. 174-188.

portait sur la façon dont les puissances primordiales, que Thalès ou Anaximène n'avait pas interrogées, mais simplement utilisées, entraient progressivement dans une dialectique spéculative. Parménide offrait en ce sens une clé possible.

Celui-ci ne raisonne pas à partir d'une identité une, donnée d'emblée comme l'eau et l'air chez Thalès et Anaximène. L'identité surgit à l'horizon d'un travail de réflexion sur le sujet du verbe être *(esti)*. Quel sujet a-t-on le droit de donner à ce verbe très général ? Par cette réflexion, un mouvement s'amorce qui conduit vers cette identité à partir de ce qui n'est pas encore identifiable. Et ce qui est un travail d'opposition entre la raréfaction et la condensation chez Thalès et Anaximène devient chez Parménide une tension entre ce qui est clos et ce qui refuse la clôture. Dans un texte vraiment théorique[1], nous avons essayé de décrire avec Jean Bollack, le moment où l'on bascule de l'être comme dynamique vers l'étant avec son article défini qui le désigne comme chose représentable. Ensuite, il devenait possible de retrouver, dans la *doxa* de Parménide, c'est-à-dire dans la manière dont le monde des phénomènes se dégage de la sphère de l'étant constitué dans son identité, ces deux moments purement spéculatifs sous la forme du feu et de la terre, de la lumière et de l'obscurité, avec une tension centripète et une tension centrifuge. Ce qui était chez Thalès raréfaction devenait chez Parménide feu et lumière, ce qui était condensation devenait éther et nuit. Dans cette perspective, on disposait déjà avec Parménide d'une cosmologie des cosmologies conduisant progressivement au travail de Platon. Dans la cosmologie parménidienne en effet, on assiste

1. Jean BOLLACK et Heinz WISMANN, « Le moment théorique », *Revue des Sciences humaines*, n° 154, 1974 (2).

à l'engendrement des puissances qui vont ensuite organiser le cosmos. Et cette analyse nous fournissait le paradigme général de l'autoréflexion de la production intellectuelle. Autrement dit, de cette idée qu'il est possible, avec des moyens déjà présents, de produire quelque chose qui est en même temps une reformulation de ce qui est antérieur, se dégageait un schéma général assez clair. De Thalès à Anaximène, il apparaît un premier progrès réflexif portant sur la position centrale du possible ; d'Anaximène à Parménide émerge un nouveau progrès réflexif qui porte sur les préalables de l'identification de l'étant qui n'est pas simplement là. Et ces préalables continuent à informer la sphère du temps en lui imprimant des tropismes – centripètes, centrifuges – qui peuvent ensuite être retraduits dans le langage de la cosmologie antérieure. On peut dire grossièrement que c'est ainsi que cela fonctionne. Et, à partir de là, car ce n'était plus qu'un pas me semble-t-il, se pose la question de savoir si l'on est obligé de refaire inlassablement, mais avec de nouveaux moyens, le schéma ancien ou s'il n'y a pas encore autre chose. C'est là qu'Héraclite a été le révélateur de cette chose autre et m'a permis de voir que l'histoire de la philosophie avançait en réalité en « zigzag ».

Le mouvement spéculatif est toujours un double mouvement. Tantôt, il applique le principe d'identité, qui le conduit à ramener toutes choses à l'Un, aux arguments mêmes qu'il développe, en cherchant à éliminer les contradictions qu'ils pourraient véhiculer. C'est le cas, à des niveaux différents, chez Thalès et Anaximène, Parménide et Empédocle, Platon et Aristote. Tantôt, il prend appui sur le principe inverse, qui implique le postulat d'une altérité irréductible du réel, pour procéder à un examen critique des théorisations systématiques et dénoncer les contradictions inhérentes à leur mode d'argumentation. C'est notamment le cas chez Anaximandre, Héraclite et Démocrite. À chaque étape de cette gigantomachie, comme aurait dit Platon, le discours philosophique s'enrichit de nouvelles dimensions « logiques » et consolide ainsi son autonomie[1].

Si l'on entre à présent dans le détail des polémiques fécondes ayant opposé les tenants du Même et de l'Autre, il est clair que l'on trouve, d'un côté, les grands métaphysiciens qui donnent comme une évidence première l'identité de la totalité de l'étant – cela commence avec Thalès et correspond à ce que Nietzsche appelle le « credo métaphysique » – et, de l'autre, des penseurs qui instantanément déconstruisent cette fiction d'une totalité initiale en soutenant qu'elle procède de quelque chose de non identitaire. C'est ce qu'a fait Anaximandre en affirmant qu'il y a de l'indistinct *(apeiron)* qui précède la délimitation des étants identifiables, et que ceux-ci doivent toujours retourner dans ce fond indistinct qui est ontologiquement premier. Dans cette perspective, on peut interpréter Parménide en termes anaximandriens en disant que s'il pose l'étant comme né de l'être, le verbe être précède l'étant avec l'article qui lui est identifiable et dans ce cas Parménide aurait soutenu, comme Anaximandre, qu'il existe une sorte de va-et-vient entre ces deux pôles. Or de toute évidence – c'est la raison pour laquelle il écrit la *doxa* –, Parménide ne souhaite pas se maintenir dans cette sorte de balancement ; il lui semble au contraire tout à fait irréversible et nécessaire que être soit absorbé par étant et que étant soit ensuite représenté sous forme d'un cosmos travaillé par des

1. Voir l'entretien que j'ai donné dans *Philosophie Magazine*, Hors série, juillet 2011.

forces opposées. Ce mouvement est irréversible et tout ce que l'on a à faire est de lire le monde phénoménal qui nous entoure avec les instruments que la spéculation nous impose. Cela ne correspond plus strictement à la position d'Anaximandre. La position – contestataire – de ce dernier équivaut à la poursuite, avec les moyens conséquents, de la recherche menée par Thalès.

L'histoire de la philosophie se présenterait alors ainsi : Thalès affirme de manière initiale et rudimentaire le « credo métaphysique » selon lequel tout est Un (l'eau). Anaximandre (lui) réplique immédiatement qu'il faut bien admettre que toutes les choses sortent d'un fonds qui n'est pas identité, et Anaximène refonde le système bancal de Thalès en améliorant la position centrale ; car, comme le montrera plus tard Aristote, l'air n'est plus simplement l'air chez Anaximène, mais il recouvre une métaphore : l'entre-deux *(metaxu)*. Évidemment, le lien est à la fois beaucoup plus réfléchi, et beaucoup plus abstrait. Mais on peut dire de la cosmologie d'Anaximène qu'elle est la cosmologie de Thalès refaite contre les objections d'Anaximandre. Cette cosmologie est ensuite déconstruite par Héraclite. Celui-ci ne pose pas que « tout est feu » comme ceux qui le précédaient déclaraient : « tout est air », « tout est eau ». Il faut d'ailleurs remarquer qu'il ne dit jamais « tout est feu ». Le feu chez lui est la métaphore de quelque chose de complexe qui correspond au rapport de dissociation existant au sein de l'Un. L'Un se sépare en lui-même et devient son propre contraire. Plutôt que de dire tout est Un, il affirme : l'Un est deux. L'Un, c'est les contraires. On pourrait dire en un sens qu'il refait le coup d'Anaximandre, contre Anaximène, mais à un tout autre niveau. Lui ne dit pas qu'il existe un fonds indistinct d'où surgissent les choses, mais qu'il y a un principe, qu'il appelle feu ou *logos*, qui est un principe de mise en rapport de deux termes (*logos* voulant dire rapport) et qu'il s'agit là d'un rapport d'identité dissonante. Et cette identité dissonante a pour particularité que ses deux pôles ne sont pas vraiment identifiables, même si leur combinaison produit une sorte d'identité puisque l'un des deux pôles, qui correspond au pôle anaximandrien, est évanescent : le feu cingle, disparaît et laisse comme un contrepoint sa marque dans les cendres. Il faut tout lire désormais, la terre comme le psychisme humain, comme un effet rendu intelligible par un dispositif dans lequel ce qui est absent conditionne ce qui est présent : le feu conditionne les cendres, et nous n'avons que les cendres.

Il est intéressant de voir, si l'on considère ainsi les choses, que les deux positions – la position affirmative sur l'identité des choses et la position contestataire – se transforment au contact qu'elles entretiennent l'une avec l'autre. Anaximène n'est déjà plus Thalès parce qu'il y a eu entre-temps Anaximandre, mais Héraclite n'est déjà plus Anaximandre parce qu'a eu lieu la réflexion menée par Anaximène. Et si ce schéma, qui est apparu très tôt, peut se poursuivre, il donne la réfection d'Anaximène par Parménide et donc Héraclite, la réfection de la position contestataire d'Héraclite par Démocrite et aussi de Démocrite par les atomistes.

Épicure défait l'ensemble, dans l'horizon désormais acquis de la problématique aristotélicienne, si bien qu'il n'est plus aussi libre spéculativement que Démocrite. Ce dernier pouvait encore dire qu'il existe un grand vide dynamique dans lequel il y a un nombre illimité de lignes de force qui s'appellent atomes et qui forment ensuite des tresses, et que ces tresses sont les pelotes, et que les pelotes sont des mondes. Il peut dire également que tous ces filaments qui naissent en tous points de cet espace dynamique qu'il appelle le *grand* vide – par opposition au *petit* vide qui est l'espace euclidien – sont comme les tracés d'écriture. Mais Épicure, dont la liberté est bornée par les limitations aristotéliciennes, s'y prend autrement que Démocrite, pour obtenir le même effet de déconstruction de l'unité et il a recours à un artifice extraordinaire : prenant le monde aristotélicien dans lequel tout tombe de la périphérie vers le centre, il part de l'hypothèse que la périphérie est infinie, c'est-à-dire une droite, parce que toute sphère infiniment grande a une périphérie plate. Et donc tout ce qui tombe tombe vers un centre virtuel, mais en stricte parallèle : c'est la pluie des atomes-corps. S'il consent à ce que ce soient des corps – c'est la concession faite à Aristote –, il subvertit entièrement la vision aristotélicienne d'une convergence vers le centre, en disant que les atomes tombent en parallèle, parce que la périphérie est devenue une droite puisqu'elle est infinie. Et du coup, il introduit, pour que naissent de nouveau *des* mondes – et non pas un unique monde – une notion d'une subtilité extrême, à savoir la déviation qui est l'action à distance du centre vers lequel convergent chez Aristote les corps qui tombent, mais dans un univers dans lequel le centre est dans l'infini. Et donc la déviation est une sorte d'effet de la pensée et de la pensée seulement, parce qu'on laisse tomber toutes ces choses, mais elles tombent virtuellement vers un centre. Donc la déviation, c'est l'action à distance de ce centre qui n'est jamais atteint et qui fait que des petits tourbillons se forment et qu'à partir de là se crée à nouveau un nombre illimité de mondes.

Ce que je trouve absolument merveilleux chez Épicure, c'est qu'il réussit par cet artifice à détourner la construction aristotélicienne de l'intérieur – Démocrite prenait une position extérieure aux Éléates : la vérité est dans l'abîme et tout ça gicle de tous les côtés... Sans doute Épicure est-il, culturellement, sous la coupe de Platon et d'Aristote, mais il s'acharne avec une subtilité incroyable à miner ce système de l'intérieur. Et le *clinamen*, c'est le centre virtuel qui agit à distance dans le mouvement parfaitement stérile des atomes qui tombent en parallèle. Vient ensuite Lucrèce qui reprend Épicure quand il distingue le *vacuum* de l'*inane* : le *vacuum* c'est l'espace euclidien qui n'existe qu'à l'intérieur des univers, tandis que l'*inane* c'est le grand vide dans lequel tombent les atomes de façon stérile jusqu'à ce que se produise ce petit choc qui engendre le tourbillon. Et donc, même dans Lucrèce, on a terminologiquement la distinction de ces deux univers de spéculation que sont les mondes constitués, où règnent d'autres règles que dans le monde de la spéculation absolument radicale, avant le monde.

Une fois reconstruit ce cheminement en « zigzag », il suffit de faire un pas de plus et de se demander si tous les textes qui aspirent à une cohérence ne sont pas soumis à une logique de polarisation, autrement dit s'ils ne fonctionnent pas selon un principe de centrage et de décentrage. Cette intuition rejoint l'analyse que je découvris plus tard chez Schleiermacher, à savoir que le moment du recentrage correspond au moment de la tradition, de la reprise, du respect de la grammaire existante, tandis que le décentrement se fait par subversion inattendue, par invention d'écart. Ces subversions ne peuvent toutefois se lire et se comprendre que si l'on connaît ce par rapport à quoi elles jouent. Sinon, elles n'existent en quelque sorte pas, tant elles sont fugitives, et nous les percevons seulement comme des réaménagements subtils. Cet effet est précisément ce qu'il s'agissait d'identifier au cours de la démarche pour savoir comment il convient de travailler sur un texte. Par là, nous disposions du schéma d'une philologie de la réflexion critique interne pour les œuvres que nous lisions comme des reprises. Nous revendiquions la reprise, d'autant que l'Antiquité n'affirmait absolument pas notre prétention moderne à l'originalité, mais ce qui apparaissait à travers la reprise, c'était toujours l'écart, le petit déplacement, le changement minuscule qui parfois n'était même pas explicite : un mot à la place d'un autre et le même signifiait déjà autre chose.

On peut suivre à la trace le cheminement en « zigzag » de la vérité chez les Grecs. Le terme *alèthéia*, chez Homère, s'accompagne toujours du verbe dire. *A-lèthéia* veut dire « mettre fin à une inattention » ; la vérité n'existe pas, elle se dit. C'est le discours qui permet d'attirer l'attention sur une réalité tout à fait ordinaire, sensible, qui échappe à l'attention, comme on le voit par exemple dans deux scènes : la course des chars lors des funérailles de Patrocle alors que le vieux Phénix, chargé d'observer les conducteurs de char qui font probablement des coups pendables, c'est-à-dire qu'ils trichent, doit à la fin de la course dire au jury la vérité. Or la vérité, c'est simplement ce qu'il a vu et ce que les autres n'ont pas vu. Deuxième exemple, celui de Priam qui demande à Achille de lui décrire le cadavre d'Hector ; et, comme Priam n'est pas présent, il ne voit pas le cadavre, il a besoin du discours d'Achille pour se rendre compte de l'état dans lequel est son fils. Il demande à Achille de lui dire « toute la vérité », c'est-à-dire de dé-couvrir ce qui reste couvert tant qu'on n'est pas là. C'est ce niveau tout à fait empirique ou simple qui, chez Homère, représente pratiquement tous les emplois du mot *alèthéia* ou *aléthês*. Il n'y a pas d'autre exemple où il s'agirait d'une vérité profonde ; il s'agit toujours, au sens étymologique, d'une dé-couverte.

Même lorsque l'on rappelle à quelqu'un ce qu'il a oublié, il s'agit encore de la manière dont un discours rend présent ce qui a échappé à cause de l'oubli de l'attention. Il n'y a aucune profondeur philosophique dans la notion de *léthé*, d'oubli. Heidegger pourra bien le traduire en termes de l'oubli de l'être, mais chez Homère, c'est vraiment l'inattention qui nous dérobe la vue de quelque chose qui est présent.

Ensuite, chez Hésiode, dans la *Théogonie*, ce que le discours doit faire voir, c'est-à-dire ce qui échappe à l'attention, se situe dans le discours lui-même, à savoir une dimension qu'on pourrait appeler métaphorique – je préfère connotative – du discours, de la narration, dont le sens ne s'épuise pas dans la référence à des réalités décrites. C'est ça, le sens de l'adresse des Muses dans le grand proème qui promet à Hésiode de lui inspirer la capacité de produire des fictions, des choses trompeuses, mais qui ressemblent à des réalités décrites. Et puis ce vers qui a tellement fait couler d'encre : « Si nous le voulons, nous acceptons aussi de proclamer des vérités. » *Legein* est un verbe beaucoup plus fort que « dire », puisqu'il s'agit de mettre en évidence des vérités qui se cachent dans le discours même. C'est une autoréflexion de la narration qui est entamée avec Hésiode et qui situe la vérité, non pas dans les choses observables, comme chez Homère, mais dans ce qui, au cœur du discours qui évoque les choses, signifie, évoque autre chose que les choses évoquées. La *Théogonie*, avec ses structures répétitives dont j'ai parlé plus haut, qui font comprendre qu'il y a des lois du devenir des dieux, que le rapport du père à ses enfants est un rapport qui se répète, etc., présente tout un matériel qui n'est pas du ressort de la narration elle-même. La *Théogonie* ne parle pas que de choses, que d'événements ; elle parle d'un sens qui doit être attribué à ces événements, et c'est cela que j'appelle le niveau d'autoréflexion du discours. Et du coup la chose cachée, la chose à dé-couvrir se trouve dans le discours et non pas hors du discours.

Avec Thalès, on retrouve au fond le geste homérique parce que ce que les hommes ne voient pas quand ils regardent le monde, c'est le principe *(archè)* qui se cache derrière la diversité changeante des phénomènes. On a de nouveau, comme chez Homère, le rapport à la réalité observable. C'est pour cette raison que, dans les biographies, on fait toujours, pour se moquer d'eux, tomber dans le piège de l'origine ces grands philosophes de l'origine. Thalès, qui dit que tout est eau, va tomber dans l'eau. D'autres, qui disent que tout est feu, vont tomber dans le feu, etc. La biographie produit une sorte de parodie de ce rapport à la chose cachée. On ne voit pas le principe derrière les phénomènes qui constituent le monde, et c'est le discours du philosophe qui attire l'attention sur ce que l'on ne voit pas. C'est exactement comme chez Homère, mais à un autre niveau.

Si nous poursuivons le cheminement en zigzag qui fait se répéter Homère dans le discours philosophique de Thalès, Hésiode va se répéter dans l'analyse qu'Héraclite fait du discours, à savoir le discours philosophique comme celui qui prétend découvrir, derrière les choses que nous voyons, un principe invisible qui est la cause de ces choses. Ce discours spéculatif, lorsqu'il se met à réfléchir sur lui-même, comme c'était le cas chez Hésiode, découvre une vérité tout autre, à savoir qu'il ne sait pas ce qu'il dit. Le logos d'Héraclite est une sorte de parodie des propositions spéculatives de tous ses prédécesseurs dans lesquelles il décèle une dimension d'inattention. Le fragment sur l'arc dont « le nom est vie et l'œuvre mort » est emblématique : lorsqu'on parle de l'arc, *bios* dans la langue archaïque, on est tellement préoccupé par ce qu'on veut dire quand on pense à l'arc qu'on oublie ou qu'on ne fait pas attention qu'en réalité on dit « vie », *bios*. Et donc la thèse d'Héraclite est le geste d'Hésiode d'une autoréflexion du discours spéculatif. Ce qu'Héraclite met au jour, c'est l'impossibilité pour le discours spéculatif d'atteindre sa propre vérité. Il peut atteindre la vérité des choses en mettant à nu le principe qui se cache derrière les phénomènes, mais il échappe à lui-même.

Aussi la totalité des fragments d'Héraclite doit-elle être analysée comme une tentative d'attirer l'attention sur la vérité du discours qui est autre que la vérité que le discours spéculatif prétend dévoiler. Le discours oublie, d'une certaine manière dans l'intérêt de son efficacité dénotative, ce qu'il est en train de dire. Dans la *Théogonie* d'Hésiode, ce qui est ainsi découvert dans le discours s'effectuant sur le mode de la fiction, c'est le sens très positif des événements qui sont relatés, alors que plus radicalement, chez Héraclite, le sens qui échappe au discours spéculatif quand il prétend dévoiler ce qui se cache derrière les phénomènes, c'est un sens qui, d'une certaine manière, le structure essentiellement comme contra-diction. Toute diction est contra-dictoire, se contredit elle-même ; telle est la thèse d'Héraclite. On peut le dire en termes modernes : le signifiant contredit toujours le signifié, ou le dire contredit le dit. Le dit, c'est ce qui est tourné vers une représentation possible de ce qui est désigné, et le dire est en tension avec le dit, et d'une certaine manière le contredit. On ne peut pas, dans l'effort spéculatif pour désigner la vérité qui se cache derrière les choses apparentes, arriver à cette vérité-là qui est propre au discours qui se contredit lui-même. Dans un fragment énigmatique, on demande à Héraclite couché sur le fumier en dehors de la ville quelle est la taille réelle du soleil. Contre le discours spéculatif qui consiste à dire qu'il a de bonnes raisons de penser que le soleil est douze fois plus grand que la taille qu'il nous apparaît, Héraclite lève son pied, cache le soleil et dit : « Le soleil est de la taille d'un pied d'homme. » Les différentes histoires de la pensée archaïque présentent des élucubrations sur cette proposition spéculative. Qu'est-ce que ça veut dire exactement que le soleil soit de la taille d'un pied d'homme ? Si on met ça au même niveau que les propositions d'autres présocratiques qui réfléchissaient effectivement sur la réalité de la taille du soleil, Héraclite veut simplement montrer que toute proposition qui dit que « le soleil n'a pas la taille qu'il nous apparaît » équivaut à mon pied qui couvre le soleil. C'est ironique, c'est la mise en évidence de la véritable signification cachée de tous les efforts pour découvrir le principe qui se cache derrière les choses apparentes. À partir de là, on peut prendre tous les fragments d'Héraclite, ils sont toujours en train de mettre en évidence l'incapacité du discours d'être univoque.

Tel est le sens du fragment « Le chemin vers le haut et le bas est un et le même ». Pour nous qui voulons dire quelque chose, qui sommes orientés vers une signification que nous voulons transmettre, le chemin est toujours un chemin qui va dans une seule direction. Et ensuite Héraclite, qui réfléchit sur le chemin qui est le *logos*, dit : le chemin va dans une direction parce qu'il va en même temps dans la direction opposée. Un chemin, ce n'est jamais que ce qui se déroule à partir de l'endroit où je commence à marcher dans une certaine direction. Un chemin est aussi dans mon dos ; et, d'une certaine manière, la réflexion sur le pouvoir du *logos* porte sur la contradiction inhérente à tout effort spéculatif. C'est en ce sens qu'Héraclite pratique une pensée critique, seconde, par rapport à Thalès ou Anaximène, et toute la difficulté tient dans le fait que le sens que l'on peut donner à la phrase « la nature aime à se cacher », lorsqu'il n'est pas mis en rapport avec l'autoréflexion du discours lui-même, risque de passer dans un tout autre registre. Depuis toujours, les phrases d'Héraclite ont été analysées comme si elles étaient de même nature que les propositions spéculatives de Thalès ou Anaximène, c'est-à-dire de ceux qui essaient de dégager l'origine ou le principe caché des choses. Ce n'est pas le cas, comme l'indique Héraclite lui-même qui dit, dès le départ, que personne ne comprendra jamais le discours comme celui qu'il tient. On a dit de lui qu'il était misanthrope ou je ne sais quoi, alors que c'est une question structurelle : le discours ne peut pas être compris parce qu'on a toujours l'attention portée sur l'un des versants du discours alors que l'autre versant échappe.

Suite du zigzag avec Parménide, qui refait le discours spéculatif de Thalès. Parce que Thalès dit « tout est eau » et que, contre Thalès, Héraclite dit qu'il n'y a aucune raison que ce soit plutôt de l'eau qu'autre chose puisque de toute façon le discours spéculatif a cette espèce de structure qui fait que ce qu'il dit est en même temps contredit par ce qu'il dit, Parménide, pour échapper à cette conséquence de l'analyse du discours par Héraclite, refait la spéculation physique des premiers philosophes – tout est eau, tout est air, etc. – en partant explicitement du verbe être, du dire de l'être. Comme Héraclite réfléchit sur les pouvoirs du discours, Parménide se demande si on ne peut pas refaire l'ontologie initiale à partir d'une réflexion sur le pouvoir de dire. C'est important parce que Parménide fait tout à fait autre chose qu'Héraclite. Il le contredit et essaie de le dépasser. Chez Héraclite, c'est le discours lui-même qui cache en son sein une dimension qui le contredit. Et pour échapper à cette conséquence qui est évidemment dévastatrice pour la philosophie, Parménide essaie de refaire l'identité d'une origine à partir d'une réflexion sur le pouvoir même du dire et il fait apparaître, au sein même du discours, une coïncidence du discours avec lui-même, le fameux *« esti on »*, l'étant est. Si je reconstitue sa démarche, je dirais qu'il commence sa réflexion par l'affirmation *« esti »*, « est », et il se demande s'il est impossible, quand on dit « est », de trouver un sujet qui convient à cette affirmation. C'est là qu'il introduit le participe du verbe être *« on »*, pour dire le seul sujet possible général qu'on ne peut en aucun cas contester quand on dit « est », c'est que « l'étant est », et là le discours ne se contredit pas. Et de cet étant qui est, Parménide essaie de tirer, de la simple affirmation qu'il est, des conséquences pour sa représentation. Quand on dit de l'étant qu'il « est », on ne dit rien qui permette de se représenter quelque chose qui est plutôt là que là. Quand on dit l'étant est, cela signifie qu'il est toujours pareil à lui-même. Il veut prouver que le discours est capable de coïncider avec lui-même et de générer une représentation qui est la représentation sphérique de la totalité de l'étant à partir de laquelle on peut réinterpréter – grâce à la tension des forces qui délimitent la sphère – les philosophes de la première vague. Car une représentation de cet étant ne peut fournir, dans cette espèce d'effort d'idéation, que l'image d'une sphère parfaitement homogène. C'est ce que, dans le grand fragment qui est conservé, Parménide montre comme une nécessité qui découle de la volonté de se représenter ce sujet – encore largement indéterminé – de l'affirmation « est ». Dans cette sphère parfaitement équilibrée, au lieu de faire comme les présocratiques qui ont précédé et d'introduire par exemple des forces du type condensation, raréfaction, etc., Parménide dit : si je me représente une sphère, pour que la sphère ne s'étende pas à l'infini, le seul moyen est de considérer que la force centrifuge est contrebalancée par la force centripète. Et il dit, en toutes lettres, qu'il y a un « équilibre de tensions » dans cette sphère. Ce qui, chez les premiers présocratiques, était donc un principe mécanique ou physique, la condensation et la raréfaction, est maintenant le couple d'un mouvement centripète et d'un mouvement centrifuge – ce qui est beaucoup plus abstrait. Et Parménide de dire : ensuite les hommes, dans leur ignorance, ont donné des noms à ces deux forces qui structurent l'étant. Ils ont appelé « feu » la force centrifuge et « terre » la force centripète. Ils ont dit « clair » pour le centrifuge et « sombre » pour le centripète, etc. Il refait donc intégralement la cosmologie des premiers philosophes, mais il la refait à partir de cette conquête sur le langage qu'est l'étant. L'ontologie, au sens traditionnel, commence là : que peut-on dire de ce qui est, en général ? C'est à partir de là qu'Aristote pose la question de la métaphysique de l'étant en tant qu'étant, pour dire qu'on peut en parler de toutes les manières, affirmer que c'est du soleil ou de la terre… L'étant se dit de plusieurs manières, même si on le traduit toujours par l'être. Mais la philosophie s'intéresse à l'étant en tant qu'étant. Et l'étant en tant qu'étant, une fois qu'on essaie de se le représenter dépouillé de toute détermination exogène, nous apparaît comme une sphère dans laquelle dominent ces deux forces, centrifuge et centripète, qui vont être interprétées par la suite. C'est ce que fait Empédocle quand il donne à la force centripète le nom d'amour et à la force centrifuge le nom de haine.

Toute la philosophie, à partir de Parménide, va rouler sur cette opposition des deux forces qui structurent la totalité de l'étant. Et il manque un dernier pas : il faut qu'Héraclite renaisse, parce que Parménide l'a contré sur le terrain même qui était le sien, à savoir l'univocité du *logos*. Pour Héraclite, le *logos* irrémédiablement se contredit. Et pour Parménide, le *logos*, à bien entendre, dit la même chose. L'étant est, le *logos* ne se contredit pas, au contraire il coïncide avec lui-même. Il fallait faire surgir une nouvelle pensée critique à l'égard de la cosmologie et de l'ontologie sous-jacentes de Parménide, et c'est cela l'atomisme de Démocrite.

Car Démocrite déconstruisant Parménide considère que l'espace de représentation, si l'on admet qu'il est infini et dynamique, interdit absolument cette affirmation selon laquelle la totalité de l'étant coïncide avec elle-même. Donc le *kath'auton* vole en éclats, et les « idées » deviennent des différences pures qu'il appelle des « rythmes ». Ce sont des propagations rythmées de forces qui, évoluant dans le grand vide, forment des pelotes ou des nattes. Pour Démocrite, l'atome est indivisible non pas parce qu'il est dur comme un noyau que l'on ne peut pas casser, mais parce qu'il n'a que deux dimensions et pas trois. Il est juste la ligne de fracture qui se propage à partir de tout point dans le grand vide et provoque ensuite ces entrelacs qui vont devenir des mondes et qui sont des mondes innombrables comme il y a des atomes innombrables. Avec une telle position, on est de nouveau très loin de ce que traditionnellement on appelait « métaphysique », c'est-à-dire la recherche de la vérité du réel dans sa totalité. C'est un discours qui fait d'ailleurs dire à Démocrite : « La vérité est dans l'abîme. » On a souvent dit « dans le puits », parce que Thalès est tombé dans le puits. Ce sont de petits jeux de mots, et c'est extraordinaire. Démocrite n'appelle pas la vérité *« alèthéia »* parce que justement il ne s'inscrit pas dans la suite de cette histoire, mais il dit à la place *« étéon »*. Il crée des mots à partir de mots existants qu'on peut traduire par « en réalité ». *Étéè* vient du verbe *(exé-*

tazô) qui veut dire mettre à l'épreuve. Si on met à l'épreuve, dit-il, on constate que c'est dans l'abîme *(en buthô)*[1]. Et il revient à maintes reprises sur cette impossibilité, pour nous, d'atteindre la vérité comme révélation d'une représentation stabilisée, en une perspective si voisine de celle d'Héraclite que je n'ai jamais compris qu'on n'ait pas fait le rapprochement. C'est d'autant plus stupéfiant qu'une quinzaine des fragments éthiques de Démocrite sont de pures et simples réfections de fragments d'Héraclite conservés. Je n'ose pas imaginer combien de fragments d'Héraclite perdus ont été refaits par Démocrite qui est, clairement, l'héritier d'Héraclite.

Quant à son propre héritage, on raconte que Démocrite, en se promenant dans la ville d'Abdère au nord de la mer Noire, tomba en arrêt devant un homme en train de réunir des branches pour les porter et les vendre : voici Protagoras, le premier sophiste. On fait de Protagoras l'élève de Démocrite, tout en sachant qu'il était de vingt ans l'aîné de Démocrite. La vérité probable, à mes yeux, c'est que, quand Démocrite l'a vu faire avec les branches, il a reconnu la métaphore de la façon dont les atomes s'assemblent et il a pensé qu'il lui serait profitable de discuter avec Protagoras pour tirer au clair la façon dont se forment ces nattes, ces *symplokai.* Peu importe donc qui est le maître de l'autre, car Protagoras devient le premier des sophistes, c'est-à-dire de ceux qui pensent que le discours peut produire n'importe quoi, n'importe quelle représentation dans la rhétorique. Le lien avec Démocrite est patent : loin de vouloir représenter la totalité du réel pour y accorder notre pensée, il s'agit de se pencher sur ce pouvoir paradoxal du discours qui consiste à évoquer des réalités qui n'existent

1. Cf. H. Wismann, *Les Avatars du vide*, Paris, Hermann, 2010.

pas. Les sophistes vont ensuite vendre cette nouvelle science, surtout aux rejetons des puissants dans les cités, en se faisant payer, puisqu'ils expliquaient que, grâce à leur méthode, on pouvait facilement persuader les foules. C'est pour cela que Platon dit : « Un discours qui se respecte s'adresse à une seule âme à la fois. » Les sophistes parlent à la foule avec une foule de discours qui sont tous des créations de réalités fugitives, pas forcément en accord avec la réalité philosophiquement établie.

Mais avant que les sophistes ne s'emparent des conceptions démocritéennes, regardons de plus près la façon dont, au terme de la déconstruction, par Démocrite, de la réfection parménidéenne de la philosophie de l'origine, l'atomisme va prendre la sphère de l'être. Car au lieu de se représenter cette totalité dominée par les deux forces qui la délimitent, Démocrite imagine ce qu'il appelle le grand vide, qui n'est pas un espace représentable. L'espace représentable, c'est l'espace euclidien. Et donc pour Démocrite la sphère de Parménide appartient à un cas limite du véritable espace de l'être qui est le grand vide dans lequel il y a un nombre illimité de dimensions, c'est-à-dire d'énergies, qui se déploient dans tous les sens ; et les trajectoires de ses énergies, il les appelle atomes ou, quelquefois, « idées indivises ». Ce ne sont pas des corps, ce sont des idéalités, *atomoi ideai*. D'ailleurs le traité principal de Démocrite – on n'en a que le titre – est *Peri ideôn*, « sur les idées », et non pas sur les « choses ». Ce ne sont pas des corps. Démocrite va être contredit par Aristote qui refait le coup de Parménide, et Aristote va à son tour être contredit par Épicure, et on a toute l'histoire de la philosophie ancienne – si on laisse de côté les philosophes pratiques que sont les stoïciens.

C'est très amusant de lire les biographies de Démocrite. Tout est évidemment inventé parce que tout doit faire sens.

Quand Diogène Laërce raconte que Leucippe – dont on ne sait rien, mais qui serait le compagnon ou le maître de Démocrite – serait allé à Élée en Italie du Sud, c'est pour attirer l'attention sur le fait qu'il est allé prendre des leçons chez Parménide et ses successeurs, et qu'évidemment sa pensée ne s'explique que par rapport à la leur. Il faut toujours comprendre ces histoires comme des mises en perspective du sens, jamais comme des faits. Et donc ce Démocrite – je trouve cette histoire tellement belle – aurait fait l'objet, de la part de Platon, d'une persécution incroyable (ils ne sont pas contemporains parce que Démocrite est à peu près contemporain de Socrate). Seulement Platon l'a connu. Démocrite dit : « Je suis venu à Athènes, personne ne m'a reconnu. » « Reconnu », c'est-à-dire qu'il est passé, comme les atomes, entre toutes les mailles de la pensée existante. Alors le choc absolu, c'est qu'il appelle « idée » une chose qui n'est jamais semblable à elle-même, à savoir l'atome, la différence absolue, à l'inverse de Platon qui appelle « idée » la chose qui est – c'est la formule de Parménide : qui est en soi ne se sépare jamais de soi. La première fois que le rapport à soi apparaît – celui que Platon va exploiter dans la théorie des idées –, c'est dans le poème de Parménide. Puisque l'étant est par rapport à soi, contre l'affirmation d'Héraclite que le discours est toujours déchiré entre ce qu'il dit et ce qui lui permet de dire ce qu'il dit et qui dit le contraire. Ce Démocrite, Platon a – d'après la légende – essayé d'acheter ses œuvres pour les brûler. Démocrite est le seul présocratique que Platon ne mentionne jamais, comme nous l'avons vu dans l'analyse du *Timée*, ce qui a frappé les biographes. Ce silence tient au fait que Démocrite entend par « idée » le contraire de ce que Platon comprend. Diogène Laërce, après avoir rapporté cette histoire, dit, avec un petit sourire au coin des lèvres : « Platon n'a pas réussi parce que les ouvrages de Démocrite étaient trop nombreux. » Cela voulait simplement dire qu'ils ressemblaient aux atomes, qu'il y en avait trop. Platon n'a pas réussi à éliminer complètement son concurrent, et Diogène de conclure : « Et tout cela parce que Platon était convaincu que celui-là (Démocrite) était son *alter ego*, le plus grand des philosophes. »

Les histoires à la manière de Diogène Laërce mettent en perspective toute cette trame qu'il faut avoir présente à l'esprit lorsqu'on regarde comment Heidegger mobilise la pensée présocratique, avec d'ailleurs un indiscutable talent, mais c'est toujours légèrement déphasé par rapport à ce que je crois être la véritable histoire de la pensée pré-platonicienne.

Car en continuant, on peut arriver jusqu'à Hegel et Heidegger, puisque le premier « refait », mais avec les armes mêmes de la négation, l'Un, l'idée de la totalité systématique, en montrant que si on laisse agir seule la négativité, elle fabriquera du positif car elle se niera elle-même.

Après Hegel, la première œuvre à prendre comme point de vue un au-delà de l'achèvement du système, c'est la célèbre thèse de Schopenhauer sur la quadruple racine du principe de raison suffisante, en 1811. Qu'est-ce que ce principe ? C'est le principe de l'unification du divers, ce qui incite à exhiber la raison du divers qui doit être l'Un. Alors, si le principe d'unification a quatre racines, on marche sur la tête, et c'est tout à fait parodique en termes philosophiques. Si Hegel n'a pas aimé cela, ce n'est pas sans raison. C'était une manière de se moquer du monde. Hegel lui rétorque que, s'il trouve ses quatre racines, c'est parce qu'elles ont chacune une unité. Or, cette unité, on la trouve avec le principe de raison suffisante. Y a-t-il encore, derrière ces quatre racines, un principe de raison suffisante ?

Mais si ce principe est celui que les quatre racines engendrent, on est face à un cercle absurde. Cela figure exactement l'au-delà de l'achèvement systématique de l'un. Maintenant, si on regarde l'univers, on constate que partout où il y a de l'humain existent des tentatives pour réduire le divers. La plupart des grandes civilisations se sont arrêtées à un dualisme. Laissons ici de côté les philosophies du néant, comme le bouddhisme, ou des philosophies comme celle de Lao Tseu, parce que ce ne sont pas des cosmologies : on ne fait pas surgir la diversité d'un principe, c'est un principe purement négatif qui est face à tout ce qui est. Ce n'est pas, comme dans la philosophie grecque naissante, l'affirmation que le réel tout entier est un, identifiable, et que la diversité positive sort de cet élément originaire. Donc, toutes les civilisations majeures arrivent à un dualisme. Et avec les Grecs, on a le monisme, car on ne peut plus se contenter de rendre compréhensible le divers en l'attribuant à l'une ou l'autre instance intelligibles par opposition : homme-femme, clair-obscur, chaud-froid, sud-nord, etc. Avec l'Un, on n'a plus cela. L'Un nous donne la matrice de ce qui va devenir le monothéisme, parce que cela va se combiner. On pourrait dire que le premier monothéisme est celui de la transcendance absolue et que la philosophie de l'Un est celle de l'immanence, de la présence absolue. Pour les Grecs, l'Un est là depuis toujours, il ne vient pas du néant. Si les deux fusionnent, cela donne le christianisme. On ne trouve rien de semblable dans les autres cultures, ce qui nous permet de reconnaître, non pas que nous sommes appelés à dominer l'univers, mais que c'est dans notre civilisation qu'on trouve l'élaboration la plus poussée de la problématique de la connaissance. Pour celle-ci, aucune problématisation ne peut être comparée à celle qui provient de l'Un-présence, de l'Un-absence et fusion.

C'est pourquoi, dans notre perspective généalogique, qui est toujours une perspective dynamique parce que c'est un avènement qui est en cause, il faut penser une chose qui est là et une chose qui n'est pas là du tout ; il s'agit donc d'une chose en devenir. Dans cette perspective, la résurgence des taxinomies est un symptôme intéressant, régressif. On peut discuter du structuralisme comme moyen heuristique ; appliqué à l'Océanie, à l'Amazonie, cela fonctionne bien, mais, appliqué à notre univers, cette méthode devient réductrice : elle évacue tout simplement la dynamique historique. Les taxinomies appartiennent à un mode d'appréhension du réel qui est antérieur, peut-être plus faible. C'est le grand problème épistémologique.

Heidegger se place du côté des contestataires : la négation continue à nier ce qu'elle produit, parce que l'être ne se laisse jamais rabattre sur l'étant – la fameuse différence ontologique. Et l'histoire de la philosophie se termine là. L'histoire de la philosophie comme métaphysique se termine avec Hegel et Heidegger : Hegel étant Thalès, et Heidegger Anaximandre.

C'est toujours le même combat, il n'y a que deux positions métaphysiques philosophiques possibles : philosophie de l'identité, philosophie de l'altérité. Point à la ligne.

On peut ensuite raffiner à l'infini, et en général les adversaires s'empruntent leurs armes pour parfaire leur système. Le plus fort étant Hegel, qui fait de ce principe même de toute altérité qu'est la négation l'instrument de la construction de l'unité. Il y a un très beau texte de Dieter Henrich qui s'intitule « L'opération fondamentale de Hegel[1] », où il dit, en subs-

1. « Hegels Grundoperation, eine Einleitung in die "Wissenschaft der Logik" », in *Der Idealismus und seine Gegenwart* (Mélanges en l'honneur

tance : imaginons une négation qui est seule au monde. Que fait-elle ? Elle n'a rien à se mettre sous la dent. Elle va donc se nier elle-même et produire ainsi du positif. Mais elle ne peut pas s'empêcher de continuer à nier. Elle va nier ce positif. Au profit de quoi ? Puisqu'elle continue à nier, elle va aussi nier la négation du positif et produire un second positif, et ainsi elle va engendrer toutes les positivités possibles qu'on appelle les catégories : tout ce qu'on peut dire du réel, la négation va le produire. Et on finira avec un cercle complet de négations qui produisent du positif, ce que Hegel appelle l'Idée. L'Idée, à la fin, dans sa positivité, s'est incorporé toutes les négations possibles. Ce qui permet à Hegel de dire la fin de la logique : la philosophie n'est que l'explicitation de la Trinité. Alors qu'il est omni… tout ce qu'on veut, il manque quelque chose à Dieu le père : il n'est pas mortel. C'est son fils qui lui permet de s'incorporer l'expérience de la mortalité, il lui apporte le complément d'existence qui lui manque, et évidemment elle se restitue dans sa positivité grâce à la synthèse de l'Esprit saint. Thèse, antithèse, synthèse, c'est aussi bête que ça. Ce qui fait dire à Heidegger : « Attention, l'être c'est la négation. L'être est pure négativité, et cette négativité produit en effet de la positivité, puisque l'être produit des étants. Mais ces étants sont frappés de l'oubli de l'être, donc restons fidèles à l'être, à la négativité de l'être originaire pour ne pas nous laisser entraîner dans l'optimisme de la positivité des étants. » Et, à la différence de Hegel qui accueille toutes ces positivités pour avoir à la fin la totalité de ce qui est ainsi engendré, Heidegger dit qu'il ne veut pas de tout ça, qu'il déconstruit.

---

de Werner Marx), U. Guzzoni, B. Rang et L. Siep éd., Hambourg, 1976, p. 208-230.

Il affirme : « Je détruis la métaphysique. » Puisqu'il appelle « métaphysique » cette machine à produire de l'identique. En réalité, il fait de la métaphysique du non-identique, c'est flagrant. Et derrière tout ce qu'il peut raconter de compliqué, il y a une chose très simple : il y a, comme chez Anaximandre, une origine non assignable, qui est pure négation, pure négativité, pure altérité, qui ne coïncide jamais avec elle-même, et qui, toujours comme chez Anaximandre, produit des identités mais les avale aussitôt, sans les laisser jamais subsister ; et la pensée doit obstinément se pencher sur cette énigme qui est l'énigme de l'inconscient chez Lacan. L'inconscient qui est structuré comme un langage, c'est-à-dire comme un signifiant qui renvoie à un signifiant qui renvoie à un signifiant ; pas de signifié – il n'y a pas de clôture. Tandis que, chez Hegel, il y a une clôture à la fin. Et il est très intéressant de penser que la philosophie, au sens spéculatif, est inaugurée par Thalès et se termine là. Il n'y a aucun au-delà possible.

La philosophie avance constamment, et de manière contradictoire, sur deux jambes : une jambe qui est la philosophie de l'identité et l'autre qui est la philosophie de l'altérité. Et tout progrès consiste chaque fois, pour les deux partis, à s'approprier les avancées de l'autre parti. Quand Parménide dit que, pour penser la totalité de l'Être, il faut s'appuyer sur la manière dont l'Être se dit : *esti, on, to on*, il tire son référent du langage – ce n'est plus un référent emprunté à la nature, comme chez Thalès : l'air, l'eau… Ce faisant, il s'oppose aux conclusions qu'Héraclite a tirées du fonctionnement du langage. Le *logos* dont parle Héraclite, ce n'est pas la raison, c'est le langage. Or, dans le langage, il y a le signifié et le signifiant, la chose dont on parle, et cette chose qui parle de la chose dont on parle. Et la thèse d'Héraclite, c'est qu'il y a une différence insurmontable entre ce que le langage dit et le dire même du langage, thèse que l'on retrouve dans le fragment de l'« arc » où le langage creuse une sorte d'abîme insurmontable entre ce qu'il dit et la manière dont il le dit. Parménide, reprenant ça, rétorque : « Non, le *logos* nous dit une chose qui nous met sur la piste. Car quand je dis *esti*, je me demande, pas en cherchant quelque part, de quoi parle *esti* : du verbe être, avec l'idée que le *to on* est le seul sujet possible de *esti*. » Et quand Gorgias démonte, en bon sophiste post-héraclitéen, la thèse de Parménide, il commence par : *ti esti*. Là où Parménide affirme qu'en disant *esti*, on est sûr du sujet, qui est le participe du verbe *esti*, Gorgias répond qu'on ne peut pas être sûr que ce soit le sujet du verbe *esti*, de quel droit pourrait-on l'être ? C'est une sorte de mouvement dans lequel se combattent deux positions fondamentales, un mouvement qui a commencé en Grèce et qui se termine en Allemagne.

Car Heidegger va mobiliser la structure en zigzag de la pensée grecque que j'ai retracée, mais sans réellement l'interpréter, et cela pour dépasser le niveau de la vérité du phénomène afin d'aller vers la vérité toujours cachée dans l'avènement du phénomène qui est la vérité du Dasein, c'est-à-dire du sujet ouvert sur l'avènement du réel.

Car l'analyse heideggérienne de la notion grecque de vérité[1] s'appuie sur Aristote et non pas sur les présocratiques, même si les présocratiques sont glissés dès le début du texte. Mais en réalité, toute discussion menée par Heidegger porte sur la conception aristotélicienne de l'*alèthéia*. Heidegger distingue trois niveaux de vérité : le niveau logique, qu'il appelle aussi le

1. *Être et temps*, § 44.

concept traditionnel de vérité, c'est l'idée de l'adéquation, dans un jugement, du sujet à son prédicat, et l'on reconnaît la vérité comprise d'abord, platement, comme *adaequatio mentis ad rem*, comme proposition non contradictoire ; c'est la conception logique de la vérité qu'Aristote déploie dans sa théorie du syllogisme. C'est un niveau qu'Heidegger abandonne tout de suite, jugeant que cette conception de la vérité est vide.

En revanche, ce qu'il retient dans l'approche aristotélicienne, c'est sa description de la manière dont les présocratiques, c'est-à-dire ses prédécesseurs, ont envisagé la vérité, en tant que la vérité du phénomène qui se montre de lui-même, donc le deuxième niveau de la vérité. Les penseurs étaient obligés par les choses mêmes – à savoir par les phénomènes qui se montraient d'eux-mêmes – de développer leur raisonnement en accord avec cette vérité que j'appellerais « phénoménologique ». C'est par rapport à cette notion du phénomène qui se montre de lui-même et oblige la pensée à suivre un certain chemin qu'Heidegger distingue un troisième niveau qu'il va développer, que j'appelle « ontologique », c'est-à-dire le niveau où l'expérience du phénomène est rapportée à l'instance qui fait cette expérience qu'est traditionnellement le sujet qui, pour Heidegger, est l'ouverture du Dasein à ce qui advient. Enfin, au troisième niveau, ontologique, le Dasein lui-même est le lieu de la vérité. Car le « phénomène le plus original de la vérité », c'est le souci qui caractérise le Dasein. C'est une vérité plus profonde que toute vérité attribuée à un phénomène qui se montre et que toute vérité qui serait celle d'une relation logique. « Le dévoilement est une manière d'être de l'être-au-monde. » L'être-au-monde, c'est le Dasein qui est au monde parce qu'il est ouvert, par la brèche du néant qu'est la mort. Le dévoilement, l'activité de dévoiler, est une manière d'être du Dasein. Et du coup, ce que dit le mot *alèthéia*, ce n'est pas une chose qui est dévoilée mais l'activité même de dévoiler, qui coïncide avec la manière d'être du Dasein qui n'est jamais autant lui-même que quand il dévoile.

« La philosophie, écrit Heidegger, a de toute antiquité associé la vérité à l'être, le premier dévoilement de l'être de l'étant par Parménide ; il identifie l'être avec l'entendre perceptif de l'être. » C'est le fameux fragment 5 où Parménide dit que « être » et « penser » sont la même chose, ce qui nécessite une interprétation. Ce qui intéresse Heidegger dans le sens ontologique de la vérité, c'est que l'être n'est jamais dissocié de ce qui pense l'être. Reste à savoir qui pense l'être. Ce qu'il retient de Parménide, dans une lecture plus profonde que celle d'Aristote en son temps, c'est que la vérité doit être recherchée, non pas dans l'accord logique d'un sujet avec son prédicat, mais dans un accord plus profond qui se produit entre l'instance qui a une expérience et cette expérience elle-même. Autrement dit, le Dasein. Un sujet fini ouvert sur ce qui l'affecte, sur ce qui advient. Le Dasein va être la connexion d'être dont on a besoin pour que la relation puisse être expérimentée. La vérité doit se construire à partir de la relation que le sujet vivant, percevant, entretient avec ce qu'il expérimente.

Or, dans une petite note en bas de la page, Heidegger, parlant indistinctement grec et allemand, reprend le fameux fragment 123 d'Héraclite qui, rapproché de l'idée parménidéenne de la pensée de l'être, est à mettre en rapport avec un niveau plus profond que le niveau logique de l'adéquation d'une conscience à son objet. La phrase d'Héraclite « la nature aime à se cacher » vient ici simplement encore donner une résonance plus profonde à l'idée que la vérité est beaucoup plus enfouie qu'on ne le pense. Or, si je traduis cette phrase germano-grecque telle qu'Heidegger l'entend, c'est que l'éclosion du phénomène (autrement dit, la *physis*, car *phynein* en grec veut dire croître ; et si Heidegger traduit souvent par « éclosion », c'est parce qu'il a évidemment en tête la métaphore du végétal), la manière dont quelque chose se donne à l'expérience, *physis*, c'est la croissance d'une plante. La *physis*, c'est ce qui surgit, et ce surgissement est déjà vérité avant même que le phénomène ne soit constitué, dans la mesure où le processus du surgir reste caché dans le phénomène une fois qu'il a surgi. C'est cette idée d'une éclosion et d'un retrait de l'être qui accompagne l'éclosion qui est ici formulée de façon encore tout à fait incidente.

Le phénomène en tant que telle ou telle chose que j'identifie, qui surgit d'un fond et qui en même temps se dérobe, n'est pas à lui-même vérité. Contre Aristote qui cherche chez les présocratiques leur façon de guetter la vérité dans les phénomènes, puisqu'ils considèrent que l'être n'a d'autre visage que les phénomènes qu'il nous présente, Heidegger amorce une interprétation différente, qu'il tire essentiellement de Parménide et d'Héraclite, selon laquelle la vérité se situe à un niveau où le phénomène n'est pas à lui seul toute la vérité. Le phénomène est à la fois apparition et apparence, c'est-à-dire qu'il dérobe ce qui le fait surgir. Il est d'une certaine manière un résultat. Or ce résultat masque le processus dont il est issu.

C'est une sorte d'approfondissement de la notion de vérité à partir de sa conception la plus plate telle qu'Heidegger la trouve chez Aristote, telle qu'il la diagnostique tout au long de l'histoire de la métaphysique. L'idée de l'*adaequatio mentis ad rem* guide, selon lui, l'histoire de la philosophie jusqu'aux néo-kantiens – auxquels il consacre d'ailleurs un certain nombre de lignes. Cet approfondissement passe par un niveau qui, selon Aristote, a été celui des présocratiques qui se sont laissés guider par les phénomènes – pas par la logique des propositions –, et Heidegger trouve, dans les deux citations de Parménide et d'Héraclite, l'amorce de sa propre réflexion sur la vérité comme une sorte de soubassement qui reste invisible lorsque la réflexion ne nous amène pas à le mettre au jour. Donc cette manière de présenter les choses est en contradiction avec la façon dont la vérité chemine, dans les textes grecs, depuis Homère. Il y a là une tension dont il faut tenir compte si l'on veut y voir clair dans la lecture heideggérienne des présocratiques et dans sa conception de la vérité : toujours un décalage, un déphasage.

Par exemple, quand Héraclite dit que, dans toute proposition spéculative, il y a la contradiction que le *logos*, le dire, entretient avec lui-même, Heidegger l'interprète comme la volonté d'Héraclite d'attirer l'attention sur le fait que, chaque fois qu'une chose se montre, en tant que phénomène, il y a une dimension qui est oblitérée, à savoir sa provenance, son advenir, son être justement. Et dans la relation qu'Héraclite construit entre ce que le *logos* dit et ce qui en même temps le contredit, dans le contredit, Heidegger voit positivement la trace de ce dévoilement. Héraclite aurait attiré l'attention sur ce qui est nécessaire pour que quelque chose soit montré sur le mode du surgissement à partir de ce que cette chose n'est pas. La structure du *logos* héraclitéen, c'est la monstration. Ceux qui sont « dépourvus d'entente » sont ceux qui n'entendent pas la dimension, pour Héraclite, de contradiction dans le *logos* et, pour Heidegger, la dimension du retrait qui accompagne toute apparition de phénomènes. Entendre ce retrait est le privilège de gens qui sont plus affûtés que d'autres. En fait, c'est une élite. Il pense qu'Héraclite dénonce, quand il parle des gens qui n'entendent pas ce que dit le discours, une catégorie d'êtres humains inférieure, stupide. Tandis que les initiés, eux, entendent. Alors qu'Héraclite dit : quoi qu'on fasse, le *logos* va toujours se contredire pour tout le monde. C'est tout juste si l'on peut, par un traitement adéquat des propositions spéculatives, attirer l'attention sur la contradiction interne au *logos*. Mais Heidegger rejette le fait de ne pas entendre sur les gens qui n'ont pas été initiés, par opposition aux initiés capables de trouver dans la contradiction interne au *logos* cette espèce de dimension qui échappe lorsqu'on se contente de nommer, de compter les étants et de porter des jugements sur les étants sans tenir compte de la manière dont ils émergent pour cette ouverture qu'est le Dasein qui entretient un rapport essentiel avec ce qui est ainsi découvert. Je voudrais citer, et de façon polémique, la nécrologie que Gadamer a consacrée à Heidegger dans le journal *Die Zeit* : c'est un document extrêmement parlant pour une certaine manière d'entendre la disqualification des non-initiés, puisque le titre de cette nécrologie est : « Seuls ceux qui le savent voient que c'est un chemin. » Il faut être initié avant de pouvoir prétendre voir.

Heidegger procède à un glissement. Je ne crois pas qu'Héraclite oppose les initiés aux idiots qui n'entendent rien. Il dit qu'il y a dans la structure même du *logos* quelque chose qui fait qu'on ne va jamais pouvoir l'entendre entièrement puisqu'on est tourné soit vers ce qu'il dit soit vers la matérialité du dire, c'est-à-dire la matière phonétique ou ce qui évoque, selon Héraclite, le contraire de ce qui est visé.

5.
L'art comme histoire

De l'Un à l'Autre

À la différence de la plupart des grandes civilisations qui ont réussi à réduire la diversité phénoménale du réel au moyen de principes qui sont en général des couples de contraires – Bien et Mal, Ahriman et Ormuzd dans l'Iran ancien, etc. –, en Grèce la diversité troublante des choses perçues est ramenée à un seul principe, et les Grecs sont mis dans l'obligation de faire sortir de l'Un la diversité. Dans *La Naissance de la tragédie* Nietzsche parlait du « credo métaphysique » qui marquerait le début de la philosophie, ou ce que nous considérons comme tel, à savoir l'affirmation que tout est un. Il est possible de partir de cette observation pour suivre à la trace, dans la pensée grecque, la manière dont l'Un se diversifie et avec quels couples d'opposés il joue et ainsi expliquer le multiple sorti de l'Un grâce à l'action des contraires. Dès Thalès, c'est la condensation/raréfaction qui fait que l'eau, qui est premier principe, se condense pour devenir terre ou se dilate pour devenir air ou même feu ; même logique chez Empédocle qui articule l'amour et la haine ; mais ce peut être aussi le même et l'autre.

Ce dispositif va fonctionner au moins jusqu'au début du XIXe siècle, et toutes les grandes tentatives de systématisation sont caractérisées par la volonté de faire triompher l'Un originel à partir d'une réduction des contraires, ceux-ci étant comme une machine à reproduire du divers. Le développement des arts s'en ressent, et en particulier celui de la pratique et de la théorie musicales, dans la mesure où le principe métaphysique de l'Un triomphant au sein de l'altérité d'un système a été pour la première fois clairement énoncé par Platon dans le *Timée* en ce qui concerne la musique. On admet souvent que c'est une reprise des théories pythagoriciennes, mais rien ne le prouve, puisque ce qu'on sait des pythagoriciens, selon certains, a été reconstruit à partir de Platon. Il est extrêmement difficile de savoir s'il existe une vraie filiation pythagoricienne autre que symbolique ou, au fond, mythique. D'ailleurs cela ne change rien à l'affaire.

Quand, dans le *Timée*, Platon analyse l'âme du monde, il présente deux séries qui s'emboîtent : une première série qui fait que le même rapport numérique se répète à l'infini : c'est toujours du simple au double (1, 2, 4, 8, 16, etc.), et cette répétition du même est assimilée au mouvement du ciel des fixes, c'est-à-dire la rotation diurne dans un système géocentrique où ce n'est pas le Soleil qui détermine les poussées autour de la Terre qui font que tant les planètes que le soleil tournent ; et une autre série, correspondant à une progression qui entre en conflit avec la première, c'est 1, 3, 9, 27, etc. : celle-ci est logée à l'intérieur de cette voûte qui tourne sur elle-même et produit progressivement des effets de distorsion.

Platon considère que ce sont là deux échelles musicales, c'est-à-dire que le retour du même marqué par le ciel des fixes, c'est l'octave : c'est une octave qui se répète à l'infini, tandis que l'autre échelle – 1, 3, 9, etc. – qui correspond au mouvement des planètes logées à l'intérieur engendre, en se décalant constamment par rapport à la répétition du même, des intervalles de plus en plus petits. Le premier intervalle passe de 1 à 2 avant de passer à 4, l'autre mouvement passe de 1 à 3 avant de passer à 9. Entre 3 et 2, il y a un décalage qui se crée, et ce décalage correspond à la quinte, tandis que, entre 4 et 3, il y a un décalage qui correspond à la quarte, et entre 9 et 8, c'est un décalage qui correspond au ton. Dans ce système, à l'intérieur de l'octave ainsi subdivisée par les deux échelles superposées, il reste à chaque fois un petit quelque chose qui est de l'ordre de 256 sur 243 ou à peu près, ce que Platon appelle le reste, et c'est ce qui correspond au demi-ton.

Ce système impose de manière philosophique que la diversité des gammes musicales doive être déchiffrée à partir du même qui s'affirme dans la répétition ; donc, tous les intervalles sont rendus rationnellement interprétables, autrement dit intelligibles, à partir de cette suprématie du même qui, à l'intérieur de la progression à l'infini de cette altération, arrête un certain nombre d'intervalles représentatifs. L'idée qui se dégage de ce système est que la musique ne doit pas être livrée à l'expérimentation sauvage d'intervalles non dominés par le même, non dominés par le retour de l'identique. J'explique ainsi les condamnations que Platon prononce à l'égard de la musique orgiaque, la flûte par exemple, qui accompagne les représentations de la tragédie. Dans la *République*, il dit très clairement que la musique à retenir pour l'éducation des jeunes gens est la cithare, c'est-à-dire deux fois le tétracorde, c'est-à-dire une octave à l'intérieur de laquelle on a les intervalles que l'âme du monde dans le *Timée* produit : la quinte, la quarte et le ton.

Le caractère modal

Historiquement, ce dispositif platonicien ne me semble pas avoir eu d'effets pratiques, puisque la musique, telle qu'elle s'est développée dans le monde grec avant et après Platon, a un caractère modal. C'est une musique où les gammes proposées sont constituées d'intervalles qui n'ont rien à voir avec la logique interne de cette systématisation à partir du même : celle-ci marque l'altérité de façon qu'elle puisse être rapportée au même, devenir intelligible à partir du même, puisque dans les gammes modales on a affaire à des intervalles qui sont beaucoup plus grands que les intervalles à demi dans la gamme platonicienne – qui n'entre en rien dans la logique interne du dispositif platonicien. Déjà, la description de la gamme modale a quelque chose de paradoxal, puisqu'on est obligé de la décrire par rapport à la gamme qu'elle n'est pas, pour la rendre intelligible. Or à quoi correspond-elle sur le plan de la pratique selon laquelle elle a tellement fonctionné pendant des siècles ? En fait, chacune de ces gammes est associée – et tel est le sens de « mode » – à un type d'humeur, d'affect. Chaque gamme modale correspond à un sentiment, de façon purement empirique, sans qu'il puisse être déduit d'un quelconque système. On a trouvé qu'un certain enchaînement d'intervalles pouvait donner l'impression qu'il s'agissait d'un mouvement héroïque, ou d'un mouvement de tristesse, ou de quelque chose de féminin. Les modes, c'est cela. Or cette musique modale a la particularité que nous pouvons encore observer dans les musiques non européennes aujourd'hui – arabes, turques, etc. – que les modes ne peuvent pas être modulés : on ne peut pas passer d'un mode à l'autre, les modes sont juxtaposés dans une hétérogénéité radicale qui fait qu'ils sont indéfiniment répétés à l'intérieur du même. Ce qui nous frappe quand on écoute de la musique arabe, c'est le fait que c'est un enchaînement qui est sans cesse répété et qui ne conduit jamais à un autre. Pour conduire à un autre affect, il faut changer de mode, et on le fait sans transition, car on ne dispose pas d'instrument de modulation. Il existe des techniques de transition, mais elles sont d'un autre ordre qui n'a rien à voir avec la logique interne d'un enchaînement des rapports d'intervalle. Or, ce qui est tout à fait stupéfiant c'est de voir que, encore au Moyen Âge, la musique religieuse est entièrement dominée par les modes : selon ce que l'on représente au cours d'un office, que ce soit la passion du Christ ou la gloire du Christ, chaque fois il y a un autre mode, si bien que les chants sont distants les uns des autres, distincts selon ce qu'ils sont censés évoquer. C'est curieusement dans cet univers de la musique modale, selon des conditions qu'on ne peut pas reconstruire en détail ici et qui relèvent de la musicologie, que se produit une évidence : à la faveur de l'homophonie chorale, c'est-à-dire du fait que les différentes voix chantaient à distance d'octave, sans autre intervalle, il devint soudain évident qu'il existe un même qui triomphe de l'autre, sans l'abolir. L'autre ou l'altérité est là, perçue comme différence, et le miracle est que cette altérité est en même temps identité. On peut expliquer cela par le fonctionnement physiologique de notre oreille ou par le système des harmoniques qui fait qu'il y a un phénomène naturel qui n'a rien à voir avec la construction platonicienne mais qui veut que, parmi les harmoniques, il y ait l'octave, la quinte, la quarte. C'est repérable, c'est physique. Ce qui voudrait dire que Platon, dans un système métaphysiquement fondé, a décrit quelque chose qui est déjà naturellement le fait physique. Il est étrange de penser cela – et le mot est faible –, et je n'en ai pas d'explication. Mais une fois que le miracle de la diversité dans l'identité, dans le même, a été perçu grâce à cette façon de conduire les voix à distance d'octave, on reste pourtant encore dans une façon modale de conduire ces voix.

Mais alors se pose soudain comme énigme à résoudre le fait que certains intervalles à l'intérieur de l'octave entretiennent des rapports dynamiques avec l'octave, rapports qui incitent à les ramener à l'octave. Lorsque la quinte est confrontée à l'octave, elle provoque une sorte de tension qui impose de se demander par quelles modulations on va revenir à l'octave. D'où cette thèse que je défends : à partir du moment où l'on a eu cette perception d'une possibilité de ramener l'autre au même, la diversité à l'identité, on s'est mis à explorer toutes les possibilités qu'il y a de faire de la diversité un élément enrichissant du triomphe de l'Un. On va creuser l'apport des accords dissonants.

Bach, de l'harmonie à la mélodie

La petite histoire de la musique que j'ai imaginée consiste uniquement à se demander à partir de quel moment on a essayé d'en rendre compte en termes de rationalisation par rapport au cadre unitaire d'une dissonance. Au tout début, dans le cadre de l'octave, on a déjà repéré que la quinte était une dissonance, mais on a très rapidement vu qu'avec la quinte on pouvait opérer un accord que l'oreille supportait assez bien et on est passé à la quarte. Et à partir du moment où on a la quinte et la quarte, on a pratiquement l'essentiel de la musique de la Renaissance. Dans celle-ci, quand on écoute les motets, par exemple, toutes les cadences par lesquelles on revient à la tonalité sont caractérisées par une espèce de mécanisme qui fait jouer la quinte et la quarte de façon telle qu'on retrouve la tonalité. Voilà ce que notre oreille identifie comme la musique de la Renaissance. Or, à cette époque, la tierce est encore considérée comme une dissonance. Elle est même proscrite, à quelques exceptions près. Et c'est seulement avec la musique baroque que l'on voit apparaître la tierce. Et, dans la mesure où la tierce peut se présenter comme majeure ou comme mineure, on s'aperçoit soudain qu'on redécouvre deux modes à l'intérieur d'un système entièrement rationnel de modulation : un mode héroïque et gai, et un mode triste – les modes majeur et mineur. Ce n'est possible qu'à partir de la tierce.

Quand on considère ce que Bach a fait, en préparant ainsi l'époque classique de la musique qui va exploiter la tierce à fond, on comprend qu'il a simplement essayé – c'est l'objet même du clavecin tempéré – de faire en sorte que cette tierce puisse être utilisée dans des modulations qui traversent intégralement le cercle des quintes pour disposer de modes qui n'étaient pas des modes réfractaires au système d'unification, mais des modes à l'intérieur du système d'édification. Pour Bach, l'expression du sentiment se fait essentiellement dans l'harmonie et dans la verticalité du contrepoint, et cette décision de la musique baroque ne se voit nulle part mieux que dans les tentatives de Rameau, figées parce que entièrement objectives, en ce qu'il a inventé le tempérament égal, c'est-à-dire le cycle des quintes, la modulation harmonique. Et nous arrivons en 1750, l'année de la mort de Bach, une sorte de pivot dans notre histoire, car ce sera bientôt le déclenchement de la Querelle des Bouffons, qui oppose Rameau, donc la conception platonicienne et pythagoricienne, à Rousseau qui défend, sous les auspices d'une horizontalité, le principe d'une mélodie déployée. C'est là que la figure du fils de Bach, Carl Philipp Emanuel, est si importante, car il est littéralement obsédé par ces modulations qui tournent autour de la tierce, en une intuition pré-mozartienne, au sens où Mozart prendra une harmonie et la déploiera dans la linéarité de la mélodie, engendrant un type d'expressivité subjective, la mélodie, par opposition à l'expressivité objective qui est celle du système harmonique.

La vision baroque de l'exclusivité de l'harmonie est défendue avec force, et obstinément, par Rameau qui a écrit un nombre de traités improbable pour exiger qu'on ne cède pas à ces « Bouffons » venus d'Italie. Le débat est évidemment faussé par le fait qu'on a pensé que l'opposition entre *opera seria* et *opera buffa* concernait le sujet, c'est-à-dire qu'*opera seria* c'est la mythologie, des personnages nobles, y compris les rois héritiers des dieux, et *opera buffa*, ce peut être des personnages de rang inférieur, le petit peuple. Et il est encore insuffisant de placer la ligne de partage entre un contenu sérieux ou drolatique, car en fait ce sont deux manières de faire de la musique : faire une musique absolument monumentale en spatialisant les rapports harmoniques ou sortir de l'espace arrêté dans le temps qui s'écoule.

Pour autant, Bach avait déjà des lignes mélodiques, et cela en raison de la tradition des chorales protestantes, où ce n'est pas la subjectivité individuelle qui s'exprime dans l'effusion du chant, mais une subjectivité collective qui est celle de la foi partagée. Ainsi les chorales qui accompagnent les passions préfigurent-elles ce qui va être, dans une nouvelle époque, l'expérience authentique, y compris dans l'éducation : il ne faut pas formater les gens, il faut les inciter à faire des erreurs pour qu'ils apprennent leurs limites. Kant va s'inspirer de Rousseau dont la figure est alors si dominante en Allemagne qu'il a eu une très importance influence sur le tournant critique chez Kant et notamment sur son affirmation que la connaissance n'est pas la connaissance d'une chose, mais l'effectuation, par un sujet, d'une expérience. Donc le transcendantal, c'est l'exigence d'aller au-delà de l'illusion d'avoir affaire, objectivement, à du réel, pour se demander comment, subjectivement, on construit la légalisation du réel qu'un autre qui construit comme nous peut reconnaître comme pertinent. Cette subjectivation, en musique, s'effectue de façon exactement concomitante, au moment où on abandonne le contrepoint et donc l'harmonie comme dépositaire objectif de l'expression pour la mélodie. C'est le moment où ce révolutionnaire qu'est Carl Philipp Emanuel Bach explique, dans des textes extraordinaires, qu'il faut réussir, en musique, à faire parler les sentiments, ce qui suppose qu'il y ait cette effusion qui s'inscrive dans la succession temporelle des éléments d'une mélodie. La façon dont la musique fonctionne s'en retrouve radicalement changée. Or, ce n'est évidemment pas en quittant l'harmonie que la mélodie se déploie. Le cadre de l'harmonie est toujours sous-jacent, il est présent mais il n'est simplement plus, de manière verticale, stoppé par le bâton de Lully ; maintenant, ce même rapport, par exemple, trois ou quatre notes qui entrent dans un accord, va être déployé dans la succession, ce que fait exemplairement Mozart. C'est d'une simplicité !

Découverte de la dissonance

On quitte un univers de spatialisation – l'art de la fugue – pour une horizontalité qui est la projection dans le temps. Ce temps-là sera, chez Kant, le sens interne. Kant dit, dans la *Critique de la raison pure*, que toutes nos expériences s'enracinent dans le sens interne. Ce bouleversement se lit à livre ouvert sous la plume de Diderot, dans *Le Neveu de Rameau*, qui se moque de la conception rousseauiste de l'expérience et de la musique selon laquelle l'on passe à l'effectuation au lieu de rester dans un cadre... Or, ce cadre que Rameau défend encore – d'où les querelles – est hérité de l'âme du monde du *Timée*, que l'on garde en dépit du passage à la mélodie, à ceci près que l'on se met à déployer quelque chose qui ne peut se re-collecter que dans une conscience individuelle qui est, jusqu'à Husserl, depuis Kant, le sens interne, c'est-à-dire l'expérience de la conscience comme expérience temporelle. Et ce n'est pas un hasard si Husserl engage sa réflexion philosophique autour de saint Augustin qui, lui, avait influencé les réformateurs, à commencer par Luther, soucieux d'éprouver authentiquement la foi dans la conviction qui était la sienne qu'il ne sert à rien de suivre les prescriptions de l'Église dès lors qu'on n'est pas sûr que cela plaît à Dieu. Pour Luther, il faut établir un rapport direct, sans passer par le bon plaisir du pape ou de l'archevêque, de telle sorte que cette effusion, qui est la manifestation de la foi, soit vécue sur le mode d'une expérience intérieure réelle, qui s'inscrit toujours dans le temps et qui, vécue comme une succession, ne peut pas être ponctuelle. Or saint Augustin voit dans la mélodie la solution de son problème du lien entre le temps des mortels et l'éternité, puisque c'est dans la mélodie que ce qui précède et ce qui suit est présent dans le moment de l'instant – le fameux « nous » mystique. Husserl le traduit en termes de protention/rétention, toute la logique de la structuration du flux de la conscience. Pour ce faire, en partant directement de saint Augustin, Husserl analyse la manière dont nous vivons une mélodie. Parce que quand on chante une mélodie, pour que ce ne soit pas l'émission d'un simple bruit, il faut que le son au présent ait un rapport avec le souvenir du son qui a précédé et l'anticipation du son qui va suivre. Ainsi la mélodie est-elle une façon de réconcilier, dans une sorte de présence absolue, le passé et le futur. Dès lors, le présent n'est plus le point sans extension dans lequel le passé bascule vers l'avenir, mais ce qu'Augustin appelle la *distinctio temporis* ; le présent s'élargit puisqu'il absorbe le passé et l'avenir. Et l'idée sous-jacente est que Dieu a déployé la totalité du temps de la création dans le pur présent de son éternité, comme s'il s'agissait d'une mélodie, avec son passé, son avenir… Tout est co-présent dans la conscience divine. Dieu, en fait, chante ; il chante la création. C'est de cela que les chorales protestantes cherchent à reproduire une expérience locale, plus modeste, où il s'agit aussi de s'inscrire authentiquement dans le temps qui est le temps de notre réalité de mortels, à savoir le temps qui s'écoule, si bien que tout ce qu'on peut faire en ignorant le temps qui s'écoule est inauthentique. Toutes les institutions qui visent l'éternité à travers la fixité des repères spatiaux, et cela jusqu'à la ligne Maginot, sont dans l'erreur – en l'occurrence par rapport à ce que de Gaulle appelait la « guerre de mouvement ». Il me semble qu'il y a là quelque chose de tout à fait fondamental que seule peut approcher la comparaison entre les différentes façons dont le verbe « être » est vécu dans les langues : ou bien il a tendance à devenir un auxiliaire puis une copule, ou bien au contraire il exprime une activité pleine ; et c'est donc autour de cet enjeu qu'un tournant s'opère en musique, vers 1750, l'année de la mort de Bach.

Des exemples montreraient que tous ces musiciens, de Carl Philipp Emanuel Bach à Mozart, puis à Beethoven, procèdent essentiellemen[illegible] un effort de domestication de la tierce avec cet effet extraordinaire de pouvoir passer de la majeure à la mineure et donc de produire une alternance de modes qui, du coup, ne sont pas en opposition structurelle avec l'idée que c'est l'Un qui va triompher. Il y a une résolution finale de dissonances mises en place pour les rendre compatibles avec l'*a priori* du même. Aussi la sonate présente-t-elle des mouvements musicaux qui sont entièrement consacrés au travail sur la dissonance aménagée dans le thème, souvent dans un second thème, pour les amener à une intelligibilité en termes de tonalité retrouvée ; même phénomène dans certains mouvements de symphonie, telle la symphonie 40 de Mozart[1]. La thèse, lourde de conséquences, est qu'à l'intérieur de ce principe platonicien qui ne fait son apparition que très tard, il s'agit de réduire la différence avec le même sans l'abolir. Il ne s'agit pas de l'abolir, mais de la domestiquer et de la rendre intelligible. Et dans la mesure où on a réussi à domestiquer la quinte, ensuite la quarte, ensuite la tierce, dans cette perspective de la musique qui s'est développée depuis Bach et les chorales protestantes avec Paul Gerhardt[2], etc., il faut que la musique aille toujours plus loin dans la provocation, par la dissonance à domestiquer, pour qu'une composition musicale

---

1. K. 550.

2. Pasteur du XVIIe siècle (1607-1676), P. Gerhardt est, après Luther, le plus important compositeur de cantiques.

soit perçue comme nécessaire. Or, lorsque la tierce est travaillée pendant des décennies par des auteurs comme Haydn, Mozart et Beethoven, la nouvelle provocation vient nécessairement de la seconde qui est la dissonance par excellence, deux tons qui se touchent.

L'hypothèse qui vient alors dans une description de ce type est que la musique romantique est essentiellement un travail sur la seconde. Évidemment, elle mobilise tout le reste – tout l'héritage y est présent –, mais la nouvelle difficulté, le nouveau défi, c'est la dissonance, soit la seconde. On en trouve de magnifiques exemples chez Schumann dans les pièces pour enfants et même chez Schubert. Pour que le travail musical ne soit pas simplement une agréable répétition de quelque chose que l'on sait déjà faire, il faut que le défi soit de taille. Il faut travailler sur un problème qui dramatise le mouvement musical pour en faire le symbole d'un enjeu existentiel. Comment faire pour empêcher qu'un grain de sable ne fasse que la vie s'enraye et ne se laisse plus harmoniser ? Se découvre ainsi, de façon purement immanente à la musique, un enjeu qui ne se laisse pas décrire comme un rapport que la musique entretiendrait de façon illustrative avec un dehors. Ce n'est plus une musique à programme, mais une musique totalement autonome : elle travaille sur un problème harmonique, son unique et seul problème, et à partir de la musique de Bach, en fait. Aussi le reproche qui a été fait à Bach d'utiliser un thème des Passions pour un concert brandebourgeois s'effondre-t-il, fondé qu'il est sur une analyse un peu marxisante qui voudrait que le pauvre Bach, devant fournir et gagner sa vie pour ses nombreux enfants, ait été conduit à faire une chose contraire à l'éthique du compositeur. Or, c'est strictement l'inverse, puisque, pour Bach, seule la musique compte. La musique a son enjeu immanent, qu'elle soit utilisée dans un contexte de célébration liturgique ou dans un contexte de divertissement.

À partir de Bach, la musique est devenue autoréférentielle, autonome. C'est pourquoi les Français disent que Schubert a composé des *Lieder* et non pas des chansons. Les chansons, ce sont des paroles, de la littérature à référence extérieure illustrée par la musique, alors que le *Lied* est un morceau musical qui prend d'ailleurs prétexte souvent d'une poésie – si possible mauvaise, pour qu'elle ne soit pas trop prégnante (avec l'exception notable d'*Erlkönig* de Schubert qui est une grande poésie et un grand morceau de musique ; la règle générale c'est plutôt de la mauvaise littérature et un grand morceau de musique). Arrivé à l'époque romantique, on brûle ses dernières cartouches dans la logique de cette progression qui vise à explorer les dissonances pour qu'il y ait encore un enjeu musical. La dissonance trouble, et il s'agit de l'interpréter musicalement en la faisant entrer dans des développements qui rendent compte de façon rationnelle (au sens platonicien) de son existence. La dissonance va connaître son apogée – puisqu'elle est travaillée inlassablement – dans l'accord d'ouverture du *Tristan*, une septième diminuée – et qui est l'accord indécidable en termes d'harmonie. Tel est son intérêt. C'est un accord qui offre toutes les possibilités d'interprétation.

Cette dissonance ne pouvant être résolue, elle va marquer ou symboliser musicalement le philtre d'amour. Nietzsche écrit : « J'ai joué pour la première fois l'accord d'ouverture du *Tristan*. J'étais wagnérien. » C'est vraiment le sommet de cette musique romantique dans la mesure où maintenant la machinerie de la *Durchführung* (travail sur la dissonance pour la ramener à l'intelligibilité du même) échoue. La mort d'Yseult se trouve déjà tout entière annoncée dans cet accord. À partir du moment où l'on a cet accord que l'on ne peut plus résoudre de manière harmonique, on est condamné à répéter les recettes de résolution, puisqu'on a tout exploré.

Tonalité et atonalité

L'étape suivante se déroule au milieu du XIXe siècle, avec la naissance de la musique industrielle. Celle-ci, comme le dit Adorno[1], consiste tout simplement à réemployer à perte de vue, mais sans enjeu musical propre, cette résolution de dissonances. La satisfaction que cette musique industrielle procure tient au fait qu'elle met en scène un problème dont tout le monde sait qu'il n'en est pas un parce qu'il est déjà résolu. Il en résulte un confort extraordinaire d'écoute distraite, parce que, s'il y a tension, on a déjà virtuellement dans l'oreille les manières de la résoudre. C'est ce qui fait que, après l'accord du *Tristan*, cette musique dont on a fait la petite histoire est terminée. Avec l'accord du *Tristan*, on sort de la convergence vers l'Un, puisqu'on a débouché sur quelque chose qui n'est plus l'Un déterminé, mais l'indéterminé. À l'image d'une pyramide, on arrive à un point d'intégration du divers qui fait que, par le point d'aboutissement de la convergence, on est comme expulsé et que l'on se trouve maintenant dans un au-delà où l'on dispose déjà d'un matériau : celui fait de l'ensemble des solutions proposées par les siècles précédents. C'est ce qui fait que l'on peut opposer la façon dont la matière a été dominée par la forme dans le premier mouvement de

1. Th. W. Adorno, *Philosophie de la nouvelle musique*, Paris, Gallimard, coll. « Tel », 1945.

cette musique. Cela correspond très exactement à l'époque où l'on créait des systèmes de métaphysique. De Platon, repris au Moyen Âge, jusqu'à Hegel en gros, on cherche à réduire le divers : on fait triompher le même. C'est tout à fait parallèle à l'histoire de la musique : chaque grand système métaphysique essaie de donner un peu plus de force au principe négatif de force, jusqu'à Hegel où c'est la négativité elle-même qui, appelée esprit, se reconvertit en idée, c'est-à-dire en identité, une identité pleine de toutes les contradictions passées, de tout ce qu'elle a pu résorber dans son histoire. La musique et la philosophie connaissent exactement le même destin et au même moment – à quelques années près. On est au point de dépassement du point de convergence, du sommet de la pyramide. On est arrivé à faire triompher l'Un avec les moyens mêmes de l'autre – chez Hegel c'est la négation qui produit l'idée, et chez les Romantiques c'est la dissonance qui produit l'harmonie. À ce point d'aboutissement, on a affaire à un matériau qui appartient à la tradition. Il s'agit maintenant de se dépouiller de l'illusion que tous les matériaux dont on s'est déjà rendu maître dans leur diversité – la résistance – seraient définitivement pacifiés dans leur rapport à l'Un. Il leur faut redevenir quelque chose qui incarne un problème. Précédemment, c'était la matière qui était un problème, et la forme la solution, maintenant c'est la forme en tant que matériau, c'est-à-dire de matière formée, qui doit devenir problème. La question qui se pose ainsi est tout à fait différente : il ne s'agit plus de faire triompher la forme, l'Un, mais de faire en sorte que ce qui est matériau, c'est-à-dire matière formée, produise une nouvelle matière, une nouvelle matérialité, une nouvelle densité. C'est une densité matérielle qui est par définition irréductible au principe de l'Un.

Autrement dit, la musique qui va vers le triomphe de la tonalité bascule obligatoirement dans la conquête de l'atonalité à partir de formes qui sont des formes-matières et donc des matériaux. Tonalité et atonalité. L'atonalité apparaît dans les années 1920 : on joue sur des quarts de tons, ou des choses comme cela, ce qui, dans un système platonicien, relèverait de l'absurdité de ce qu'il appelle l'anomalie. Le quart de ton se place juste avant la fin, car on ne peut plus le résorber dans une quelconque intelligibilité. Ce sont des provocations des sens. Varèse faisait des poèmes avec des couleurs de son.

C'est un redéploiement de la diversité consenti par celui qui est déjà parvenu au sommet de l'identification et qui cherche simplement à rejoindre ce que ce triomphe lui a enlevé, à savoir le déploiement différentiel de la vie. Il s'agit de prendre ces matériaux non pas pour les réunifier dans un deuxième mouvement, mais pour les déployer de façon que de nouvelles dissonances naissent de la réduction de toute dissonance. Ce sont des dissonances nouvelles, mais beaucoup plus intellectuelles, car les matériaux ne sont évidemment pas quelque chose d'intellectuellement brut. C'est à partir de là que l'entreprise de Schönberg prend tout son sens. La dodécaphonie est une manière de mettre la forme au début de la composition et de fabriquer avec cette forme, qui est arrêtée, ce qui est une certaine gamme chromatique obligée – comme pour des formes littéraires arbitraires (sonnet, rimes, etc.). La gamme chromatique demande d'utiliser tous les tons, mais dans un certain ordre qu'on n'a plus le droit de changer, la composition étant libre. On compose, et intellectuellement on reconnaît les formes, si on est un peu doué ; et ce qui est produit, ce sont des dissonances. L'auditeur voudrait que ces dissonances soient à nouveau résorbées, mais ce n'est pas le but de cette musique. Quand la musique industrielle devient intéressante, c'est de la musique classique restaurée, car la musique classique a tout exploré. Je ne pense pas qu'il puisse exister quelque chose qui n'ait pas été déjà exploré, mais on ne se souvient pas de tout ; toutefois, quand on écoute, on est certain qu'il y a une solution, et elle arrive. Pour donner le change, on introduit le rythme, des procédés rythmiques.

Si on imagine un morceau de rock sans groupe rythmique, il reste la ligne mélodique, et l'attention s'est déplacée vers le rythme, à la différence de la musique que l'on a considérée jusqu'à présent, où le vrai sujet n'était pas le rythme, mais l'harmonie. Dans le rock, l'harmonie est des plus convenues : il n'y a aucune trouvaille, parce qu'on procède à la réutilisation des cadences. En revanche, le phénomène du rythme de la pulsation surgit, et un bon morceau est celui dont la ligne musicale est presque un prétexte puisqu'on ne s'y intéresse pas vraiment. On est pris dans une force, une force qui peut être liée à des mots.

Je ne suis pas sûr que le rock ait la moindre affinité généalogique avec la musique. Pour le penser comme ce genre nouveau qu'il constitue, il faut sortir de la problématique dont on a parlé. On peut fabriquer de nouveaux genres avec de la technique, et ce n'est pas négligeable : l'augmentation du volume de la voix, des basses très profondes, etc. On se sert encore un petit peu de la musique, comme on s'est servi du Colisée pour fabriquer des petits palais. Ce n'est peut-être pas à rapporter à la musique dans son développement. C'est un au-delà de la musique, d'une certaine manière. La grande tradition musicale est devenue une carrière. La question se pose alors de déterminer si cette nouvelle musique, au-delà du point d'aboutissement, est une voie culturellement possible ou si elle conduit dans une impasse.

Poésie et théâtre

Les autres arts peuvent-ils aussi être mis en rapport avec cette *Durchführung* ? Si nous commençons par la poésie, il me semble qu'il existe une démarche poétique qui est intégrative. Pendant très longtemps, il s'agit de dominer ce qui a tendance à partir dans tous les sens. Faire de la poésie comme on fait une *Durchführung*, c'est essayer de tenir des choses ensemble. Puis, au-delà d'un certain moment d'intégration réussie, apparaissent aussi des poésies qui s'insurgent contre le principe de leur propre intégration. De quand peut-on dater ce changement ? Le paradigme en est Paul Celan, qui fait vraiment de la poésie contre la poésie pour qu'elle ne soit pas victime de l'illusion de la pacification par l'intégration des éléments – toujours contre les poésies qui disent oui, les poésies de la glorification. Or c'est d'une difficulté extrême du point de vue technique. La poésie n'a rien d'un système philosophique. Je serais d'avis que les premières manifestations du soupçon à l'égard de la poésie intégrative datent de la fin du XVIIIe siècle. Hölderlin écrit une poésie qui n'est déjà plus tournée vers le modèle d'une intégration, et l'hétérogénéité y devient un principe poétique, selon la théorie des trois tons (naïf, héroïque et idéal) ; or ces trois tons, dont Hölderlin exige la présence dans tout poème, sont juxtaposés et non intégrés, pour un résultat très bizarre, pseudo-classique.

À côté des deux poètes allemands qui sont comme Héraclite et Empédocle, on pense à Baudelaire et à sa théorie de l'instant éternité, où s'opère aussi une atomisation qui ne peut pas être surmontée par une sorte d'intégration du sens. Il reste une hétérogénéité. *A priori* on retrouve la même problématique que pour la philosophie et la musique, toujours dans la perspective d'un épuisement nécessaire de la réussite. On n'a jamais vu dans l'histoire de l'humanité une réussite à ce point complète qu'elle engendre une répétition vaine purement destinée à la consommation, une vie qui n'en est pas une, une distraction.

Passons au théâtre et à sa petite histoire sous les auspices de la *Durchführung*: en Grèce, le phénomène théâtral est caractérisé d'abord par la tragédie, puis par la comédie, qui en est la contrepartie; les deux formes apparaissent à Athènes dans les mêmes contextes, à la fois rituels, religieux et civiques. Une des manières de mettre cette naissance en perspective consiste à mettre en évidence, à l'origine du travail théâtral, quelque chose que nous appellerions une conscience d'un destin inéluctable, c'est-à-dire d'une malédiction, qui est nécessairement un « dit » venu des dieux, puisqu'il y a la « diction » – en latin le *fatum*. Il suffit pour le bien saisir de regarder l'ensemble de ces termes qui appartiennent au même champ sémantique, même en français : « faste » et « néfaste » ont encore la même forme de signification. À partir du moment où l'on a la conscience d'une malédiction qui doit s'accomplir, le problème devient celui de la gestion de la malédiction. Dans la mesure où cette malédiction est un « dit », la gestion doit être un « dire », une activité. Les premières manifestations théâtrales reprennent les histoires d'une malédiction, des récits que tout le monde connaît. Or, si elles éveillent l'intérêt, ce n'est pas parce qu'une intrigue se déploierait avec ses surprises et moins encore parce qu'elles offriraient l'occasion de mettre à contribution le mystère ou le paradoxe du comédien : en effet, les acteurs portent des masques, et les gestes sont ritualisés.

Le récit mis en scène est connu, l'issue est prévisible, les acteurs ne jouent pas sur le mystère du comédien ; l'attrait de la pièce n'est donc pas dû à la « performance d'acteur » ; tout est entièrement codé et ritualisé. L'intérêt porte entièrement sur la parole. Et cette parole est évidemment conditionnée par la malédiction, qui est un « dit », ce qu'on appelait en grec ancien une *phatis*, c'est-à-dire une parole de devin. Par la *phatis*, un sage ou un devin énonce ce qui va arriver. Il est intéressant de faire un rapprochement, dans le contexte du fonctionnement de l'oracle de Delphes, avec le fait que la Pythie, qui est assise sur une crevasse et qui, saoulée par les effluves sortant de la terre, parle de manière décousue, ait besoin de quelqu'un qui dise ce qu'elle dit, d'un « prophète », *prophêtês*, qui parle « au dehors » ou « devant » (que ce soit devant les gens ou devant le temple – on ne sait pas trop à quoi ce *pro-* se rapporte). Le « prophète » est quelqu'un qui dit le dit. La tragédie, et, il me semble, le théâtre en général tirent pour les Grecs anciens leur intérêt de cette variation du dit, qui ajoute à ce qui est inéluctable un élément de liberté, puisqu'il y a des moments de réinterprétation, de déplacements, de détours, qui font que c'est à la faveur de la reconnaissance du caractère inéluctable du destin que l'on peut être inventif, riche de virtualités insoupçonnables. Cela me conduit à dire que ce qui fascinait les Grecs quand ils allaient au théâtre, c'était de voir comment une parole pouvait s'enrichir de toutes sortes de déviations. Je le rapproche volontiers du *clinamen* d'Épicure, à savoir à un écart minimum, qui, évidemment, est celui de la réflexion. Ce n'est pas l'action qui crée l'écart, mais la réflexion qui accompagne l'action. Il faut imaginer ce que cela signifie comme horizon de liberté et de plaisir que de se dire que je suis capable de greffer sur la trame d'actions dont l'issue est prévisible toutes sortes de significations libres par rapport à ce qui s'accomplit, des écarts, des enchaînements qui font que je me trouve dans une liberté de faire, qui n'est pas une liberté subie, comme c'est le cas dans l'action réglée par le récit.

Cette première considération doit être étayée: le destin représente le monde clos de la cosmologie antique, l'univers dans lequel les mêmes événements et donc les mêmes actions se répètent inexorablement. Dans cet univers, le temps, circulaire, ne permet pas d'envisager d'échappatoire. Il est d'ailleurs très intéressant de se rappeler l'éloge qu'Aristote fait de ce temps circulaire, comme temps invariable de l'être, de la quintessence qui tourne avec le ciel des fixes autour du monde sublunaire; il lui oppose le temps de l'appât du gain, de l'argent, de l'usure, du capital, pourrait-on dire, qui est un temps linéaire ouvert, puisqu'on cherche toujours à gagner plus. Pour Aristote, cette perspective est celle du vice. Or, avec la révolution copernicienne et l'abandon de la représentation ptoléméenne, post-aristotélicienne de l'univers, nous nous trouvons dans une perspective ouverte sur l'infini, où le temps est linéaire. La tradition judaïque et la tradition chrétienne se conjuguent pour nous installer dans l'espérance du salut, selon une perspective temporelle qui n'est pas close. Sans doute souhaite-t-on qu'elle arrive à son terme, mais elle est, dans son principe, ouverte. Et la question que l'on peut poser pour mieux apprécier la véritable performance de la tragédie et de la comédie anciennes est celle de la différence avec la conception du destin dans le monde moderne. Si on projette la notion de destin que nous pouvons forger dans un monde ouvert, infini, sur la conception du destin des Anciens, on échoue immanquablement à saisir l'essentiel de l'effort des Anciens, qui porte sur la libération par rapport à ce destin, avec l'aide de la parole. Pour les Modernes, le destin n'est pas un « dit », ce n'est pas un *fatum*, ni quelque chose qui permettrait d'ergoter, de tourner autour, en la déformant et en la déplaçant, selon un jeu d'autant plus passionnant qu'il ne pourra pas modifier le cours des choses. Chez les Modernes, le destin s'interprète à partir de la science, qui essaie de se rendre maîtresse de l'univers infini. C'est une science asymptotique, qui n'est pas achevée : on court après l'espace et le temps. Le destin ne saurait donc coïncider avec la fin de quelque chose, avec le dénouement, qui réalise la malédiction. Il coïncide avec le début, avec ce qui, à l'origine, conditionne un processus. À partir de ce déplacement, l'intérêt des Modernes est entièrement capté par les fruits de cette origine. Alors que les Anciens s'intéressaient exclusivement aux performances de la langue – puisque l'action est préréglée –, on s'intéresse désormais à l'enchaînement des actions et des événements. On ne mesure nulle part aussi bien l'abîme qui sépare les deux visions que dans la manière dont, au Moyen Âge, les mystères reproduisaient encore, dans une perspective chrétienne de salut, le modèle ancien : c'était toujours la même histoire. Le titre *Jedermann* est magnifique[1], il veut dire qu'il n'y a pas de différence : *jedermann*, c'est « tout le monde ». À la Renaissance, avec ce tournant décisif qu'a été la découverte de l'infinité de l'espace et de la linéarité du temps, le destin est devenu déclencheur d'enchaînements de causes et d'effets ; on s'intéresse dès lors de plus en plus à ce qui se passe et de moins en moins à ce qui se dit. Cela ne veut

1. D'après un original flamand de la seconde moitié du XVe siècle, *Elckerlyc*, « Tous et chacun », « Chacun de nous », « Monsieur chacun », « Tout-Homme », ce mystère liturgique et allégorique en un acte, dont l'histoire est empruntée à *Barlaan et Josaphat*, fut également adapté en anglais sous le titre d'*Everyman* puis, au XXe siècle, par Hugo von Hofmannsthal, sous le titre de *Jedermann*.

pas dire qu'il n'y ait pas une virtuosité énorme du dire, mais le dire est rendu intéressant d'abord par ce qui se passe, par les événements, par la chose inattendue, voire saugrenue. Chez les plus grands, si on prend Shakespeare ou les Espagnols, Calderón ou Lope de Vega, le travail sur la langue n'est pas abandonné, mais il se surajoute à ce qui rend la pièce intéressante et qui est essentiellement d'ordre événementiel, dans un mouvement qui va s'approfondissant jusqu'au XIXe siècle, où le primat absolu de l'intrigue est consacré. Dans ce monde en fait bourgeois, les gens vont au théâtre en se demandant ce qui va se passer, et, du coup, ils comprennent très mal que les Grecs aillent au théâtre pour regarder des histoires dont ils connaissent l'enchaînement. Pour nous, reproduire sur scène un drame ancien suppose que l'on change totalement de point de vue sur l'intérêt de la pièce. Il faut trouver les moyens, dans ce cas, d'attirer l'attention sur ce qui, aux yeux des Anciens, était intéressant.

Aussi sommes-nous aujourd'hui dans une situation de capitalisation des effets, puisque nous avons les deux, à savoir l'intérêt fondamental pour l'intrigue, pour les événements, etc., et en plus l'intérêt pour le travail de la langue, à ceci près que la langue n'est pas déconnectée de ce qui se passe. Un moment tout à fait révélateur est la renaissance de la tragédie au XIXe siècle chez Ibsen, où la malédiction est une maladie. Pour le personnage qui a contracté la syphilis, la pièce est d'abord le développement de cette donnée initiale. Le spectateur se demande comment elle sera gérée, à travers des comportements, des péripéties qui relèvent de l'intrigue.

Il existe donc deux manières de s'intéresser au théâtre, qui, sans être nécessairement contradictoires, sont cependant radicalement différentes : ou bien on s'intéresse à l'action, et dans ce cas on connaît le début, mais pas la fin, ou bien on s'intéresse à la parole, aux jeux de langage, et dans ce cas on connaît la fin, mais on n'est pas nécessairement fixé sur le début ; cela peut commencer à n'importe quel moment. Quand on regarde les tragédies grecques sous cet angle, on constate avec stupeur qu'elles peuvent prendre le train en marche, à n'importe quel moment. Elles n'ont pas besoin d'exposer sous forme d'actions sur scène l'ensemble du récit.

On comprend donc qu'Aristote place la réflexion de la *Poétique* sur un horizon décalé, qui ne vaut pas pour la tragédie en tant que genre spécifique, car il part de l'idée que nous avons affaire à une *mimêsis*, une imitation d'actions, et que l'intérêt que suscite l'action théâtrale réside dans le fait qu'elle ressemble à une action réelle. Les élaborations de la *Poétique* valent donc pour toutes les manières de mettre devant les yeux une action fictive, puisque la séduction de cette mise en scène réside dans le fait que le faux ressemble au vrai. Aristote fait une extrapolation à partir du célèbre vers de l'*Odyssée* (XIX, 203, *iske pseudea polla legôn etumoisin homoia*), où il est dit d'Ulysse qu'il savait dire beaucoup de choses fausses, fictionnelles, qui ressemblaient à des choses vraies. La préoccupation centrale d'Aristote est de comprendre comment le dédoublement du réel dans l'action fictive peut nous séduire ; il n'entre absolument pas dans ce qui fait que les tragédies, et encore plus les comédies, sont concentrées sur l'intérêt que représente le détournement verbal.

L'intérêt y est rhétorique dans le sens le plus large du terme : les tragédies sont rhétoriques, recourant du reste à une langue que personne ne parle dans la vie courante. Les protagonistes, et plus encore le chœur, qui est censé représenter le sens commun, parlent une langue artificielle, qui n'est pas du tout celle de leurs concitoyens assis sur les gradins. L'univers langagier se construit dans une sorte d'autoréférence proliférante, avec, constamment, de nouveaux jeux de langage qui se mettent en place à partir de jeux de langage déjà inventés. Et année après année, puisqu'on peut supposer qu'une mémoire s'établit, on va plus loin dans la fabrication de variantes du dit qu'est la malédiction.

Les jeux du langage

Cette vision singulière du théâtre recèle l'idée que, le réel étant ce qu'il est, dans son épaisseur déterminée, il existe une autre réalité, qui se construit avec les moyens du langage et qu'on veut habiter parce que, plus ouverte, moins étouffante, elle permet plus de liberté que la réalité dense du cycle cosmique dans lequel on est obligé de refaire les gestes que l'autre a faits devant nous et dont le récit de toute façon existe. C'est un peu le cas dans toutes les tribus archaïques, généralement dotées d'un récit qui est fondateur de toutes les significations possibles et dont on répète rituellement, dans des sortes de performances, l'emprise sur notre façon de savoir ce que nous faisons quand nous le faisons. Or l'idée qui me poursuit depuis longtemps est que l'un des gestes de libération que les Grecs ont pu accomplir est cette focalisation sur les jeux de langage. C'est même plus que le langage : ils s'intéressent à des jeux de langage, à des cohérences qui se mettent en place comme des univers possibles dans la langue et qui ne sont pas réductibles à l'univers dans lequel on vit.

Pour éclairer cette particularité de l'intérêt pour le langage dans la circonstance particulière qu'est la représentation d'une comédie ou d'une tragédie, il me paraît judicieux de retrouver le *clinamen* des épicuriens dans les variations qui produisent des écarts infimes et qui, ensuite, produisent des univers entiers. Il y a là aussi un destin, avec la chute invariable des atomes ; le *clinamen* est tout ce que l'humanité peut espérer pour qu'il y ait quelque chose d'autre. Encore faut-il lire le texte tel qu'il est donné. Le passage de Lucrèce sur le *clinamen* comporte ces fameux deux vers avec, en dernière position, les mots *voluptas* et *voluntas*, qui, d'un point de vue métrique, sont interchangeables. Dans les éditions de Lucrèce qui se sont succédé depuis la Renaissance, on les a intervertis en changeant le texte des manuscrits. J'ai déjà évoqué[1] Denis Lambin, philologue, humaniste et bibliothécaire du roi, qui est à l'origine de cette correction, laquelle fait dire au texte : comment se fait-il qu'il y ait tant de volonté libre, *libera voluntas*, alors que l'homme est enchaîné par le péché, c'est-à-dire par la *voluptas* ? La difficulté vient du fait que Lucrèce, après Épicure, exclut la liberté de la volonté, comme le montre l'épisode suivant du *De natura rerum*, celui de l'étalon irrésistiblement attiré par la jument qui casse son enclos. Nous sommes enchaînés aux mécanismes atomiques. On est alors tenté de remettre les mots à leur place initiale. Ce qui donne : comment se fait-il qu'il y ait une si grande liberté du plaisir, *libera voluptas*, alors que l'on est enchaîné par la volonté ? Cette interprétation est conforme à Épicure et Lucrèce sur le plan théorique, même si elle reste très difficile à comprendre.

Qu'est-ce que « la libre volupté » ? La seule manière de lire qui soit en accord avec Épicure consiste à dire que la marge de manœuvre que nous avons par rapport à la nécessité est la

1. Voir *supra*, p. 124-125.

réflexion qui, en accompagnant la nécessité, produit ces écarts, lesquels vont engendrer des univers. Ces univers ne sont pas ontologiquement premiers, au sens d'une onto-cosmologie, ils sont dérivés : ce sont des univers de sens, sémiologiques. Si vous gardez l'interversion opérée par Lambin, vous pouvez écrire à perte de vue sur l'énigme que représente l'affirmation de la volonté libre dans un système atomistique. Mais elle repose sur un choix idéologique. Il s'agit de comprendre, ce qui n'est pas facile, que la volupté, chez nous, est toujours par surcroît. Elle ne coïncide pas avec la volonté s'accomplissant. Or qu'est-ce que la volonté ? Elle poursuit un but, et la simple réussite dans la poursuite d'un but est une malédiction : cela a la structure de la malédiction. Il suffit d'ailleurs de se rendre compte que chaque fois que l'on poursuit quelque chose et qu'on l'obtient, on est déçu, parce que, quand la volonté réussit, comme elle anticipe cette réussite, elle déflore, d'une certaine manière, la virginité du bonheur, et du coup, l'on n'obtient rien, ou presque, seulement une satisfaction dans l'ordre du pouvoir. La vraie satisfaction, que Lucrèce appelle la « volupté » et Épicure la « félicité », vient de notre capacité à accompagner ce qui se fait au nom de la volonté, de la nécessité, d'un mouvement qui, lui, est libre, qui n'a pas le caractère d'un enchaînement inéluctable.

Revenons au théâtre et à la jouissance du spectateur athénien, qui était le tout-venant, puisque tout le monde assistait aux représentations, et pas seulement les spéculatifs et les gens cultivés. Ce peuple, sous la pression de la nécessité mise en scène par une action inéluctable, s'intéressait à ces bouffées de liberté voluptueuse qui étaient révélées par les jeux de langage, par ce qui se produisait dans l'univers du sens, sens chatoyant, variant, possible, énoncé par tel protagoniste qui poursuit une autre logique du sens. Hölderlin l'a parfaitement compris, quand il dit que l'essence de la tragédie se trouve dans le dialogue entre Créon et Antigone, où il y a une sorte de dérision, parce que, comme on dit en allemand, *« sie reden voneinander vorbei »* (« ils parlent en passant l'un à côté de l'autre », « ils ne tiennent pas le même langage »). Si on réduit cela à la décision que prend Créon et à celle que prend Antigone, le sens profond échappe, alors que tout l'intérêt vient de ce qu'il y a soudain deux manières d'envisager la même réalité. Il en va de même pour Médée et Jason : ils ont chacun leur façon de voir la même chose. Comme on l'a souvent dit, pour le Grec qui est au théâtre, le discours de Jason est d'abord le plus plausible, le plus raisonnable, le plus acceptable. Et il fallait à Médée des excès terrifiants pour qu'on soit, par derrière, atteint d'un doute quant à cette attitude raisonnable, il fallait qu'elle éructe, qu'elle hurle, qu'elle soit terrible, qu'elle dérape sur le plan de la langue : sinon, le spectateur se ralliait à Jason, qui est le Grec moyen type. Du coup, il ne faut pas non plus le ridiculiser. Si l'on met en scène *Médée*, il faudrait que Jason apparaisse comme celui à qui nous voulons tous ressembler, pour gérer correctement, dans la parole aussi, notre existence. Médée doit faire irruption de manière à nous renvoyer à quelque chose en nous qui est peut-être prêt à entrer en sécession par rapport à cette visée raisonnable de l'existence et à réveiller quelque chose de plus profond. C'est de l'ordre du choc. Il m'a toujours paru que ce qui est ensuite montré, dans la pièce, l'infanticide, la machine qui entraîne Médée dans les airs, est second : tout s'est déjà accompli, depuis longtemps, dans la langue.

Tout est donc à l'envers par rapport à la logique de l'intrigue qui nous est familière et qui trouve sa plus belle expression chez Agatha Christie. Le roman policier est le paradigme de ce que nous attendons d'un divertissement intelligent. C'est pour cela que les romanciers contemporains sont de plus en plus tentés par ce genre : ils peuvent conjuguer deux intérêts, un intérêt pour l'intrigue qui nous tient en haleine (cela doit être bien monté, comme un mécanisme) et un intérêt pour le langage, avec une capitalisation des deux, qui s'est certainement faite très tôt. Shakespeare réunit déjà les deux aspects, mais ses histoires, à l'inverse de celles de la tragédie antiques, sont imprévisibles. Il a aussi l'autre versant, c'est-à-dire un travail sur le langage dans sa liberté, qui est surajouté, comme si on avait plus.

Au sujet de Samuel Beckett chez qui on assiste au dépérissement définitif de l'intrigue, je me suis posé la question suivante : procède-t-il à un retour insoupçonné à la tragédie antique ? Il y a quelque chose de cet ordre, sauf qu'il ne reprend pas la trame de la malédiction comme récit ou mythe. Son théâtre se réduit à un mécanisme de la déchéance accompagné d'un bavardage caractérisé par l'incontinence des protagonistes. Cette tragédie du langage est sûrement liée à l'absence d'issue en termes d'intrigue. On est dans le langage, et il faut maintenant supposer que l'intérêt se déplace. Le bavardage de *Fin de partie* nous renvoie à la seule puissance libératrice des mots, à leurs variations, auxquelles, du simple point de vue du dire, on ne s'attendrait pas. C'est d'une maigreur radicale, d'un point de vue ontologique ou psychologique ; il n'y a rien, sans que cela soit pessimiste : n'est pessimiste que la trame que tout le monde connaît – nous mourons tous, tout le monde le sait, et maintenant on cause. L'analyse en est compliquée, car elle nécessite le recours à des métalangages qui restent implicites et qu'il faut reconstruire pour mesurer l'effet que Beckett entend produire. Ce n'est pas un langage naturaliste, que tiennent les gens dans des situations qui seraient des situations réelles avec un enchaînement d'événements réels. Les situations chez Beckett sont abracadabrantes, bizarres. Il faut alors supposer que les mots prononcés par les personnages doivent être entendus sur un arrière-fond de langage différent, qu'ils détournent et font basculer. Cela ressemble à ce qui a pu se produire dans la musique, comme art minimaliste. Webern est un Beckett musical. Sans pouvoir éprouver aucune émotion directe, on lui porte un intérêt purement intellectuel : il faut savoir au minimum quelle construction, comme soubassement, disparaît derrière ce qui va apparaître comme un simple son. Dessous se trouve un échafaudage qui n'est pas exhibé.

Il y aurait donc trois temps du théâtre. Le temps ancien, avec la malédiction, le monde clos, la circularité du temps et l'intérêt exclusif pour ce qui se dit. Le temps moderne, dans lequel se déploie l'infini de l'espace et du temps, et où le destin est contenu dans un événement inaugural, dans une sorte de big-bang à partir duquel se met en place un enchaînement causal d'événements, qu'on appelle plus tard l'intrigue ; seuls les plus grands y intègrent ce qui caractérise le drame ancien, à savoir l'intérêt pour les jeux de langage. En dehors de ces grandes exceptions, l'intrigue prime, et la séduction, comme chez Dumas, vient des ajouts, non pas de langue, mais d'événement, d'actions.

Le troisième temps serait alors l'épuisement de l'intrigue. Or l'intrigue répétée ressemble à ces musiques industrielles qui reproduisent à l'infini l'intrigue de l'harmonie. L'au-delà de cette étape est difficile à cerner : ce serait le refus de l'intrigue, qui se réduit à un seul point essentiel, le dénouement fatal, sans exhibition du cheminement. Le langage devient quelque chose de totalement autonome, comme la musique post-schönbergienne manifeste la volonté de faire apparaître une ligne mélodique qui n'a de sens que si l'on sait reconstruire les conditions de sa plausibilité, qui n'est plus l'harmonie, puisqu'elle a été abandonnée. Cela fait trois moments possibles.

Du dessin à la peinture

Poursuivons notre enquête sur la *Durchführung* et sa pertinence pour nous représenter l'histoire de la peinture. Dans une première période, le dessin préexiste : les contours sont dessinés, et on les remplit de couleur. Ensuite, la fameuse querelle des teinturiers à l'Académie des beaux-arts oppose aux tenants de cette vision le travail du Caravage et d'autres qui « font des taches ». Ensuite, c'est aux taches de couleur de produire des contours, en réaction directe contre Poussin et la peinture « platonicienne ». Ce que l'on soutient[1], c'est qu'on a d'abord le triomphe du contour, autrement dit de l'idée platonicienne ; quand la couleur devient première, l'altérité triomphe dans ce combat de la matière contre l'idée. Un peu de Heidegger permet de se représenter que l'on passe d'une peinture de l'étant à une peinture de l'être, du pur surgissement (les couleurs), dans une reconstruction dont la logique est cependant différente de celle de la musique où il s'agit plutôt de discerner les provocations successives dont on doit se rendre maître. Pour autant, ce serait aller trop vite en besogne que de dire qu'avec les teinturiers on passe à un

1. Voir par exemple la thèse de Jacqueline Liechtenstein, *La Couleur éloquente, rhétorique et peinture à l'âge classique*, Paris, Flammarion, 1989.

régime où l'informe triomphe de la forme. Ne peut-on pas plutôt considérer, comme pour la musique, que l'on est en train de faire monter les enchères ? Le défi devient de plus en plus grand, mais c'est toujours la forme qui doit maîtriser le divers, à ceci près que le divers est maintenant autrement actif. Dans cette perspective, si l'on veut vraiment instituer un parallèle, on débouche sur un phénomène analogue à celui de la dodécaphonie : avec le cubisme, c'est la forme elle-même qui se diversifie. Ce n'est pas que face à la forme il y aurait la matière, ce n'est pas que la matière deviendrait comme une instance irréductible, non, la forme elle-même éclate et se diversifie. Avec le cubisme, où les artistes atteignent le sommet sur le plan des couleurs, le divers est, au contraire, mis du côté du dessin. C'est le début de l'art contemporain.

Cette lecture de la peinture relève de nouveau d'une perspective très intellectuelle, dès lors qu'elle implique que les formes qui éclatent et se déforment recèleraient le souvenir des formes qui ont réussi à maîtriser les contenus matériels, dans la même logique de matériaux qui sont dispersés, activés. Après survient le problème de l'unité. Xenakis, par exemple, au-delà de Schönberg, ne prend pas seulement les douze sons arbitraires de la gamme, qui est un produit historique, mais tous les sons. En conséquence, nul ne peut comprendre la loi de la composition, même si elle existe par des équations, mais on ressent tout de même de purs affects. Il y a là une sorte de renversement, et on revient aux modes, cette fois-ci fondés sur quelque chose d'invisible, d'imperceptible : une forme radicale. C'est une forme atomisée qui devient la nouvelle diversité.

L'interprétation en est problématique : quel type d'expérience est sollicité ? Il est paradoxal de dire que la musique s'autonomise, puisque la musique, travaillant elle-même sur sa propre matière, est moins autonome après qu'avant. Elle procède maintenant, comme la peinture, à une réflexion sur soi et sur ses réussites avec les effets réflexifs possibles, dans une démarche qui peut devenir très formelle. Au lieu d'être liée à un matériau, la forme risque de devenir comme le ciel des fixes.

Dans la logique que je présente, la véritable finalité de la créativité « post-sommet » devrait être de fabriquer des sensations avec des idées ou de produire une matière avec des matériaux, des matières informées au préalable. Il n'est pas du tout nécessaire que cette forme soit exhibée pour elle-même puisqu'elle est d'une certaine manière garantie par avance. Tout est déjà forme. Dans ce cas, le but est de produire des sensations : se laisser aller au divers sans avoir à se soucier du même, celui-ci étant acquis de toute façon. C'est très curieux, et il est difficile, faute de recul, d'interpréter exactement cette actualité. Personnellement je ne suis pas du tout intéressé par l'art conceptuel dans lequel je vois une sorte de serpent qui se mord la queue. L'art conceptuel annule d'une certaine manière par un nouveau concept fédérateur ce qu'il s'agit justement de libérer : post-concept. En revanche, la peinture de Rothko, par exemple, me parle très directement, comme une épure de la peinture « post » avec trois ingrédients : le fond, la perturbation et, en regard du fond et de la perturbation, une troisième couleur, une sorte de frange, qui n'est pas destinée à être résorbée dans une unité esthétique de type supérieur. Les toiles de Rothko nous plongent dans une perplexité sans fin.

La question se pose de la nature de la forme qui viendra après la réussite de la mise en forme. Parce que, si cette forme est elle-même, en tant que matériau, dispersée, réfractée, un nouveau type de dissonance apparaît, qui n'a pas pour but d'être résorbé. On est de nouveau dans un monde modal. Ne serait-ce pas la mise en œuvre de la tension qui naît du fait que les matériaux peuvent être joués les uns contre les autres ? Une sorte d'extériorité radicale s'instaure, qui n'est plus appelée à être fondue dans une identité triomphante, parce que le triomphe de l'identité est antérieur. Je ne suis pas capable de dire si c'est le dernier mot de l'art créateur contemporain. Selon ma propre perception, je suis devant une œuvre où quelque chose se produit lorsque j'ai l'impression d'avoir affaire à une élaboration intelligible quant à sa méthode et non résorbable dans son effet, comme si cela restait une plaie ouverte ou une sollicitation permanente. La peinture de Bacon engendre un constant vertige, où rien ne destine à trouver un mot de la fin, une pacification. Ce résultat ne s'obtient pas à partir de matières pures, qui seraient de la couleur par exemple, mais avec quelque chose qu'on peut appeler des matériaux. C'est assez figuratif.

Du reste, c'est dans la peinture figurative que l'on trouve aujourd'hui les choses les plus intéressantes. Je dirais presque que l'abstrait a la même fonction pédagogique que la dodécaphonie stricte : c'est une théorie de la peinture qui doit enfin permettre au compositeur et au peintre de ne plus peindre ou composer comme il serait tenté de le faire. La dodécaphonie stricte n'a d'intérêt que pour les compositeurs, de même qu'une certaine peinture abstraite doit faire décoller un peintre de ses habitudes, de ses automatismes culturels.

Discours sur les images

Il me paraît enfin capital d'examiner la manière dont on parle et dont on a parlé des images. Car le discours sur les images se trouve pris à l'origine dans la tension d'essence religieuse entre le visible et l'invisible, entre la présence et l'absence, entre l'immanence et la transcendance ; et il se transforme complètement selon que l'on accentue, dans telle ou telle tradition religieuse ou culturelle, la dimension visible (présence, immanence) ou la dimension invisible (absence et transcendance).

La première distinction à laquelle je tiens pour mettre en place tout discours sur l'image est celle qui oppose la religiosité de l'absence – de la transcendance –, qui a des conséquences tout à fait palpables dans le domaine des représentations picturales, aux religiosités de la présence. Et de cette antinomie, la tradition hellénique et la tradition hébraïque sont des représentantes parfaites, incarnant en quelque sorte l'antinomie de la pensée et de l'image.

Les textes les plus anciens, qu'ils partent d'une tradition de la transcendance ou bien de l'absence radicale de la puissance humaine, jettent le soupçon sur l'image, jugée inadéquate. L'idée que la puissance divine ne peut pas être représentée par une image conduit à intenter une sorte de procès à la figuration en général. La puissance divine est d'une certaine manière présente dans tout ce qui se laisse figurer, y compris les animaux, les plantes, etc. Dans cette tradition, on va voir une prolifération des formes picturales qui relève plutôt de l'ornement. La multiplication des formes picturales, d'ailleurs très répétitives, comme on le constate jusque dans le monde islamique, charrie un tout autre sens que la figuration.

À l'inverse, dans la tradition hellénique et, en général, les traditions qui mettent l'accent sur l'immanence, le divin est essentiellement caractérisé par sa présence. La pensée grecque est allée aussi loin que possible dans ce sentiment religieux de la présence. N'est divin en grec que ce qui est là. D'ailleurs le terme *théos*, qui deviendra par la suite un substantif, est d'abord un adjectif. Cette conception qui fait de la présence du divin le signe, la manifestation de sa réalité s'intéresse aux choses divines. Un dieu absent est un dieu dont le pouvoir a diminué. Il peut revenir – il y a de magnifiques pages sur le soleil par exemple, qui le soir s'absente pour aller chez des peuples qui le vénèrent et laisse les Grecs devant Troie dans l'ombre, dans l'absence. Après la nuit la divinité revient, et c'est cette présence du divin qui conduit à vouloir le figurer.

Je partirai donc de la manière dont la religiosité grecque a conduit à élaborer un discours sur ce qu'est l'image, ce qu'est sa valeur, sur ce que sont les défis qui s'attachent à la représentation imagée du réel. Dans le discours grec, l'image est considérée comme relevant de ce qu'on appelle l'art en français. Je dis images, car on ne peut guère parler d'œuvres pour ce qui est, au départ, des fabrications, qui peuvent être appréciées dans deux ordres de valeurs totalement différents, celui de l'art et celui de la beauté

Or le mot grec pour « art » est *technê*. La *technê* est une habilité d'artisan, terme dans lequel on voit apparaître le mot art : l'artiste n'est pas l'artiste au sens moderne, mais un homme habile, un artisan. Derrière cette idée que les images sont fabriquées grâce à une habilité particulière se profile un champ sémantique entièrement dominé par un radical indo-européen, « *ar* », que l'on retrouve aussi dans harmonie. En grec, tout un éventail de notions appartiennent à cette famille, dont notamment *arithmos*, le nombre, dans la mesure où le nombre s'agence dans la suite des nombres; *artron*, l'articulation, le lien entre les deux parties du bras, autre forme d'agencement. Cette chaîne sémantique conduit à la conclusion que l'habileté principale de l'« artiste » consiste à agencer. Dans l'*Iliade*, le charpentier est le prototype de cette habileté, puisqu'il agence les planches qui forment la coque d'un navire et empêchent l'eau de passer. Mieux l'agencement est fait, plus le bateau est étanche, pour la plus grande sécurité de ceux qui naviguent. Cette idée peut se traduire par la notion familière de composition. L'art, du terme *arariskô*, c'est-à-dire « ajointer », est essentiellement composition. Or cette composition comme agencement, lorsqu'elle est habilement réalisée, constitue ce que le grec ancien appelle un cosmos, autrement dit une belle ordonnance. Or le terme de cosmos, du moins dans la perception que nous en avons, était réservé à l'univers, à la totalité des choses du monde visible. Pour les Grecs, le cosmos n'est rien d'autre que la totalité des phénomènes bien agencés dans le champ de leur visibilité. Aussi chaque œuvre particulière, pourvu qu'elle soit bien agencée, figure-t-elle le cosmos entier. Autrement dit, la totalité cosmique se retrouve dans un élément particulier dont on a réussi la composition. Or pour qu'il y ait analogie entre une réalisation cosmique bien agencée et la totalité du cosmos, il faut que l'image soit découpée, en quelque sorte cadrée, pour faire toute la clarté sur le lien que cette chose entretient avec les autres choses ou avec la série des phénomènes qui composent le monde que l'on regarde.

Cette notion cosmique d'une œuvre réussie est à distinguer du terme que les Grecs ont réservé à la beauté. Le *kalos* (le « beau ») désigne l'éclat, ce qui frappe les yeux, essentiellement lié à la qualité des matériaux utilisés: or, pierres précieuses, parfois aussi couleurs éclatantes. Nous avons beau nous laisser toucher par la retenue et la pureté de la pierre blanche, en réalité, la statuaire grecque n'était pas blanche, et les sculptures étaient aussi colorées que les totems des tribus qui vivent dans les îles d'Océanie. Le terme qui, selon cette logique, désigne l'image, à savoir *agalma*, tiré du verbe *agamai* qui veut dire admirer, désigne donc une représentation qui frappe par l'éclat des matériaux qui la constituent, et cette optique s'oppose du tout au tout à celle selon laquelle l'excellence d'une image emprunte au cosmos sa belle ordonnance. C'est par rapport à ce qui relève de l'habileté qu'on dit qu'une chose est belle en tant qu'ordonnance, tandis que c'est par rapport aux matières utilisées qu'on dira qu'elle a l'éclat de la beauté. Il est tout à fait essentiel de distinguer dès le départ ces deux manières de qualifier les images. J'ajoute que le grec dispose de deux mots pour désigner l'image : la racine *wit*, qui donne *eidos* et *idea* (le verbe latin correspondant est *video*), donc ce qui est en tant qu'image présente. L'*eidos*, c'est la présence de l'image. On peut même parler de l'*eidos* d'un guerrier qui est là dans toute sa prestance.

Si l'on se place dans la perspective du monisme des Grecs et dans le droit fil de la caractéristique principale de cette religiosité de la présence, qui part du principe que la totalité est une et que cette totalité se montre à nous dans la belle composition de l'univers appelé cosmos, et que l'on considère que toute réussite dans cette entreprise habile d'agencer des éléments pour former une petite totalité figure la perfection de la totalité cosmique en tant qu'univers, on s'aperçoit que l'« œuvre », la réalisation dont il s'agit, devient, grâce au découpage, grâce à la délimitation, grâce à cette espèce d'arrachement à la suite infinie des phénomènes qui l'entourent, signe. L'objet agencé, l'objet qui mérite le qualificatif de cosmos, devient un signe. Il devient un signe dans les trois sens que le philosophe Peirce confère à cette notion quand il caractérise le signe par trois fonctions qu'il appelle indicielle, iconique et symbolique[1]. La fonction indicielle est très simple : le signe, tel un index, pointe vers quelque chose d'autre que lui-même. Mais le signe a la particularité de signifier en même temps que c'est lui qui pointe vers autre chose. Donc il se désigne lui-même comme désignant. Par là, il acquiert une sorte d'autonomie par rapport à ce qu'il évoque. S'évoquer soi-même comme évocateur, c'est la fonction iconique : le signe devient une icône. Enfin, le signe a une fonction symbolique ; autrement dit, cette icône se pose elle-même dans une relative indépendance en vertu de sa valeur indicielle qui l'érige comme une instance autonome et autosuffisante par rapport à autre chose qu'elle. Grâce à ce mécanisme, le signe peut symboliser tout à fait autre chose que ce qu'il désigne.

Cette grille de lecture « peircienne » appliquée à un objet, disons une image, qui mérite le qualificatif de cosmique, c'est-à-dire de bien agencé, de bien ordonné, donne d'abord ce qu'une image évoque comme étant son modèle, c'est-à-dire la référence à un phénomène quelconque qui est reproduit ; puis, dans la mesure où ce phénomène a été cadré, découpé dans la chaîne des phénomènes, une attention particulière naît de cette délimitation, et le signe qui se rapporte au phénomène apparaît soudain comme un opérateur tout à fait indépendant de ce qui est évoqué. C'est un opérateur qui se fait percevoir comme un opérateur.

1. Un des plus grands philosophes de la modernité, né en 1839, mort en 1914 (trois volumes de ses œuvres sont parus aux Éditions du Cerf, de 2002 à 2006).

La *République* de Platon nous en fournit un bon exemple, au moment du dialogue où Platon s'interroge sur la valeur ontologique d'une peinture qui représente un lit. Il dit que, dans l'ordre de la dignité ontologique, la reproduction picturale du lit qui reproduit un lit phénoménal, un lit réel, un lit sensible, est inférieure à ce lit réel, mais que ce lit réel est à son tour inférieur à son idée. Il constitue donc une échelle à trois termes. D'abord le lit en soi, qui permet de reconnaître le lit réel, qui peut avoir toutes sortes de formes. L'idée du lit permet de reconnaître un lit dans toutes les formes qu'il peut prendre. Le reproduire, c'est reproduire un lit particulier ; mais, dans la mesure où on le sort complètement de son contexte et qu'on l'appauvrit en lui ôtant tous les traits sensibles qui ont leur importance pour le lit réel, cette diminution, cette délimitation procède à une sorte de raréfaction sur le plan de la perception sensible qui fait que, bizarrement, on obtient une reproduction picturale du lit réel qui évoque symboliquement le lit idéal. Telle est la thèse de Platon, où je retrouve les trois fonctions. Le lit peint renvoie au lit reproduit ; mais, dans la mesure où le lit peint est d'une certaine manière réduit et simplifié par rapport au lit qu'il désigne, arraché à son contexte, ce lit ontologiquement mineur, plus pauvre, grâce à l'instance iconique qu'il acquiert, renvoie symboliquement à la vérité du lit réel, au lit sensible, à la réalité du lit sensible qui est le lit idéal. C'est ce mécanisme qu'il faut avoir à l'esprit pour comprendre pourquoi le terme grec *aesthesis* qui veut dire « perception sensible » est devenu, chez les Modernes, l'esthétique.

L'esthétique qui naît, pour ce qui est de son acte de baptême terminologique, au XVIIIe siècle s'attache avant tout à théoriser cette curieuse fonctionnalité de l'image. L'esthétique considère l'image non pas comme un objet de perception première, mais comme un objet de perception réfléchie, ou de perception seconde. Puisque ce n'est pas le lit sensible qui est la vérité le lit peint, c'est le lit idéal qui est du point de vue de la signification symbolique la vérité du lit peint, et donc de la perception sensible. On passe à une « perception réfléchie » que l'on peut appeler symbolique puisque l'on perçoit quelque chose qui induit une *aesthesis* de second degré, selon une expression empruntée à Kant. Dans l'introduction à la *Critique de la faculté de juger*, Kant distingue les perceptions en général de ces « perceptions réfléchies » qui supposent que l'on utilise une reproduction de réalité sensible comme marchepied ou comme tremplin pour découvrir au-delà, symboliquement, une réalité supérieure[1]. Si l'on comprend que l'image est une sorte de totalité sélective de ce qui existe par ailleurs et à quoi elle renvoie, elle est soudain remplie, en tant qu'elle est signe, de cette triple fonctionnalité du signe de Peirce.

C'est le premier petit mouvement, et il est absolument essentiel. Dans l'univers des Grecs, l'ontologie et la cosmologie ne font qu'un. Il n'y a pas de *théos* au-delà. La divinité est omniprésente. Héraclite qui se trouvait aux toilettes disait : « Ici aussi il y a des dieux », pour signifier que la divinité n'est pas quelque chose de particulièrement noble qui se trouverait détaché de la réalité perceptible. Même une perception désagréable n'en est pas moins divine. À Thalès on prête la phrase : « Tout est plein de dieu. » C'est dans cet univers que l'opération qui consiste à sélectionner un certain nombre de traits sensibles pour figurer tel ou tel objet, par forcément la figure humaine, revêt ce sens très particulier d'une signifi-

1. Kant est, de ce point de vue, celui qui a réellement entériné ce qui avait été amorcé par les élèves de Leibniz, qui avaient inventé ce terme d'esthétique dans ce sens second.

cation détournée. Moins l'image contient ce qu'elle désigne comme sensible, donc existant dans le monde des phénomènes, plus elle est apte à évoquer un au-delà : c'est la beauté cosmique, l'idée de l'agencement parfait de la totalité des phénomènes. C'est une opération dans laquelle la réflexion joue un rôle essentiel. Si vous mettez un chat devant l'une de ces productions bien agencées, il ne pourra jamais extrapoler cette dimension symbolique qui renvoie au-delà du sensible représenté. Si la peinture d'un morceau de viande est particulièrement bien faite du point de vue de l'illusion créée, le chat, à la rigueur, se jettera sur ce morceau de bois et de peinture pour le manger. Mais il ne tombera pas en arrêt devant cette imitation de la réalité sensible pour y lier quelque chose qui se trouve précisément au-delà, non pas imité mais figuré.

Ce premier mouvement doit à mon sens nous permettre de mieux comprendre les discussions qui vont faire rage autour de la légitimité des images s'agissant de représenter la puissance divine. On comprend que les images, c'est-à-dire les réalités sensibles d'abord détachées de leur contexte, puis agencées d'une certaine manière, puissent devenir l'objet privilégié d'une opération de déchiffrement que l'on appelle divination. Les entrailles du poulet par exemple : le devin ouvre le poulet, avec une certaine habileté, et, dans cette sorte de désordre à première vue tout à fait désagréable à voir, il sait décomposer les entrailles et lire, comme dans le tarot, la réalité présente et l'avenir qui nous attend. Ce n'est possible que dans la mesure où il isole et dispose les éléments qu'il trouve dans les entrailles de façon à en faire une image, image de ce qui peut ensuite être symboliquement interprété et qui renvoie au-delà de la réalité des viscères d'un poulet. Les entrailles du poulet deviennent l'image d'autre chose. Allons plus loin : ce sont des devins qui regardent le vol des oiseaux ; ils découpent dans une portion du ciel les formations d'oiseaux pour pouvoir en faire une image interprétable. Or l'acte de découper, du verbe grec *temnô*, et le substantif qui en est tiré est *téménos*, le temple.

Le découpage d'un espace de déchiffrement du divin constitue une opération essentielle. L'espace sacré qui en procède est comme la page d'un livre. On passe d'une perception purement sensorielle à un acte de lecture. On déchiffre les éléments qui composent un *téménos*. Grâce à ce découpage, le mouvement des oiseaux n'est plus un simple vol qui commence au nord de cet espace et se poursuit au-delà : il permet de lire, sur le plan symbolique, ce que ces oiseaux nous signifient. Il y a, je crois, à l'origine de l'écriture, l'idée que les images sont des réductions ou des découpages de la réalité sensible pour devenir une réalité réflexive de second degré qui renvoie au-delà et permet un déchiffrement. L'écriture, au départ, ce sont des pictogrammes, et les lettres sont des réductions d'images de quelque chose. Par exemple l'aleph ou l'alpha représente la tête du bœuf. Le mot bœuf commençait par cette lettre et par ce son, d'où une espèce d'équivalence. Ensuite, on figure la chose grâce au découpage. Au début on figure le bœuf entier, ensuite seulement sa tête, et il ne reste à la fin qu'une suggestion graphique de cette tête. L'isolement de l'espace signifiant, qui est l'espace de l'image, permet d'élaborer les lettres d'un alphabet qui peut être d'abord un alphabet d'images, des hiéroglyphes par exemple. Du reste il subsiste des traces d'une organisation picturale première jusque dans l'alphabet que les Grecs empruntent aux Phéniciens et qu'ils simplifient et stylisent encore.

L'apparition de ce qu'on appelle, au Moyen Âge, les enluminures, atteste encore que l'écriture entretient, notamment par les lettres qui se situent au début d'un mot, un rapport tout à fait naturel avec les images. Le rapport d'évocation qui se construit là s'appuie sur le fait que la lettre est en réalité la réduction de ce pouvoir de signe qu'a l'image en tant qu'élément découpé dans la réalité perceptible, pour figurer au-delà de la chaîne infinie des choses que nous percevons du tout.

Il est évident que des écritures d'un autre type, par exemple chinoise, présentent exactement ce que j'essaye de décrire. Chaque idéogramme est une stylisation qui renvoie bien au-delà de ce que l'image indicielle désigne. Dans le cas d'un idéogramme qui évoque la maison, c'est relativement facile ; mais, si l'on met deux personnages dans la maison, cela veut dire querelle, en vertu d'un saut extraordinaire. C'est ce saut qui m'intéresse dans la logique de symbolisation. L'image n'évoque plus une réalité perceptible en dehors du signe, une réalité qui ne peut être appréhendée qu'à travers le signe, par un saut.

Transcendance et immanence

Tous les éléments que je viens de mettre en place permettent de comprendre ce qui s'est passé quand, à l'époque hellénistique, les deux grands monismes, c'est-à-dire la religion de l'absence, à transcendance radicale, et la religion de la présence, religion hébraïque et religion grecque, se rencontrent, se heurtent et, dans une très large mesure, fusionnent. C'est à Alexandrie que cela s'est passé, et plus précisément dans le milieu où des Grecs s'intéressaient à la tradition biblique et où se reposa, et cette fois-ci de manière conflictuelle, la question de la représentation adéquate du divin. Dans la tradition hébraïque, la puissance divine inaccessible au-delà du monde[1] prend ses distances par rapport à la création ; loin de se manifester dans le fonctionnement de la création, elle la laisse à elle-même, alors que, dans la tradition grecque, ce qui est divin est précisément le fonctionnement du cosmos, les divinités étant des éléments, par exemple Zeus associé à la lumière et à la foudre.

La rencontre de deux traditions, dont l'une se représente le monde comme créé mais distinct de Dieu, et l'autre comme éternel et divin, provoque des étincelles ; et, comme le grec est la langue de circulation omniprésente dans le bassin méditerranéen et qu'à Alexandrie, tous sont acculturés, c'est-à-dire hellénophones et de culture grecque, c'est en grec que l'on va monter en épingle les deux possibilités de penser l'image, soit du point de vue de la transcendance, soit du point de vue de l'immanence.

Dans le débat qui oppose les tenants des deux religiosités, l'*eidos* qui, comme nous l'avons vu selon son étymologie, devient chez Platon l'idée peut être considéré comme la présence de la divinité en soi qui est là, dans l'image qui la représente. Du point de vue des Juifs, l'*eidos* devient idole, car l'idole, et la religiosité qui en découle, l'idolâtrie, renvoient au fait que l'on nourrit l'illusion que le divin serait dans l'image, par excellence le veau d'or. L'idole provoque le culte de l'image à la place de ce que l'image est censée évoquer, puisque l'image est la présence même de la chose.

Le grec a cependant une autre racine pour désigner l'image : *wik*, qui donne *eikôs*. L'adjectif *eikôs* veut dire semblable.

1. Rappelons que, dans l'interprétation chrétienne de la Bible, le monde est créé *ex nihilo*.

Or *eikôs*, à la différence de *eidos*, marque la différence entre ce qui est représenté et son représentant, puisque *aikon* contient l'idée de l'imitation, de la *mimésis*, de l'écart. L'image devient un élément d'évocation du divin. Le caractère codé de sa fabrication a pour but d'évoquer le divin comme distinct de l'image. Une icône ne peut pas inciter à l'idolâtrie, car elle crée de la distance et aide à envisager le caractère transcendant du divin.

On voit bien que faire des représentations du divin, des idoles, c'est tout à fait autre chose que d'en faire des icônes. Soit l'image est le moyen de rendre présent ce qui est absent, dans ce cas on a un *eidos*, et on peut mettre tout l'affect, tout le désir, dans le fait que l'image va rendre présent quelque chose qui est à distance, éventuellement difficile à atteindre. Soit l'image peut, par le traitement stylistique, codé, qu'elle subit, évoquer une absence, dans ce cas on a une *eikôn*. L'icône, c'est la présence qui évoque une absence ; l'idole, c'est une absence qui s'incarne dans une présence. D'un côté, c'est l'image comme ce qui matérialise et accueille une absence, et de l'autre l'image au contraire élabore une distance, induit la perception symbolique d'une transcendance, d'un dépassement. Ces deux mouvements contradictoires qui caractérisent le fonctionnement de toutes les images jusqu'à aujourd'hui, avec des accentuations fort complexes, se jouent toujours entre ces deux modalités de l'*eidos* et de l'icône, entre ces deux moyens que l'on peut invoquer de manière religieuse pour qualifier l'image, soit que, dans l'image, la totalité soit convoquée dans une présence, soit qu'au contraire l'image comme icône affranchisse de cette fiction de similitude, de ressemblance qui fait que l'on pourrait imaginer que le divin serait dans le monde perçu.

Pour que le divin soit au-delà, on le figure de manière perceptible, mais pour la réflexion, comme quelque chose qui n'y est pas. Par exemple la magnifique mosaïque du *Christus imperator* de Ravenne[1] est une icône. Tout invite à considérer que le Christ n'est pas dans cette image, il est quelque part, inatteignable, au-delà. Comme cette mosaïque est faite de petites pierres brillantes, elle présente aussi le caractère d'un *agalma*, c'est-à-dire que cette mosaïque est quelque chose d'infiniment précieux dans chacune de ses composantes. Un double objectif est par là atteint : la préciosité de la mosaïque restitue toute la présence de l'idole, et la figuration extraordinairement sévère, codée, stylisée, du Christ, invite à dépasser l'idolâtrie et à se projeter dans un ailleurs seulement évoqué.

La synthèse chrétienne de cette problématique, qui s'amorce à Alexandrie, consiste à postuler que l'on peut disposer d'une figuration qui réconcilie présence et absence. Le modèle théologique de cette synthèse est l'eucharistie, qui est au centre de la doctrine chrétienne, puisque l'eucharistie accomplit la présence d'une absence : au moment de la transsubstantiation, Dieu s'incarne dans le pain de l'hostie. Évidemment ce n'est pas la totalité de Dieu, c'est son fils, d'où une scission dans la perception du divin : il y a Dieu le père qui est le créateur du monde ; et, comme le monde ne va pas bien, il faut une autre figure divine qui est la même et qui sera le Dieu rédempteur. Il s'incarne lui dans cet ici-bas que le Dieu créateur a laissé aller à sa perte. L'eucharistie est la représentation symbolique de la coprésence de la présence et de l'absence, la manière de conjuguer les deux.

1. Jésus de Nazareth en *Christus imperator*, chapelle archiépiscopale de Ravenne.

L'importance de cette composition théorique conduit, dans les extrapolations théologiques, à la conception de la Trinité. Il faut que Dieu le Père et Dieu le fils, Dieu absent et Dieu présent, Dieu absolument non perceptible et Dieu même mangeable, soient tous deux réunis, et ils ne peuvent l'être que dans l'esprit, c'est-à-dire dans une opération qui correspond à la perception réfléchie. C'est au niveau de la signification que l'identité de Dieu se refait. La puissance du christianisme réside essentiellement dans cette capacité de concilier l'héritage hébraïque et l'héritage hellénique, les deux grands monismes de notre aire culturelle. L'idée d'eucharistie est absolument centrale pour comprendre ce qui se produit ensuite, lorsque l'art et l'artiste s'autonomisent par rapport à la problématique du divin, qui a été absolument prégnante dans l'Antiquité grecque, mais évidemment aussi dans la tradition hébraïque. Le christianisme qui invente la curieuse coprésence du père et du fils crée les conditions de l'autonomisation de l'art.

Le « bricolage » théologique chrétien aura une extraordinaire fécondité. Il faut bien parler de bricolage intellectuel pour décrire ce que les Pères de l'Église ont élaboré, parce qu'ils avaient d'un côté un dieu qui était absent avec un monde créé à partir de rien, et de l'autre une divinité cosmique qui, sous de multiples formes, était toujours présente. Entre un monde créé et un monde éternel, un dieu absent et une divinité multiple mais présente, comment trouver un compromis ou une synthèse ? Le bricolage théologique chrétien consiste précisément à fabriquer le symbole, *sumbolon*, c'est-à-dire un bout de bâton et un autre bout de bâton qui s'agencent parfaitement. Le symbole qu'est l'eucharistie permet à la fois la présence réelle et la reconnaissance d'une absence qui se maintient dans cette présence. C'est le levier de la modernité dans laquelle nous vivons encore et que nous sommes pour partie en train de quitter.

J'aimerais évoquer la puissance de ce modèle eucharistique sur deux plans. D'abord, au XIIIe siècle, quand, à la mort d'un évêque anglais du comté de Leicester, les nobles de l'endroit qui avaient conclu toutes sortes de contrats avec l'évêque tirent prétexte de son décès pour exiger la renégociation de ces contrats, les juristes théologiens de Rome arguent du fait que, dans l'eucharistie, il y a simultanément une réalité sensible et une réalité suprasensible, pour dire que l'évêque physique, celui qui est mort, était comme le pain, tandis que la fonction de l'évêque, la *dignitas*, était comme le Christ. Ils en concluent que la fonction épiscopale ne saurait mourir. *Dignitas non moritur*, dit-on, et l'on reconnaît une future phrase-clé des monarchies, française notamment, avec la théorie des deux corps de roi. Grâce à cette opération intellectuelle rendue possible par la figure de l'eucharistie, les théologiens romains ont inventé la personne morale, c'est-à-dire la société anonyme en terme juridique moderne C'est pour cela que *General Motor*s s'appelle *inc. Incorporate*. En réalité, c'est le Christ. *Corporatio* devient le terme pour désigner la présence de l'absence. La règle divine de la permanence fait que, lorsque les membres du conseil d'administration d'une société comme *General Motor*s sont physiquement remplacés, leur disparition ne porte aucunement atteinte à la pérennité de la société. Telle est la puissance de ce modèle.

Autre exemple, au moins aussi extraordinaire. Lorsque Galilée réfléchit à la chute des corps et dégage la loi mathématique qui la règle pour tout corps quel qu'il soit, alors qu'il est dans un univers où les corps sensibles sont encore individualisés comme chez Aristote, c'est-à-dire que chaque corps tombe vers son lieu naturel avec la vitesse qui lui est propre, il dégage la loi mathématique qui est une loi universelle en l'assimilant à l'eucharistie. Il était profondément croyant. Si l'Église l'a mis au ban, c'est qu'il avait adhéré à l'idée que la terre n'était pas au centre de l'univers et que cette « idée » n'était plus une simple hypothèse, mais une vérité tirée d'un autre livre que la Bible : le livre de la nature, censé receler des vérités d'une dignité équivalente. De plus, que la nature n'obéisse plus à une structure parfaite (circulaire et sphérique) allait contre la croyance que Dieu, parfait, ne pouvait créer une nature où régnait l'asymétrie.

C'est Ernst Cassirer qui, à mon sens, explique le mieux ce processus, dans un livre publié en 1911 sous le titre *Substance et fonction*[1] : il y montre que la science moderne prend son envol parce qu'elle s'intéresse à la fonction et se désintéresse de la substance. Quand la mécanique quantique écarte la substance, pour ne considérer que les fonctions, l'origine s'en trouve dans l'eucharistie. Pour notre histoire de l'image, le déplacement de la substance à la fonction a une conséquence tout à fait essentielle : il permet d'arracher les images à l'une et l'autre de ces traditions exclusives que sont les traditions religieuses de la transcendance et leur discrédit jeté sur les images, et les autres traditions qui font fonctionner dans un cercle purement immanent l'image cosmique telle que je l'ai évoquée.

Les annonciations du XIVe siècle sont, je crois, la meilleure façon de se représenter cette autonomisation, grâce à la synthèse chrétienne, du geste artistique, et donc de l'œuvre artistique par rapport à ces impératifs religieux. Le cadre est toujours

1. *Substance et fonction. Élements pour une théorie du concept*, trad. française P. Caussat, Paris, Minuit, 1977.

celui d'une architecture, puisque la perspective est maintenant inventée, et cette architecture se termine en général tout au bout par un détail marquant, souvent un cyprès. Au-delà du cyprès se trouve, emprunté à la peinture gothique et dans un bleu presque diaphane, sans perspective, quelque chose qui relève de la transcendance. L'immanence, c'est l'architecture, et donc il y a un point de fuite puisque cette immanence moderne est celle de la subjectivité. Nous ne sommes pas dans le cosmos grec : là où le point de fuite fait converger les lignes de cette structure imaginaire s'ouvre un trou vers un au-delà qui est peint dans ce bleu diaphane emprunté aux retables gothiques.

Ce moment est tout à fait décisif parce qu'il suffit que la perspective se ferme pour que l'on se retrouve dans l'univers de la subjectivité qui, grâce à la perspective, domine entièrement l'économie de l'image produite. Il est d'ailleurs très intéressant de savoir que le début de la transformation qui affectera la disposition du théâtre remonte à l'apparition de cette architecture. Dans le théâtre médiéval, le public était sur la scène, et les nobles tout près de l'action ; dans le théâtre à l'italienne, ce rapport est inversé, la position la plus favorisée étant celle qui est le plus en retrait – à l'opéra, le balcon –, et c'est de cet endroit où l'on a pratiquement l'équivalent de la vision de Dieu que se déploie la perspective. Une telle inversion n'est rendue possible que par ce que préparent les annonciations, en vertu de leur découverte du moyen de conjuguer le visible et l'invisible. On ne voit jamais l'ange que de profil ; Marie aussi est vue de profil ; mais, quand on se place mentalement là où Marie se tient, on constate qu'il y a souvent une colonne qui l'empêche de voir l'ange. C'est un travail très subtil sur la coprésence du visible et de l'invisible, pour articuler la transcendance et l'immanence, tous deux réunis.

Le modèle de l'eucharistie ne perd en rien de sa pertinence tout au long du débat sur l'utilisation des images lorsqu'elles s'affranchissent de la tutelle religieuse, parce que cet affranchissement ne les prive en rien de la synthèse chrétienne qui est à l'origine du dynamisme de la modernité et qui s'avère tout à fait durable. C'est un paradoxe majeur de dire que c'est parce qu'il était croyant que Galilée a introduit les mathématiques dans l'analyse des phénomènes naturels. Il en va de même pour Newton, lui aussi profondément croyant : il suffit de lire un tant soit peu ses ouvrages pour se rendre compte aussitôt que tout ce qu'il a pu dire sur l'espace est au fond sa façon de parler de Dieu. On ne saisit bien l'ensemble du processus qui suit le moment décisif de l'introduction de la perspective pendant la haute Renaissance qu'à condition de faire appel à ce paradigme à l'origine de ce que j'appellerais d'une transcendance immanente. Je le dis d'autant plus fermement que je suis convaincu que les transcendances immanentes seront le véritable objet des productions artistiques de la modernité, dans un geste qui s'est affranchi de la tutelle religieuse

J'ai essayé de décrire une pure logique de développement. Il en existe d'autres, qui peuvent être ou non parallèles, tangentes, superposées, dans l'idée qu'il y a dans la culture des choses feuilletées, sans rapport direct avec une autre strate. Pour autant, ce qui fait un bruit musical n'est pas nécessairement de la musique, celle-ci étant entendue comme la recherche d'une solution qui n'est pas encore là. Dans notre culture, un art qui serait un art traditionnel de la répétition n'est pas un art, mais un folklore, qu'il ne s'agit certes pas de mépriser. L'art exige l'innovation, la nouveauté, l'invention, ce qui est aussi typiquement lié à la conjonction du monothéisme et de la mono-ontologie grecque, qui nous condamne à voir les choses en train d'advenir. D'où l'importance des individus chez nous, parce que les individus le sont nécessairement en se séparant du groupe et sont porteurs d'une nouveauté que le groupe n'est peut-être pas capable de produire en tant que groupe.

La majorité des gens vivent la grande aventure de l'Un sur le mode mineur. Pour être à la pointe des problèmes qui se posent dans la création artistique, et cela vaut aussi pour la peinture, il faudrait se situer là où intellectuellement l'ensemble de ce qui a été réalisé comme solution nous est disponible, identifiable comme matériau et non pas comme une matière qui attend encore d'être ramenée à la forme.

Épilogue
Théâtre et éducation

« L'art nous est donné pour nous empêcher de mourir de la vérité »

Dans les notes prises en vue de son œuvre inachevée *La Volonté de puissance*, Nietzsche a écrit que « L'art nous est donné pour nous empêcher de mourir de la vérité ».

La volonté de vérité, *Wille zur Wahreit*, est, selon lui, l'une des multiples facettes de la volonté de puissance, *Wille zur Macht*, qui constitue le ressort intime du « mouvement de la vie », conçu comme potentialisation incessante de la vie ou de l'énergie vitale : « Le critère de la vérité réside dans l'augmentation du sentiment de puissance. » Cependant, dans la mesure où la vérité relève de la volonté de dominer la diversité des sensations et d'arrimer, conformément à la définition classique des jugements vrais, le flux des perceptions et des états mentaux qui les accompagnent à l'ordre immuable des choses (« *adaequatio mentis ad rem* », « l'adéquation de l'esprit à la chose », selon Thomas d'Aquin), la volonté de vérité, en tant que besoin de certitude, voire de sécurité (« *Sicherheit* », *Aurore,* § 26), entre en conflit avec la volonté de puissance, dont elle est pourtant issue, en bloquant l'épanouissement de la vie, assimilé à la dynamique exponentielle de la volonté pure comme volonté de la volonté.

La volonté de vérité issue de la volonté de puissance bloque la volonté de puissance. C'est le constat nietzschéen : d'où le soupçon que la « volonté de vérité » pourrait être une « volonté cachée de mort » (*Le Gai savoir,* § 344), et que « l'homme risque ainsi de payer de son sang, la vérité qu'il a reconnue » (*Humain, trop humain,* § 109).

À cet endroit, Nietzsche cite Byron : « L'avis de la connaissance n'est pas celui de la vie. » Il reste que la volonté de vérité est indissociable de la volonté de puissance, qui la sous-tend de part en part et l'oblige à dépasser les simples projections objectives de la vérité en se retournant sur elle-même afin d'affronter la question de sa propre vérité. À la vérité première des choses se superpose ainsi, suivant le mouvement en spirale de la volonté pure, une volonté seconde, essentiellement réflexive, où se révèle la vérité de la vérité. « Quel sens aurait toute notre existence sinon celui qui consiste à faire prendre en nous, à cette volonté de vérité, conscience qu'elle est elle-même un problème ? » (*Généalogie de la morale,* § 27.)

Et Nietzsche d'ajouter que la conséquence de cette prise de conscience est cet immense spectacle en cent actes – *Schauspiel in hundert Akten* – que réservent les deux prochains siècles à l'Europe, « le plus terrible, le plus douteux et peut-être le plus prometteur de tous les spectacles ». C'est donc le spectacle de la volonté aux prises avec elle-même qu'est le drame de la connaissance que Nietzsche voit en œuvre dans le présent européen ; la guerre entre la France et la Prusse a été l'élément déclencheur de ses réflexions sur la tragédie grecque, sur l'avenir des institutions pédagogiques.

Dans ce contexte, Nietzsche imagine un immense spectacle pour des siècles à venir, et qui a son origine dans l'apparition de la scène théâtrale en Grèce.

Le théâtre antique est pour lui comme une salle de classe. La coïncidence de la publication de *La Naissance de la tragédie* et de ses conférences *Sur l'avenir de nos établissements d'enseignement* (1872) doit donner à réfléchir. Il y a là un croisement. Dans l'édition de la Pléiade, Marc de Launay parle de « chiasme [1] ». On ne peut pas se plonger dans *La Naissance de la tragédie* sans lire *Sur l'avenir de nos établissements d'enseignement.*

Dans l'avant-propos de *Sur l'avenir de nos établissements d'enseignement*, Nietzsche écrit :

« Le lecteur dont j'attends quelque chose doit avoir trois qualités : il doit être calme et lire sans hâte. Il ne doit pas toujours s'interposer lui et sa culture. Il ne doit pas enfin attendre pour finir un tableau de résultats ! je ne promets pas de tableaux, de nouveaux horaires pour les lycées et les établissements techniques, j'admire plutôt [là, dressez l'oreille !] la nature surpuissante de ceux qui sont capables de parcourir toute la voie des profondeurs de l'expérience, jusqu'au sommet des vrais problèmes de la culture et inversement de ses sommets jusqu'aux bas-fonds des règlements les plus secs et des tableaux les plus élégants. Me satisfait, si en un lieu, j'ai gravi une montagne de quelque importance et si je peux jouir d'un horizon plus libre ; je ne pourrai jamais dans ce livre satisfaire les amateurs de tableaux. Je vois certes venir un temps où des

1. Nietzsche, *Œuvres*, tome 1, Paris, Gallimard, 2000.

hommes graves, au service d'une culture entièrement renouvelée, purifiée, et dans ce travail commun, redeviendront les législateurs de l'éducation qui mène à cette culture. Il est vraisemblable qu'alors, ils feront des tableaux mais que ce temps est éloigné, et que doit-il se produire entre-temps? Peut-être entre ce temps et le temps présent assistera-t-on à la destruction du lycée, peut-être même à la destruction de l'Université, ou tout au moins à une transformation si totale de ces établissements d'enseignement que leurs tableaux anciens paraîtront à des yeux à venir des restes d'une civilisation lacustre. Ce livre est destiné à des lecteurs calmes, à des hommes qui ne sont pas encore entraînés dans la hâte vertigineuse de notre époque précipitée et qui n'éprouvent pas un plaisir idolâtre à se laisser écraser par ces roues, donc à bien peu d'hommes! Mais ces hommes ne peuvent pas encore s'habituer à calculer la valeur de chaque chose par le temps épargné ou par le temps perdu. Ils ont encore du temps. Il leur est encore permis, sans éprouver de remords, de choisir et de rechercher les bonnes heures du jour et leurs moments féconds et puissants pour méditer sur l'avenir de notre culture. Ils sont en droit de croire qu'ils ont passé leur journée de manière digne et vraiment utile dans la *meditatio generis futuri.*

La troisième et la plus importante requête est qu'en aucun cas à la manière de l'homme moderne, il ne s'interpose, lui et sa culture, comme une mesure et un sûr critère des choses.

Nous souhaitons plutôt qu'il puisse être assez cultivé pour porter sur sa culture un jugement modeste, voire méprisant. Il pourrait alors s'abandonner en toute confiance à la conduite de l'auteur qui n'a osé lui parler ainsi que par non-savoir et savoir du non-savoir. Le savoir du non-savoir, c'est ce retournement réflexif de la volonté de vérité sur sa propre vérité. Le passage se fait par un dessaisissement, par une distance prise à l'égard des certitudes dont on a mesuré la solidité[1]. »

Au cœur de cette réflexion se trouve un concept omniprésent dans la réflexion philosophique et dans la réflexion pédagogique allemande : celui d'« expérience ». Ce concept vient tout droit de la tradition protestante qui se soucie de l'authenticité de l'expérience et pose le problème de savoir à quel titre je suis autorisé à m'attribuer l'expérience que je fais.

Nous ne serons pas rassurés à cet égard par les autres ni surtout par les autorités qui nous notent, jusqu'à Dieu lui-même. C'est en nous-mêmes, dans un rapport réflexif à soi que l'expérience doit trouver sa vérité. Or cette expérience est caractérisée par une polarisation que Nietzsche exprime à sa manière comme la polarisation du savoir et du non-savoir.

La volonté de vérité fige les certitudes objectivées, et la volonté de puissance (volonté de la volonté), elle, vise la poursuite et l'accroissement de la dynamique vitale.

Cette polarisation se trouve exprimée, dans *La Naissance de la tragédie,* par deux divinités grecques : Apollon et Dionysos. Le savoir, la vérité, la représentation des choses s'appellent Apollon. Or cette polarité, Nietzsche l'emprunte à Schopenhauer, notamment à son œuvre principale *Le Monde comme volonté et représentation.* Entre la volonté et sa représentation (ce que la volonté peut se représenter est évidemment une manière d'être d'elle-même) naît une tension proprement dramatique, sinon tragique, qu'il s'agit de surmonter.

Dans le cas de Schopenhauer, le pessimisme le conduit à vouloir sortir de cette tension. Il cherche dans le bouddhisme

1. NIETZSCHE, *Œuvres*, I, *op. cit.*, p. 195.

l'apaisement qui lui permet de ne plus affronter cette tension. Pour Nietzsche, pourtant disciple de Schopenhauer, la solution ne consiste pas à déserter, mais à assumer la tension et à en faire l'expérience la plus profonde qui soit. À ses yeux, la tragédie grecque est le moment où cette expérience se traduit en scène. La tension que Nietzsche décèle au cœur même de la vie est pensée comme volonté de la volonté et volonté de la vérité entrant en conflit. C'est une tension entre une « temporisation » du réel et une spatialisation du réel. Dionysos correspond au temps, à la différence temporelle, à la succession des instants, tandis qu'Apollon inscrit ces instants dans la permanence distribuée des éléments d'un espace. Apollon est le dieu de la scène, il est architecte ; Dionysos s'appuie, lui, sur la puissance de la musique. Nietzsche songe évidemment à Wagner (Bayreuth ouvre ses portes en 1872). Toute la réflexion nietzschéenne est une prise de position dans un contexte culturel et politique, voire social, allemand.

Cette idée selon laquelle l'expérience dramatique de la connaissance passe par cette polarisation qu'expriment Dionysos et Apollon renvoie à un moment inévitable de spatialisation et à un moment tout aussi nécessaire et inéluctable, selon Nietzsche, de « retemporalisation », de restitution du flux, d'incertitude, de diversité des perceptions, quelque chose qu'il nomme tout simplement « vie ».

On pense alors aux réflexions que Platon a introduites le premier, dans la célèbre *Septième Lettre*, sur l'effet de l'enseignement. Denys de Syracuse, qui l'avait fait venir pour apprendre de lui ce qu'il en était de la philosophie, et surtout du gouvernement, avait tout retenu par cœur, mais Platon lui dit qu'il n'avait rien appris puisque l'expérience vécue, authentique de l'apprentissage, n'avait pas eu lieu.

Pour qu'elle puisse avoir lieu, il faut passer par la fascination du non-savoir plutôt que par la fascination du savoir, par le besoin de se mettre en mouvement, de se déplacer dans le temps, plutôt que de se rassurer en s'accrochant à des représentations certaines, immuables, en général disposées comme sur un tableau. La notion de tableau est tout à fait centrale. Dans la *Septième Lettre*, Platon plaide pour la répétition d'exercices qui nous prédisposent à la fulguration de cette expérience de la compréhension, à laquelle prépare toute éducation.

L'éducation est tendue vers des contenus, des choses qu'on peut apprendre, mais ce ne sont pas ces choses-là qui constituent l'essentiel de l'expérience. L'expérience de l'appropriation du savoir passe paradoxalement par la mise en mouvement de la vie, c'est-à-dire le temps en nous, qui est essentiellement non-savoir. C'est la raison pour laquelle Platon, après avoir enseigné son système à l'Académie, a décidé ensuite de publier sa remise en question sous forme de dialogues, de mimodrames. En effet, les dialogues platoniciens ne sont pas simplement une propédeutique à sa théorie systématique enseignée à quelques élus, mais remettent en jeu, les rendant de nouveau fluides et incertaines, les certitudes enseignées.

La thèse que j'ai essayé de tirer des réflexions nietzschéennes est que l'École, lorsqu'elle est réellement à la hauteur de son idée, est un théâtre. Le drame de la connaissance se joue tous les jours dans la salle de classe. Et ce qui constitue la scène des activités pédagogiques est la tension entre le moment de la fixité du vrai et le moment du mouvement vers cette vérité établie, qui suppose qu'on s'en dépossède, parce qu'on va au-delà.

Le professeur est à la fois metteur en scène et comédien, et son auditoire est associé à la production de la pièce. Quelle vacuité d'envisager un enseignement qui déroule devant les yeux d'un public médusé, pétrifié, toute la richesse des connaissances déjà acquises ! Nietzsche dirait que c'est « mortifère ». Le perfectionnement des manuels, qui correspond à une mise en espace de plus en plus sophistiquée, élimine progressivement, pour l'élève entrant dans la navigation qui le conduit de connaissance en connaissance, la dynamique même de l'expérience qu'est l'apprentissage, puisqu'on a affaire à une distribution de points fixes comme sur l'écran d'un ordinateur.

Dans ma jeunesse, on était confronté à du récit ; ce n'était pas l'image séduisante des pyramides qui devait nous inciter à rêver de l'ancienne Égypte ! C'était un récit, une succession d'évocations qui pouvait nous conduire à nous imaginer les pyramides. La représentation nous était refusée, et nous devions l'élaborer nous-mêmes. Élaboration de la représentation, dans ses deux acceptions, la représentation des choses (volonté de vérité), la représentation théâtrale, mise en scène de la tension entre le moment de la connaissance figée et du mouvement qui y conduit et le dépasse. Si l'enseignement est lui-même une mise en scène avec tous les éléments d'une théâtralisation du processus, introduire le théâtre dans un tel contexte ne saurait consister à faire du théâtre un nouvel objet de vérité. Il faut que le théâtre à l'École entre en résonance avec cette scène théâtrale qu'est l'enseignement lui-même, l'enseignement partagé avec l'auditoire des élèves.

Les manières de faire sont infiniment variables, mais, en aucun cas, elles ne sauraient se réduire à la présentation du sens d'une pièce qu'on lit, au décorticage de sa structure, à son inscription dans un contexte historique, tout cela ne faisant partie que d'un des deux pôles de cette affaire, à savoir la conquête de la certitude. Au contraire, le théâtre doit contribuer à provoquer la fluidité du non-savoir ; la fluidité du désir de savoir, de ce que Platon appelait *éros*.

Cette expérience partagée peut prendre la forme de petites mises en scène qu'on fait ensemble ; mises en scènes qui ne sont pas une chose ajoutée, un ornement, une séduction, mais une pratique qui correspond à l'essence même du geste éducatif.

Cette notion d'« expérience » – que j'évoque comme un *leitmotiv* de la réflexion pédagogique allemande et suisse (Pestallozi ou Rousseau, dont l'*Émile* a produit ses effets sur les protestants allemands) –, Nietzsche la met au centre de son avant-propos. La question culturellement délicate qui nous pousse à réfléchir sur un système d'enseignement issu de la Contre-Réforme est de savoir quelle place est réservée à l'expérience authentique dans ce que l'on vit quand on apprend, dans le système scolaire tel que ce pays l'a mis en place. Même s'il a énormément évolué, les critères qui légitiment l'acquisition des connaissances et attestent les succès correspondent pour l'essentiel à ce que Nietzsche appelle la volonté de vérité. Cela vient de l'*Encyclopédie* et de plus loin : on met l'accent sur l'acquisition des connaissances reproductibles. Il y a là quelque chose de profondément ancré dans une tradition de nos systèmes d'enseignement. Il convient, d'après moi, de mettre l'opération d'élucidation nietzschéenne dans son contexte philosophique, historique et culturel, dans une relation de tension polarisée avec la tradition française, pour mesurer dans ce face-à-face quelque chose qui pourrait être l'avenir des établissements d'enseignement européens. L'horizon qui est le nôtre n'est pas celui de nos pays respectifs, mais celui de l'Europe qui ne peut se faire que si les systèmes d'éducation convergent, si les générations qui viennent ont été initiées de manière convergente au drame de la connaissance.

Sur Brecht

À Berlin, dans ma jeunesse (le Mur n'existait pas), j'ai vu les mises en scène du *Berliner Ensemble* ; j'étais fasciné par le travail de Brecht, la façon dont il dirigeait les acteurs au moyen de la distanciation, ce qu'il appelait le « théâtre épique ».

Il jouait sur une tension, revendiquée dans les textes théoriques, qu'il opposait au théâtre de Stanislavsky, c'est-à-dire à une manière de concevoir la mise en scène comme reproduction de la réalité fermée sur elle-même. La scène est une seconde nature, et le spectateur n'en fait partie à aucun titre. Cependant, cette seconde nature observée sur scène procure au spectateur bourgeois le plaisir de s'y reconnaître intégralement. Il est enfermé dans une « spéculante » qui consiste uniquement à le conforter dans la certitude d'être dans son bon droit. À aucun moment entre la scène et la salle ne se met en mouvement un processus de transformation. L'idée qui hante Brecht, et pas seulement pour des raisons idéologiques, relève de la préoccupation nietzschéenne d'une seconde vérité, d'un retour sur elle-même de la vérité comprise comme certitude objective, comme geste. Qu'est-ce qui fait qu'on produit ce type de vérité ? La théorie brechtienne, au moyen de la distanciation, veut simplement montrer de quelle façon les évidences psychologiques ou de rapport de force se mettent en place. C'est un théâtre qui n'est pas dogmatique dans son essence, mais qui peut facilement le devenir et l'est parfois devenu… Il m'est arrivé d'assister à des représentations de Brecht que Nietzsche aurait qualifiées de « lacustres »[1] ! Il y avait là une

1. Nietzsche, *Œuvres*, I, *op. cit.*, p. 195.

telle bonne conscience de ce contre quoi procède Brecht qu'on doit comprendre qu'il est vraiment du côté de la remise en mouvement de notre réflexion sur les évidences.

Une technique de dramatisation : *Madame Butterfly*, par Bob Wilson

Quand Bob Wilson a mis en scène *Madame Butterfly*, il a disposé au fond de la scène, comme à son habitude, un immense panneau sur lequel on pouvait projeter des images ou des couleurs. Dans *Madame Butterfly*, la musique de Puccini est séduisante et un peu sirupeuse, proche de la musique de cinéma, entre la musique classique et la musique industrielle. Wilson a « sauvé » cette affaire en montrant qu'il y avait trois niveaux de dramatisation des enjeux de cet opéra.

Le premier niveau est simplement une atmosphère, quelque chose qui imprègne nos perceptions. C'est ce panneau qui reçoit des projections de couleurs. Quand les violoncelles bousculent les violons, on voit des déformations colorées. On a une synesthésie au niveau des perceptions premières.

Au deuxième niveau arrivent les personnages qui se détachent de ce fond qui fournit l'atmosphère. Leur ombre apparaît sur le panneau, et leur irruption provoque une perturbation, un élément d'intrigue nouveau : « Qui est-ce ? Qu'est-ce que c'est ? », et cela suscite l'interprétation. Quand Butterfly reçoit l'émissaire de son père qui vient d'arriver, on le voit pénétrer dans une ombre gigantesque, arborant le phallus de la scène antique. Le spectateur se dit immédiatement : « symbole phallique », etc.

Or, à un certain moment, on atteint le troisième niveau : le personnage tourne dans un mouvement de lumière et on s'aperçoit que ce n'est pas un phallus, mais un sabre de samouraï, qu'on a assimilé au phallus.

Chaque fois, de niveau en niveau, surgissent des surprises qui conduisent à des réinterprétations. Ces trois niveaux, Wilson s'en est expliqué. Il les a empruntés au philosophe du début du XXe siècle, Charles Sanders Peirce, le créateur du pragmatisme, de la théorie du signe. Peirce lui a fourni le moyen d'une dramatisation, à partir de ce que Nietzsche appelle le « tableau ». À partir du panneau au fond de la scène s'enchâssent des réinterprétations, c'est-à-dire des péripéties, qui ne sont pas seulement celles de l'intrigue, mais qui sont aussi aménagées par la mise en scène à destination du spectateur. Il me semble que ce que Brecht fait est du même ordre : nous déplacer par rapport à ce que nous attendons, nous plonger dans la perplexité qui nous pousse à échafauder des hypothèses, à déjouer les interprétations trop faciles, à nous maintenir en mouvement.

Cela correspond tout à fait à cette réflexivité de la volonté de vérité, quand Nietzsche dit qu'elle doit s'interroger sur sa propre vérité. Cette réflexivité peut être aménagée de mille manières. Réfléchir à une pédagogie du théâtre, au sein du théâtre de la salle de classe, doit consister à se demander quels sont les moyens dont on dispose pour atteindre cette finalité qu'est le mouvement.

Le théâtre doit être quelque chose qui *perturbe,* mais de façon constructive. La prise de conscience de la revendication que j'ai esquissée ici, qui consiste à dire que l'ensemble des activités pédagogiques est finalement enraciné dans une théâtralisation du drame de la connaissance, est indispensable à tout professeur qui veut voir réussir ses élèves. Il faut qu'il soit metteur en scène et comédien, qu'il soit capable de se dessaisir de la rampe de certitude le long de laquelle il gravit les marches du savoir : que le théâtre révèle ce qu'il y a d'essentiel dans la chose que le théâtre semble mettre en péril. Le péril vivifie. La difficulté, c'est le comment… Il est de compétence.

« La volonté de vérité pourrait-elle être une volonté cachée de mort » ?

À partir du moment où s'accomplit ce « pas de côté » qu'autorise la théâtralisation, l'enseignement fait du suspens un élément pédagogique essentiel.

Il ne s'agit pas de compenser la trop grande rigidité des connaissances transmises par une spontanéité originelle qui jaillirait du néant. Le drame de la connaissance, c'est la mise en scène théâtrale d'une tension entre une dynamique qui est celle de la connaissance et un autre élément, la question et la remise en question de la connaissance, la fluidification des évi dences. Le théâtre, espace et temps, permet de façon pratique de mettre en scène ces deux moments.

Churchill, quand il faisait un discours important aux Communes, commençait en bégayant… Il savait qu'il devait solliciter quelque chose comme une empathie de l'auditoire en montrant qu'il n'était pas sûr de savoir ce qu'il allait dire. Il captait ainsi la bienveillance de l'auditoire et, quand celui-ci était prêt à l'écouter, il déroulait son discours avec une virtuosité absolue. De même peut-on imaginer que la prise de risque soit théâtralement présente dans le discours de l'enseignant comme elle l'était dans celui de Churchill…

Sfumato ou la mise en scène du désir

Une troupe de théâtre de ma connaissance s'est donné un nom particulier, Sfumato, qui désigne une technique de dessin que l'on rencontre d'abord à la Renaissance, chez Léonard de Vinci, consistant à brouiller les contours : la petite fumée, l'espèce de halo qui entoure les limites du dessin indique la volonté esthétique de ne pas réduire la création artistique à son résultat déterminé. Rappelons qu'à la Renaissance a pris place un immense débat pour savoir si la peinture devait être platonicienne – c'est-à-dire partir du dessin qui indiquait l'idée de la chose, l'identifier par le contour pour ensuite ajouter la couleur comme agrément supplémentaire – ou, au contraire, naître du choc des couleurs qui, en se superposant, en se repoussant mutuellement, allaient créer un contour plus incertain. Dans ce dernier cas, on ne partait pas de l'idée préconçue, mais du travail même de la matière. Et le dessin au contour fumé, brouillé, est en quelque sorte la négation du dessin platonicien ou académique.

Ce geste anti-académique, qui donne la priorité à la démarche dynamique et repousse les limites, qui occupe l'espace progressivement, peut ne jamais s'autoriser d'un arrêt définitif qui dirait : c'est ça et pas autre chose. C'est particulièrement intéressant comme idée directrice d'un travail théâtral, puisque dans la tradition esthétique du théâtre moderne, où beaucoup de tendances s'opposent, on part presque toujours du concept de travail fini, de quelque chose qui puisse être assimilé à une marchandise et puisse s'échanger sur un marché esthétique à sa juste valeur. Or si le théâtre exerce une fascination toute particulière, c'est peut-être parce qu'il ne nous propose pas le confort définitif de l'achèvement. Il est, en ce sens, antipla tonicien ; il ne part pas d'une idée présente avant qu'on ne la matérialise, par le corps et par les gestes, et qu'on ne l'inscrive dans l'espace. L'essence d'un tel théâtre, qui partirait non pas de l'idée, mais d'une sorte de mouvement qui serait initialement comme un désir, une inspiration, un appétit, aurait pour fil conducteur le temps plutôt que l'espace. C'est le temps qui doit être d'abord conquis pour ensuite se traduire dans une sorte de déploiement de l'espace. On ne part pas du contour, mais d'une impulsion, qui est la vie même. On part de ce que l'on pourrait appeler le « désir primordial », pour suivre la pente temporelle de ce désir qui occupe progressivement l'espace. Et ce mouvement du désir, du vivre, est particulièrement net dans les pièces de Tchekhov. Ce n'est donc pas par hasard que ce dernier est l'auteur privilégié de la troupe Sfumato : dans les pièces de Tchekhov s'amorce éternellement le mouvement du désir, de la nostalgie. « Oh, Moscou ! » Tout est loin, tout est inaccessible, et ce mouvement est toujours condamné à ne pas aboutir. Il y a une esthétique de la mise en temps et en espace, d'un mouvement, d'un élan du désir qui n'aboutit pas, plus importants à montrer peut-être que les mouvements qui aboutissent. Car les élans qui se concrétisent vont être ensuite sacrifiés à leur résultat. Et leur résultat, c'est ce qui peut toujours se négocier, ce qui appartient à un marché et dont la valeur est exactement la valeur d'échange.

La vision du travail théâtral de Sfumato, c'est-à-dire le contour brouillé, m'a donc renvoyé à l'univers poétique de Tchekhov et, à partir de là, à une réflexion générale sur ce que le théâtre peut avoir de plus séduisant, de plus entraînant, à savoir la mise en relief ou l'accentuation qui s'amorce, et non celle qui aboutit. *Les Trois Sœurs* sont dans un élan constamment entravé, abandonné, mais toujours renaissant, avec des surprises qui n'obéissent à aucune logique de stratégie. Il y a des incertitudes, des flottements, des va-et-vient qui sont liés à cet accent mis sur le désir constamment renaissant. Ça ne va pas sans ironie, mais cette ironie est très humaine, elle n'est pas méchante. Elle essaie simplement de montrer que la vie qui est la nôtre ne se définit pas par ce que nous réalisons – examen, affaire, chose achetée, femme épousée, etc. La vie que nous menons réellement, c'est cette vie tout à fait provisoire de tous nos élans successifs, dont très peu vont au but. C'est ça, l'art que Sfumato nous donne à voir.

Pour mettre l'accent sur le surgissement initial de l'élan qui va vers un but qui ne pourra être atteint, pour faire voir cette source d'énergie qu'est le désir naissant, il faut un travail très particulier sur l'acteur. En général, dans les techniques théâtrales, l'acteur est orienté dans son travail par l'efficacité de son geste qui doit atteindre son but. Quand il traverse la scène, il doit aller vers quelque chose ; quand il prend la parole, il faut qu'elle soit efficace. Or ce qui est frappant avec les acteurs de Sfumato, c'est qu'on demande à l'acteur d'oublier qu'il va aller quelque part, on lui demande de se concentrer sur le point de départ plutôt que sur le point d'arrivée. Ce qui a des conséquences techniques très intéressantes : en voyant *Les Trois Sœurs*, on s'aperçoit que les choses les plus lourdes, les affirmations les plus riches de conséquences sont prononcées une fois que le comédien a expiré. Il ne prend pas son souffle pour ensuite lancer la réplique avec un maximum d'efficacité Amorcer les répliques alors que l'acteur a très peu d'air dans les poumons va, de ce fait, complètement déplacer l'énergie qui habite la phrase. Ce déplacement représente ce que j'ai essayé de décrire en parlant de cette peinture qui ne s'intéresse pas à ce qui est déjà certain au départ, que j'appelle le contour de l'idée platonicienne.

L'acteur se concentre sur ce qui s'amorce en lui et qui, très souvent, n'est pas du tout relié à une économie de l'efficacité. Et, paradoxalement, l'effet sur les spectateurs est d'autant plus fort qu'on dit ici dans un souffle, une expiration, ce qu'un comédien dirait de toutes ses forces sur une scène « normale ». Et seul le comédien est capable de nous restituer cette inversion de la logique de nos vies de tous les jours. Cette logique, c'est la lutte pour la vie, donc l'optimisation de nos efforts : il faut obtenir avec le minimum d'efforts le maximum d'effet. Et c'est cela qui détruit nos vies. Nous sommes dans une logique d'efficacité qui fait que ce qu'il y a de plus précieux, l'élan initial, est perdu au profit de ce que nous obtenons. Or ce théâtre met au centre de sa propre passion l'élan naissant, le désir originaire et fait en sorte qu'il ne soit pas absorbé par la logique de l'efficacité. Au contraire, on est constamment renvoyé à ce qu'il y a de plus fort en nous, à savoir cette faiblesse initiale, ce moment où rien n'est vraiment décidé. Et on constate que les répliques qui commencent avec un souffle faible peuvent prendre soudain de la force et de la densité, comme un tam-tam. L'acteur est ici notre *alter ego*, il nous montre, grâce à sa technique, sa respiration, ses gestes, ses mimiques, ce qui est refoulé et recouvert chez nous. Seul l'acteur est capable de nous le faire voir, car il ne s'agit pas de théorie, mais d'une chose qu'il faut faire surgir dans le temps réel d'une représentation.

J'ai vu il y a quelque temps un travail semblable, ce qui ne veut pas dire identique. Les présupposés de ce travail étaient les mêmes, et le résultat tout aussi extraordinaire, le public était sous le charme. C'était la troupe anglaise Cheek by Jowl qui jouait *As you like it* de Shakespeare. Le spectacle était entièrement axé sur l'ambiguïté du comédien, thème très shakespearien. Le comédien qui jouait la jeune Rosalinde était un garçon. Et lorsque, de fille, il se déguisait en garçon, il redevenait ce qu'il était. Au bout d'un certain temps, avec ces limites effacées, cette sorte de *sfumato* spécial, le spectateur ne sait plus s'il aime les filles ou les garçons. C'est une libération extraordinaire que l'on vit quand on n'est plus déterminé par l'univocité sexuelle. Là encore, c'est le but qui disparaît, et ce qui réapparaît, c'est le désir polymorphe – ce que Freud appelait « le désir de l'enfant », qui est polymorphe et qui n'a pas encore trouvé le moyen de s'éteindre dans la satisfaction. C'est un désir constamment relancé, constamment fouetté, qui ne disparaît pas, mais qui, comme dans un barrage où s'accumule l'eau de montagne, monte, monte, parce qu'il n'y a aucun moyen de le faire aboutir sur un objet précis – un homme ou une femme. Et tout le travail de cette troupe consiste à entretenu ce trouble, à faire en sorte que l'on soit dans l'ambivalence absolue.

Mille ambiguïtés dans la pièce sont ainsi suggérées : par exemple, l'acteur qui joue la fille qui se déguise en garçon est un jeune Noir qui ne parle pas du tout l'anglais de la Royal Shakespeare Company, mais un peu le slang new yorkais. De nouveau, il en ressort quelque chose d'infiniment charmant dans le fait que cela ne coïncide pas avec les normes et les codes habituels. Et c'est ce jeu sur les marges de codes qui, d'une certaine manière, fait exploser les certitudes et provoque une jubilation chez les spectateurs. Le spectateur se trouve soudain dynamisé de mille virtualités qu'il doit toujours réprimer pour être celui qu'il est. Or il aimerait peut-être être aussi un autre. J'appellerai ça, non pas le *sfumato*, au sens du contour brouillé, des élans avortés, de l'inachèvement, mais un théâtre de la virtualité infinie, de l'accumulation du virtuel. Et là encore, il faut le travail du comédien pour le faire voir.

Le metteur en scène, Declan Donnellan, a écrit une petite notice dans laquelle il dit une chose fondamentale : « Quand nous commençons à travailler une pièce, nous n'avons aucune idée préconçue. On laisse faire les comédiens et on travaille à partir de leurs inventions, et, progressivement, ça se met en place. » Or ce travail-là n'est jamais terminé, et le spectacle continue donc de changer tout le temps. À l'inverse, les spectacles conçus à partir de l'occupation de l'espace, des effets déjà arrêtés, ne peuvent changer puisqu'ils ont leur maximum d'efficacité ou ne l'ont pas.

J'ajouterais volontiers que les structures dans lesquelles les productions théâtrales peuvent se mettre en place dans nos sociétés – où les subventions sont nécessaires – sont tout à fait néfastes. Pour obtenir une subvention, il faut définir l'efficacité du spectacle dans une maquette avant d'avoir travaillé de manière non préconçue. Et très souvent, ce que l'on donne comme maquette pèse sur le travail avec les comédiens. Dans ce cas, on est dans le produit fini, dans la logique d'échange, dans une optique que j'appellerais platonicienne, où l'idée précède la chose. Cette troupe anglaise travaille sans idée préconçue, explore, à l'aide des inventions des comédiens, de leur don, de leur plaisir aussi, les possibilités des tonalités, tout ce qui n'est pas bien arrêté. L'obligation de faire un discours conceptualisé pour avoir des subventions avant d'avoir pu travailler est très néfaste. Seules les troupes qui travaillent en dehors de ce système peuvent donner cette joie surprenante qui est en fait recherchée par le spectateur. Si l'on demande à un créateur de dire d'abord ce qu'il va faire, il n'a plus besoin de le faire puisqu'il a pu le dire. La réalité intéressante de la création artistique en général, c'est que l'on crée parce qu'on ne peut pas le dire.

J'ai participé une fois à un débat public avec des metteurs en scène célèbres : Pierre Mondy et Claude Régy, que tout oppose en France, et qui sont tous deux aussi respectés qu'efficaces. Pierre Mondy fait du théâtre de boulevard, et Claude Régy du théâtre d'auteur. Je leur ai demandé ce qui les opposait. Mondy disait : « Les textes sont pour moi des prétextes. Tout texte est bon et je laisse le comédien produire cette séduction qui s'exerce sur le spectateur. Je le canalise un tout petit peu, mais en réalité, c'est comme le cheval, je lui laisse la bride sur le cou. » Régy, lui, disait : « Non, pour moi, ce sont les textes qui sont importants, et je dois dresser les comédiens qui sont trop serristes du texte. » Ce sont deux positions opposées, et j'ai la sensation que la vérité se situe exactement au milieu, parce que, dans la pratique, Régy n'est pas aussi tranché qu'il le dit – il laisse parfois aussi le comédien inventer. Et Mondy a aussi exagéré : quand il fait jouer Labiche ou des pièces de boulevard, il va imposer au comédien un certain nombre de choses qui sont dérivées du texte. Mais, tendanciellement, il y a deux extrêmes, et le travail théâtral doit se faire probablement au milieu, non pas pour être dans le confort du milieu, mais pour éviter de s'idéologiser, c'est-à-dire de devenir quelque chose que l'on peut prévoir, qui est totalement prédéterminé.

*
* *

Pour revenir au point de départ, le travail de Sfumato est important à mes yeux parce que c'est un travail sur les commencements, sur ce qui s'amorce et ce qui s'élance, il ne reste pas d'emblée dans les limites d'un projet parfaitement arrêté. Comme le disent les metteurs en scène de Cheek by Jowl, ils travaillent à partir de cette matière qui est le surgissement, chez le comédien, des virtualités, qui sont autant de manifestations du désir, et qu'il s'agit ensuite de modeler quand il y a plusieurs comédiens, pour créer entre eux cette espèce de résonance qui va conduire à la spatialisation. Dans *As you like it*, la pièce est au départ entièrement balisée spatialement, les filles d'un côté et les garçons de l'autre, comme dans un cours de danse pour lycéens. Et, peu à peu, cet espace net se brouille.

Qu'est-ce qui le brouille ? Non pas des classements réglés des comédiens, mais leurs élans qui se traduisent en déplacements. Et quand le comédien marche, il oublie souvent où il va. Il doit l'oublier puisque ce qui importe, ce n'est pas le point où il va, mais l'élan qui le fait aller. Cela attire l'attention sur cette espèce de pulsation de la vie qui est, je dirais, le désir même.

C'est une mise en scène continuelle du désir, et le désir est pas dans les lieux, il est dans le temps.

Table

DANS LA MÊME COLLECTION

Viviane ALLETON, *L'Écriture chinoise. Le défi de la modernité.*

Nicolas BANCEL, Pascal BLANCHARD, Françoise VERGÈS, *La République coloniale.*

Daniel BENSAID, *Éloge de la politique profane.*

Norberto BOBBIO, *Le Sage et la politique.*

John BOWLBY, *Le Lien, la psychanalyse et l'art d'être parent.*

Florence BURGAT, *Une autre existence. La conscience animale.*

Roberto CASATI & Achille VARZI, *39 petites histoires philosophiques d'une redoutable simplicité.*

COLLECTIF, *Avec George Steiner. Les chemins de la culture.*

COLLECTIF, *La Lecture insistante. Autour de Jean Bollack*, Christoph König et Heinz Wismann (dir.).

Arnold I. DAVIDSON, *L'Émergence de la sexualité. Épistémologie historique et formation des concepts.*

Emmanuel FAYE, *Heidegger, l'introduction du nazisme dans la philosophie.*

Maurizio FERRARIS, *T'es où ? Ontologie du téléphone mobile.*

Élisabeth DE FONTENAY, *Sans offenser le genre humain. Réflexions sur la cause animale.*

Maurice GODELIER, *Au fondement des sociétés humaines. Ce que nous apprend l'anthropologie.*

Pierre HADOT, *N'oublie pas de vivre. Goethe et la tradition des exercices spirituels.*

Nathalie HEINICH, *Les Ambivalences de l'émancipation féminine.*

Jean LEVI, *Réflexions chinoises. Lettrés, stratèges et excentriques de Chine.*

Henri-Jean MARTIN, *Aux sources de la civilisation européenne.*

Jeffrey MEHLMAN, *Émigrés à New York. Les intellectuels français à Manhattan, 1940-1944.*

François PERRIER, *La Chaussée d'Antin. Œuvre psychanalytique I et II.*

Élisabeth ROUDINESCO, *La Part obscure de nous-mêmes. Une histoire des pervers.*

Élisabeth ROUDINESCO, *Retour sur la question juive.*

Jean-Frédéric SCHAUB, *L'Europe a-t-elle une histoire ?*

Joan W. SCOTT, *Parité. L'universel et la différence des sexes.*

Richard SENNETT, *La Culture du nouveau capitalisme.*

Richard SENNETT, *Respect. De la dignité de l'homme dans un monde d'inégalité.*

Richard SENNETT, *Ce que sait la main. La culture de l'artisanat.*

Daryush SHAYEGAN, *La Conscience métisse.*

Quentin SKINNER, *Hobbes et la conception républicaine de la liberté.*

George STEINER, *Dix raisons (possibles) à la tristesse de pensée.*

Javier TEIXIDOR, *Mon père l'Araméen errant.*

François VATIN, *L'Espérance-monde. Essais sur l'idée de progrès à l'heure de la mondialisation.*

François VATIN, *Le Travail et ses valeurs.*

Françoise VERGÈS, *L'Homme prédateur. Ce que nous enseigne l'esclavage sur notre temps.*

Paul VEYNE, *Foucault. Sa pensée, sa personne.*

Paul VEYNE, *Quand notre monde est devenu chrétien.*

Impression CPI Bussière en septembre 2012
à Saint-Amand-Montrond (Cher)
Éditions Albin Michel
22, rue Huyghens, 75014 Paris
www.albin-michel.fr
ISBN : 978-2-226-20896-5
ISSN : 1158-4572
N° d'édition : 19474/02. – N° d'impression : 123327/4.
Dépôt légal : septembre 2012.
Imprimé en France.